法律人核心素养丛书

行政复议法查学用指引

大字版

王学堂 / 编著

中国法制出版社
CHINA LEGAL PUBLISHING HOUSE

目 录

第一章 总 则

第一条 立法目的 …… 1
  参考案例
  某村民小组诉某市人民政府土地确权案 …… 2
  陈某东诉某省人民政府行政复议案 …… 3

第二条 适用范围 …… 5
  参考案例
  刘某仁诉某市人民政府履行法定职责案 …… 5
  刘某礼诉某省公安厅履行法定职责案 …… 6
  某市公安局诉某市人民政府行政复议案 …… 7
  梅某诉某部门行政复议案 …… 8
  赵某利诉某市律师协会处分决定案 …… 9
  何某某诉某医院出具出生医学证明案 …… 9

第三条 工作原则 …… 10
  参考案例
  某村民委员会第十村民小组诉某市人民政府
    行政复查决定案 …… 10

袁某波诉某市人民政府行政复议案 ………………… 11

第 四 条　行政复议机关、机构及其职责 ……………… 12
　参考案例
　　杨某诉某市人民政府行政复议不作为案 ……………… 13

第 五 条　行政复议调解 ………………………………… 14
　参考案例
　　矿业公司不服某省国土资源厅探矿权不予受
　　　理通知案 ………………………………………… 15
　　某有限公司不服某区市场监管局行政处罚案 ………… 16

第 六 条　行政复议人员 ………………………………… 18
　参考案例
　　陈某诉某县人民政府不履行法定职责案 …………… 19

第 七 条　行政复议保障 ………………………………… 20

第 八 条　行政复议信息化建设 ………………………… 20
　参考案例
　　范某军诉某市人民政府履行行政复议法定职责案 …… 20
　　李某诉某省交通运输厅政府信息公开案 …………… 21

第 九 条　表彰和奖励 …………………………………… 22

第 十 条　行政复议与诉讼衔接 ………………………… 22
　参考案例
　　董某诉某市人民政府行政复议案 …………………… 22
　　孙某诉某市人民政府行政复议案 …………………… 23
　　杜某诉某部门行政复议案 …………………………… 23

周某诉某市人民政府行政复议案 ………………… 24
陈某诉某区人民政府行政复议案 ………………… 25

第二章 行政复议申请

第一节 行政复议范围

第十一条 行政复议范围 ………………………… 27
参考案例
贝某诉某市公安局交通警察大队道路交通管
　理行政处罚案 ……………………………………… 30
王某诉某区人民政府拆除房屋行为违法案 ………… 33
杨某诉某律师协会履行职责案 …………………… 34
房地产公司诉某区人民政府行政复议案 …………… 36
石料公司诉某管理委员会不履行行政补偿法
　定职责案 …………………………………………… 41
俞某诉某市人民政府行政赔偿案 ………………… 43
徐某等诉某区人民政府行政强制案 ……………… 44
刘某诉某市人民政府行政复议案 ………………… 48
某公司不服某开发区管委会认定工伤决定书案 …… 53
柳某等诉某县经济和信息化局工商行政登记案 …… 55
某汽车运输公司诉某市人民政府排除、限制
　竞争案 ……………………………………………… 56
谢某某诉某乡人民政府违法要求履行义务案 ……… 59
白某不服某市教育局不依法履职行政复议案 ……… 61
吕某诉某省人民政府不履行法定职责案 …………… 63

3

陈某诉某管理委员会支付最低生活保障金案 …………… 63
实业公司诉某市人民政府招商引资协议案 …………… 66
陶某诉某省人民政府行政复议案 ……………………… 71
刘某诉某部门行政复议案 ……………………………… 73

第十二条　不属于行政复议范围的事项 ………………… 74
参考案例
开采公司诉某县人民政府停采停产通告案 …………… 77
工业气体公司诉某县人民政府编制并批准土
　地利用总体规划案 …………………………………… 78
乔某诉铁道部春运票价上浮行为案 …………………… 81
黄某等诉某县人民政府提高抚恤金标准案 …………… 83
闫某等诉某区人民政府行政复议案 …………………… 85
邹某良诉某区人民政府土地行政征收案 ……………… 85
莫某诉某市人事局批准教师退休决定案 ……………… 86
杜某等诉某市人民政府不履行追究行政机关
　工作人员行政责任法定职责案 ……………………… 87
陶某诉某省人力资源和社会保障厅职级确定
　和工资套改案 ………………………………………… 87
王某等诉某县人民政府履行法定职责案 ……………… 87
戴某诉某市人力资源和社会保障局取消录用
　资格纠纷案 …………………………………………… 88
喻某刚诉某区人民政府不履行法定职责案 …………… 89

第十三条　行政复议附带审查申请范围 ………………… 92

参考案例

田某等诉某县人民政府行政纠纷案 …………… 93

医疗科技公司诉某市科学技术局科技项目资
助行政许可案 ……………………………… 94

第二节 行政复议参加人

第十四条 申请人 ………………………… 95

参考案例

李某等诉某省人民政府不履行行政复议职责案 …… 96

任某诉某县人民政府土地行政补偿案 …………… 97

徐某诉某监督管理委员会不履行法定职责案 …… 98

陶瓷商行诉某区人民政府房屋行政征收案 …… 99

冯某诉某市人民政府撤销国有土地使用证案 …… 100

某合作商店诉某人民政府土地行政登记案 …… 102

某电线厂诉某省住房和城乡建设厅行政处罚案 …… 103

李某诉某区人民政府不履行法定职责案 ……… 105

投资管理公司诉某市场监督管理局行政处罚案 …… 107

某业主委员会诉某区住房城乡建设和水利局
备案登记案 ………………………………… 108

李某诉某省人民政府行政复议案 ……………… 109

施某诉某县人民政府不予受理行政复议决定案 …… 110

第十五条 代表人 ………………………… 111

参考案例

赵某等诉某县人民政府行政案 ………………… 111

第十六条　第三人 ·········· 112

参考案例

汪某诉某县人民政府行政复议案 ·········· 112

张某某诉某市人民政府房屋登记行政复议决定案 ··· 113

工贸公司诉某市人民政府行政复议案 ·········· 114

燃气公司诉某区人民政府行政协议案 ·········· 114

宋某诉某市人民政府行政复议决定案 ·········· 115

第十七条　委托代理人 ·········· 115

参考案例

林某等诉某省人民政府行政复议案 ·········· 116

盐化公司诉某市场监督管理局行政处罚案 ·········· 116

黄某诉某管理委员会强制拆除案 ·········· 117

周某某诉某县人民政府行政复议案 ·········· 119

第十八条　法律援助 ·········· 119

参考案例

杨某诉某省人民政府行政复议案 ·········· 120

第十九条　被申请人 ·········· 122

参考案例

陈某诉某市人民政府拆迁补偿安置行政通知案 ······ 123

石某诉某大学开除学籍处分案 ·········· 123

马某诉某管理委员会房屋行政强制案 ·········· 124

胡某诉某县人民政府行政强制案 ·········· 125

董某诉某市人民政府土地行政登记案 ·········· 126

某监理咨询公司诉某市人民政府行政批复案 ········· 127
　　某软件科技公司诉某区人民政府确认违法案 ········· 128
　　某砂石场诉某市人民政府限期清障决定案 ··········· 129
　　某材料公司诉某区人民政府确认行政行为违法案 ··· 129

第三节　申请的提出

第二十条　申请期限 ································· 130
参考案例
　　某屠宰场诉某畜牧兽医局检疫行政处理纠纷案 ······ 131
　　王某诉某区人民政府城建行政强制案 ··············· 132
　　周某诉某交通警察局直属三大队行政行为案 ········ 133
　　医药公司诉某区管理委员会城建行政强制案 ········ 134
　　张某诉某区人民政府不予受理行政复议案 ··········· 136
　　徐某诉某省人民政府行政复议案 ····················· 137
　　谷某诉某县人民政府土地行政登记案 ················ 139
　　周某等诉某城乡规划局行政强制案 ··················· 140
　　马某诉某管理委员会房屋行政强制拆除案 ··········· 140
　　苏某诉某县人民政府行政复议案 ····················· 142
　　单某某诉某农业局扣押船舶并赔偿案 ················ 142
　　王某诉某区人民政府确认征补协议无效案 ··········· 143
　　刘某诉某市人民政府行政复议案 ····················· 143
　　刘某诉某管理委员会给付征收补偿款案 ············· 144
　　能源仓储公司诉某部门行政复议案 ··················· 145

7

第二十一条　不动产行政复议申请期限 …………… 146
　　参考案例
　　凌某诉某县人民政府航运行政管理案 …………… 146
　　刘某诉济宁市人民政府行政强制拆除批复案 ……… 148
　　王某等诉某县人民政府土地行政登记案 …………… 148
　　谢某诉某区人民政府撤销行政行为案 ……………… 150
　　张某诉某县人民政府行政处理案 …………………… 150

第二十二条　申请形式 …………………………… 152
　　参考案例
　　张某诉某县公安局与张某行政处罚案 ……………… 152
　　范某诉某省人民政府不履行行政复议法定职责案 … 153
　　向某诉某自然资源局行政行为违法案 ……………… 154
　　李某诉某部门行政复议案 …………………………… 156
　　马某诉某市人民政府、某住建局房屋拆迁行
　　　政裁决案 …………………………………………… 156

第二十三条　行政复议前置 ……………………… 158
　　参考案例
　　叶某诉某县人民政府林业行政管理案 ……………… 163
　　张某诉湖南省娄底市人民政府土地行政征收
　　　补偿案 ……………………………………………… 164

第四节　行政复议管辖

第二十四条　县级以上地方人民政府管辖 ……… 164

参考案例

杨某诉某公安局某分局治安行政处罚案 ·········· 166

某食品公司诉某管理委员会行政确认案 ·········· 166

第二十五条 国务院部门管辖 ·········· 167
参考案例

曾某诉某银行行政复议案 ·········· 167

第二十六条 原级行政复议决定的救济途径 ·········· 168
参考案例

秦某某诉某省人民政府行政复议案 ·········· 168

伍某诉国务院不履行行政复议职责案 ·········· 169

第二十七条 垂直领导行政机关等管辖 ·········· 170
参考案例

水产品公司诉国家某局行政复议案 ·········· 170

第二十八条 司法行政部门的管辖 ·········· 171
参考案例

牧业公司诉某县人民政府行政行为违法案 ·········· 171

第二十九条 行政复议和行政诉讼的选择 ·········· 172

第三章 行政复议受理

第 三 十 条 受理条件 ·········· 173
参考案例

李某诉某县人民政府不履行法定职责案 ·········· 174

某商务宾馆诉某区人民政府确认征收补偿协
  议无效案 ………………………………………… 175
矸石厂诉某县人民政府行政决定案 …………… 176
刘某诉某县人民政府行政强制案 ……………… 179
刘某诉某市人民政府行政复议案 ……………… 180
臧某诉某县人民政府土地行政登记案 ………… 185
崔某诉某消防支队行政撤销案 ………………… 186
能源仓储公司诉某部门行政复议决定案 ……… 187
盛某等诉某县人民政府林权行政登记案 ……… 187
房地产公司诉某市人民政府强制拆除房屋案 … 188
苏某、刘某诉某部门驳回行政复议申请案 …… 189
某合作社诉某市人民政府行政复议案 ………… 190
张某诉某区人民政府拆除行为案 ……………… 191
李某诉某县人民政府房屋强拆案 ……………… 192
杨某诉某区人民政府房屋行政强制案 ………… 193
刘某诉某管理委员会认拆除房屋违法案 ……… 193
某食品厂诉某区人民政府行政复议案 ………… 194
刘某诉某镇人民政府不履行法定职责案 ……… 196
针织厂诉某市人民政府税务行政复议案 ……… 196
孔某诉某市人民政府驳回行政复议申请行为案 … 197
黄某诉某区人民政府行政复议案 ……………… 198
王某诉某市人民政府行政复议案 ……………… 199
李某诉某区人民政府确认征收补偿协议无效案 … 200
郑某诉某省人民政府行政复议案 ……………… 201

张某诉某省人民政府行政复议案 …………………… 202
罗某诉某市人民政府行政复议案 …………………… 203
许某诉某区人民政府行政复议案 …………………… 203
杨某诉某省人民政府行政复议案 …………………… 205
鞋业工贸公司诉某市人民政府行政复议案 ………… 207

第三十一条 申请材料补正 ……………………… 210
参考案例
袁某诉某市人民政府行政复议案 …………………… 210
李某诉某管理委员会不履行行政复议法定职责案 … 211
范某诉某省人民政府不履行行政复议法定职责案 … 211
黄某等诉某市人民政府不履行行政复议法定
　职责案 ……………………………………………… 212
王某诉某部门行政复议决定案 ……………………… 213
杨某诉某区人民政府不履行行政复议法定职责案 … 213
王某诉某区人民政府不履行法定职责案 …………… 214
郑某诉某区人民政府不履行法定职责案 …………… 215
张某诉某区人民政府履行土地确权法定职责案 …… 215
吴某诉某市人民政府土地行政复议案 ……………… 216

第三十二条 部分案件的复核处理 ……………… 217

第三十三条 程序性驳回 ………………………… 219
参考案例
王某诉某市国土资源和规划局征收土地补偿
　安置方案公告行为案 ……………………………… 220

11

某经济合作社诉某市人民政府行政复议案 ………… 221

　　杨某诉某市人民政府行政复议案 ……………… 222

第三十四条　复议前置等情形的诉讼衔接 ………… 223
　　参考案例
　　钟某诉某县人民政府行政补偿案 ……………… 223

第三十五条　对行政复议受理的监督 ……………… 224

第四章　行政复议审理

第一节　一般规定

第三十六条　审理程序及要求 ……………………… 226
第三十七条　审理依据 ……………………………… 227
　　参考案例
　　投资开发公司诉某市人民政府闲置土地案 …… 227

第三十八条　提级审理 ……………………………… 228
第三十九条　中止情形 ……………………………… 229
　　参考案例
　　李某诉某省人民政府行政复议案 ……………… 230
　　王某诉某省人民政府不履行法定职责案 ……… 231

第四十条　对无正当理由中止的监督 ……………… 233
　　参考案例
　　陈某等诉某省人民政府对中止的行政复议恢
　　　复审理案 ……………………………………… 233
　　郭某等诉某省人民政府行政复议案 …………… 235

梅某诉某部门中止行政复议通知案 …………… 238

第四十一条　终止情形 ………… 239
　参考案例
　　王某与某市人民政府终止行政复议决定案 ………… 239

第四十二条　行政行为停止执行情形 ………… 240
　参考案例
　　乳业公司诉某县工商行政管理局行政强制执行案 … 240
　　胡某诉某管理委员会行政强制案 …………… 241

第二节　行政复议证据

第四十三条　行政复议证据种类 ………… 242
　参考案例
　　獭兔繁育场诉某县人民政府确认伪造证据行
　　　为违法案 …………………………………………… 243
　　李某诉某市人民政府行政复议案 …………… 243
　　魏某、齐某诉某市人民政府行政赔偿案 ………… 244
　　王某诉某省人民政府履行行政复议法定职责案 …… 245

第四十四条　举证责任分配 ………… 246
　参考案例
　　王某诉某区人民政府行政赔偿案 …………… 246
　　杨某诉某市场监督管理局驳回行政复议案 ………… 249
　　王某诉某市人民政府行政复议决定案 …………… 250

第四十五条　行政复议机关调查取证 ………… 251
　参考案例
　　食品厂诉某市人民政府不履行法定职责案 ………… 251

第四十六条　被申请人收集和补充证据限制 ………… 254
　参考案例
　　崔某诉某县人民政府行政允诺案 ………………… 254
　　张某诉某市人民政府行政复议案 ………………… 255

第四十七条　申请人等查阅、复制权利 …………… 256
　参考案例
　　康某诉某省公安厅行政复议案 …………………… 257

第三节　普通程序

第四十八条　被申请人书面答复 …………………… 257
　参考案例
　　实业公司诉某省人民政府行政复议案 …………… 258
　　杨某诉某部门行政复议案 ………………………… 259

第四十九条　听取意见程序 ………………………… 260
　参考案例
　　彭某诉某区人民政府工伤行政复议案 …………… 260
　　刘某诉某县人民政府行政复议决定案 …………… 261

第五十条　听证情形和人员组成 …………………… 262
　参考案例
　　叶某诉某区人民政府不履行法定职责案 ………… 263
　　王某诉某部门行政复议决定案 …………………… 264
　　某银行诉某省人民政府行政复议案 ……………… 264
　　曹某诉某镇人民政府房屋拆迁案 ………………… 265

第五十一条　听证程序和要求 …………… 266
第五十二条　行政复议委员会组成和职责 ………… 266

第四节　简易程序

第五十三条　简易程序适用情形 …………… 268
第五十四条　简易程序书面答复 …………… 270
第五十五条　简易程序向普通程序转换 ………… 271
参考案例
瞿某诉某区人力资源和社会保障局工伤确认案 …… 271

第五节　行政复议附带审查

第五十六条　规范性文件审查处理 ……………… 272
参考案例
周某诉某市人民政府行政复议案 ………… 272
徐某诉某县人民政府社会医疗保险事业处不
予报销医疗费用案 ……………………… 273

第五十七条　行政行为依据审查处理 ………… 275
参考案例
赵某诉某市人民政府不履行行政复议法定职责案 … 275

第五十八条　附带审查处理程序 ………………… 276
参考案例
章某诉某区人民政府行政管理案 ……………… 276

第五十九条　附带审查处理结果 ………… 279

参考案例

郑某诉某市人民政府土地行政批准案 ………… 279

第六十条　接受转送机关的职责 ………… 281

参考案例

物业公司诉某市住房和城乡建设管理委员会

行政许可案 ………… 281

第五章　行政复议决定

第六十一条　行政复议决定程序 ………… 284

第六十二条　行政复议审理期限 ………… 284

参考案例

贾某诉某部门履行行政复议法定职责案 ………… 285

况某诉某县人民政府履行法定职责案 ………… 285

石油公司诉某省人民政府行政复议案 ………… 286

第六十三条　变更决定 ………… 287

参考案例

肖某诉某市人民政府行政复议决定案 ………… 288

置业公司诉某区人民政府行政协议案 ………… 289

第六十四条　撤销或者部分撤销、责令重作 ………… 290

参考案例

王某诉某区人民政府行政复议决定案 ………… 291

乔某诉某县人民政府不履行法定职责案 ………… 292

史某诉某县公安局行政处罚案 ………… 292

房地产开发公司诉某市人民政府行政复议案 ………… 292
　　某村民小组诉某县人民政府行政复议案 …………… 293
　　置业公司诉某税务局税收管理行政决定案 ………… 294
　　科技公司诉某部门行政复议案 ……………………… 294

第六十五条　确认违法 …………………………………… 295
　参考案例
　　殷某诉某市公安局行政复议案 ……………………… 296
　　刘某诉某区人民政府房屋征收补偿决定案 ………… 296
　　刘某诉某省人民政府不予受理行政复议案 ………… 297
　　能源公司诉某县人民政府管道燃气特许经营
　　　行政许可案 ………………………………………… 298
　　胡某某诉某公安局行政处罚案 ……………………… 299
　　工贸公司诉某区人民政府拆迁补偿协议案 ………… 299
　　刘某诉某区人民政府房屋征收补偿决定案 ………… 300
　　钟某诉某县人民政府注销农村土地承包经营
　　　权证案 ……………………………………………… 301
　　吕某诉某市人民政府不履行政府信息公开法
　　　定职责案 …………………………………………… 302
　　朱某诉某派出所行政复议决定案 …………………… 303

第六十六条　责令履行 …………………………………… 303
　参考案例
　　王某等诉某市人民政府履行会议纪要职责案 ……… 303
　　达某诉某县人民政府不履行法定职责案 …………… 305

房地产开发公司诉某区人民政府不履行法定
　　　职责案 ································ 306

第六十七条　确认无效 ················ 308
　参考案例
　　天然气公司诉某市城市管理局确认行政协议
　　　无效案 ································ 308

第六十八条　维持决定 ················ 309
　参考案例
　　矿业公司诉某部门行政复议案 ·············· 310
　　陶某诉某县人民政府颁发土地承包经营权证案 ····· 312

第六十九条　驳回行政复议请求 ·········· 313
　参考案例
　　李某诉某省人民政府不履行法定职责案 ········ 313
　　黄某诉某省自然资源厅不履行土地行政监督
　　　法定职责案 ···························· 315

第七十条　被申请人不提交书面答复等情形的处理 ··· 316
　参考案例
　　某村民组诉某市人民政府行政复议案 ·········· 316
　　余某诉某市人民政府行政复议案 ·············· 317

第七十一条　行政协议案件处理 ·········· 318
　参考案例
　　实业公司诉某省人民政府行政复议案 ·········· 319

第七十二条 行政复议期间赔偿请求的处理 …………… 321
    参考案例
    郭某诉某市人民政府行政复议案 …………… 321
    发电公司诉某市人民政府行政赔偿案 ………… 323
    侯某诉某区人民政府行政复议案 …………… 324
    马某等诉某区人民政府行政赔偿案 …………… 325

第七十三条 行政复议调解处理 ……………………… 326
    参考案例
    林某某诉某市住房保障和房产管理局房屋行
    政管理案 ……………………………………… 327

第七十四条 行政复议和解处理 ……………………… 328
    参考案例
    饲料公司诉某区人民政府行政赔偿案 ………… 329
    旅游开发公司诉某市自然资源和规划局土地
    行政处罚案 …………………………………… 330
    段某诉某区人民政府确认行政行为违法案 …… 331
    某县电影公司诉某县国土资源局房屋登记案 … 332

第七十五条 行政复议决定书 ………………………… 333
    参考案例
    某加油站诉某市市场监督管理局不履行法定
    职责案 ………………………………………… 333
    置业公司诉某市税务局行政复议决定案 ……… 334

第七十六条 行政复议意见书 ………………………… 335

参考案例
　袁某诉某县人民政府物价行政征收案 ………………… 335
　刘某诉某省人民政府行政复议案 ……………………… 336

第七十七条　被申请人履行义务 ………………………… 337
参考案例
　傅某诉某区劳动和社会保障局工伤确认案 …………… 337
　刘某诉某县人民政府行政补偿案 ……………………… 338

第七十八条　行政复议决定书、调解书的强制执行 … 339
参考案例
　黄某诉某区人民政府行政复议案 ……………………… 339
　某村民小组诉某市人民政府土地确权案 ……………… 341
　某煤厂与某县市场监督管理局非诉执行案 …………… 341
　某大药房与某县市场监督管理局非诉执行案 ………… 342

第七十九条　行政复议决定书公开和文书抄告 ……… 343
参考案例
　岳某诉某市国土资源局不履行行政复议职责案 ……… 343

第六章　法律责任

第八十条　行政复议机关不依法履职的法律责任 …… 345
参考案例
　张某等诉某市人民政府不履行行政复议法定
　　职责案 ………………………………………………… 345

第八十一条　行政复议机关工作人员的法律责任 …… 347

第八十二条　被申请人不书面答复等行为的法律
　　　　　　责任 …………………………………… 348
　　参考案例
　　余某诉某市人民政府土地行政登记案 …………… 348

第八十三条　被申请人不履行有关文书的法律责任 … 350
　　参考案例
　　陈某诉某区人民政府政府信息公开案 …………… 350
　　靳某诉某县人民政府不履行法定职责案 ………… 352
　　李某诉某省人民政府不履行行政复议法定职责案 … 354

第八十四条　拒绝、阻挠调查取证等行为的法律
　　　　　　责任 …………………………………… 355
　　参考案例
　　史某等诉某省人民政府行政复议案 ……………… 355

第八十五条　违法事实材料移送 ……………………… 356
　　参考案例
　　某村民组诉某县人民政府土地登记案 …………… 356

第八十六条　职务违法犯罪线索移送 ………………… 357
　　参考案例
　　张某诉某区人民政府土地行政强制案 …………… 358

第七章　附　　则

第八十七条　受理申请不收费 ………………………… 360
第八十八条　期间计算和文书送达 …………………… 361

参考案例

糜某诉浙江省某市住房和城乡建设局信息公
开检察监督案 ……………………………… 362
广某诉某部门行政复议案 ………………… 364
王某诉某部门行政复议案 ………………… 365
范某诉某省人民政府不履行行政复议法定职责案 … 365

第八十九条　外国人等法律适用 …………… 366
参考案例

藤某诉某市自然资源和规划局行政处罚案 ………… 366

第九十条　施行日期 ………………………… 367
参考案例

王某等诉某市人民政府信访案 ……………… 368
某山林场诉某市人民政府林业登记案 ……………… 369

第一章 总　　则

第一条 立法目的

> 为了防止和纠正违法的或者不当的行政行为，保护公民、法人和其他组织的合法权益，监督和保障行政机关依法行使职权，发挥行政复议化解行政争议的主渠道作用，推进法治政府建设，根据宪法，制定本法。

解读

我国《行政复议法》自颁布施行20多年来，行政复议在有效化解行政争议、监督依法行政、维护群众合法权益方面发挥了重要的不可替代的作用。党的十八届三中全会明确提出要"改革行政复议体制，健全行政复议案件审理机制，纠正违法或不当的行政行为"。党的十八届四中全会和《法治政府建设实施纲要（2021—2025年）》均对加强行政复议工作、完善行政复议制度作出具体部署。

当事人申请行政复议和提起行政诉讼应当具有利用复议制度和诉讼制度解决行政争议的正当性。行政复议和行政诉讼都是解决行政争议，保护公民、法人和其他组织的合法权益，监督行政机关依法行使职权的法律救济途径。行政复议机关既要充分保障当事人正当复议权的行使，又要引导、规范当事人行使复议权。行政复议机关有义务识别、判断当事人的请求是否具有足以利用行政复议制度加以解决的必要性，避免因缺乏诉的利益而不当行使复议权的情形发生，坚决抵制滥用诉权的行为。

参考案例[①]

某村民小组诉某市人民政府土地确权案

最高人民法院经审查认为：复议机关审理行政复议案件，不仅要审查行政行为的合法性，监督行政机关依法行政，促进法治政府建设，同时还要解决行政争议。复议机关经审理发现行政行为存在违法，依法可以决定撤销或者变更行政行为，也可以确认行政行为违法，还可以在决定撤销或确认违法的同时，责令重新作出行政行为。但是，最终选择何种方式作出复议决定，应当符合行政复议解决行政争议的目的。违背行政复议解决行政争议的目的作出复议决定，属于适用法律错误，依法应当予以撤销。

本案中，根据一审、二审查明、某市人民政府亦认可

[①] 该部分的案例除另有说明外，主要来源于中国裁判文书网，编者收集整理了这些案例中对行政复议法律实务工作有参考价值的司法观点。本书"参考案例"部分所提及的法律法规等条文均为案件裁判当时有效，对所有案例均进行了隐名处理。下文不再对此进行提示。

的事实，某县人民政府换发案涉林权证的行为，实体处理结果并无不当，只是某县人民政府在换证过程中，没有与阳山县政府成立联合工作组，组织双方山林权利人到现场勘查核实，单方发证，违反法定程序。在此情形下，某市人民政府决定撤销换发的林权证，违反实质化解行政争议的立法目的。主要理由是：撤销颁证行为之后，双方对争议地的权属回到了争议状态，应当由争议双方或一方申请对争议地权属确权，对确权决定不服先行申请行政复议；对复议决定仍不服起诉，经过一审、二审判决，确认将争议地确权给新屋的确权决定合法；之后再根据生效的确权决定给新屋颁发林权证。如果当事人不服重新颁证行为，还会再来一轮行政诉讼，终审判决确认新的颁证行为合法，才能确定新屋的林地林木权属。这样的行政复议决定，显然是浪费司法资源、行政资源和各方当事人的时间、金钱和精力，不利于行政争议的实质化解，还有可能激化矛盾，违背《行政复议法》的立法目的。

【案号】最高人民法院（2019）最高法行再28号

陈某东诉某省人民政府行政复议案

最高人民法院经审查认为：申请行政复议和提起行政诉讼是法律赋予公民、法人和其他组织的权利。发生行政争议时，除必须经过法定复议程序外，行政相对人既可以选择行政复议，也可以选择行政诉讼，或者不服行政复议再行提起行政诉讼（法律规定行政复议决定为最终裁决的除外)。但无论是行政复议还是行政诉讼,其出发点和落脚点都是为了化解行政争议,保护相对人的合法权益。如果当事人提起的行政复议或者行政诉讼均没有任何需要保护的实际利益,也没有需要解决的行政争议,则没有启动行政复议或行政诉讼的必要。

本案中,陈某东认为某省人民政府构成行政复议不作为,因而提起本案之诉。经查,陈某东针对某省作出的信函〔2014〕20号函提起行政复议,但从信函〔2014〕20号函的内容来看,属于某省对于当事人反复申诉事项的服务性、便民性告知行为,该行为本身没有为陈某东设定任何权利义务,也不会对陈某东的权利义务产生任何影响。该行为不属于《行政复议法》规定的复议范围,也没有启动行政复议程序的必要。我国实行的是一级复议制度。陈某东反复就同一事项申请行政复议、提起行政诉讼,违反了一级复议制度的规定和诉讼"一事不再理"的原则,某省人民政府未作答复,并无不当。

就本案而言,陈某东提起行政复议和行政诉讼不符合《行政复议法》《行政诉讼法》的有关规定和立法精神。这种提起行政复议和行政诉讼的权利行使带有任意性,属于不当行使行政复议权和行政诉讼权,也没有必要进入行政复议或行政诉讼程序当中。

【案号】 最高人民法院(2017)最高法行申3496号

第二条 适用范围

公民、法人或者其他组织认为行政机关的行政行为侵犯其合法权益,向行政复议机关提出行政复议申请,行政复议机关办理行政复议案件,适用本法。

前款所称行政行为,包括法律、法规、规章授权的组织的行政行为。

参考案例

刘某仁诉某市人民政府履行法定职责案

最高人民法院经审查认为:根据《地方各级人民代表大会和地方各级人民政府组织法》的规定,县级以上的地方各级人民政府有权改变或者撤销所属各工作部门的不适当的命令、指示和下级人民政府的不适当的决定、命令。但是,此种职权是基于上下级行政机关之间层级监督关系而形成,系行政机关内部监督和管理职权。上级行政机关是否履行该项职责、履责是否适当,属于行政机关的内部行为,并不直接设定当事人新的权利义务,不属司法监督范畴。本案中,刘某仁申请某市人民政府对某经济技术开发区相关部门制定《某市某区2013—2014年度采暖期间区属国有工业困难企业职工供热费补贴办法》进行合法性审查,实质是请求某市人民政府履行对下级的内部监督和管理职责,某市人民政府是否履行审查职责、审查答复是否适当,属于行政机关的内部行为,不属于人民法院行政诉讼监督范围。

【案号】 最高人民法院（2017）最高法行申5712号

刘某礼诉某省公安厅履行法定职责案

最高人民法院经审查认为：从外观上看，行政机关内部层级监督与行政复议较为相似，都是基于行政机关上下级关系构架所形成。一方面，根据《最高人民法院关于适用〈中华人民共和国行政诉讼法〉的解释》的规定，上级行政机关基于内部层级监督关系对下级行政机关作出的听取报告、执法检查、督促履责等行为，不属于人民法院行政诉讼的受案范围。内部层级监督行为是指行政机关基于领导与被领导关系对其所属部门和下级行政机关进行的监督，是政府系统的内部监督，具有内部性特征。另一方面，行政复议是依据《行政复议法》所实施的行为。行政复议机关一般为作为被申请人的行政主体的本级人民政府或上一级行政主体，两者具有层级隶属关系；但行政复议具有多元功能，是法律赋予解决行政争议的权利救济制度，该制度设置的直接目的是保障公民、法人或其他组织的合法权益，是一项依法可供司法监督的具有外部特征的行为。

当事人的申请属于行政复议职责还是行政机关内部层级监督职责，除要看是否具有明确的法定职责、是否符合行政复议的受理条件外，还可从以下几个方面进行区分：一是申请形式不同，是提起行政复议申请还是提交申诉、举报、投诉、控告等材料；二是问题所反映的渠道和部门不同,是向行政复议机关及其法制工作的机构提出,还是向上一级行政主体或本级人民政府的相关信访、纪检监察等部门提出;三是法律依据不同,是依据《行政复议法》等相关法律规定,还是基于一般的领导与被领导关系请求对其所属部门和下级行政主体履行相应的监督职责;四是反映问题所针对的对象不同,行政复议应以行政主体为被申请人,针对有关行政行为或者不履行法定职责情形提起,而内部监督行为则不以此为限。

刘某礼就案涉相关行政争议已申请了行政复议,在复议机关作出相应复议决定未予支持的情况下,又向复议机关的警务督察部门提出了控告要求履行监督职责。而就本案而言,刘某礼向某省公安厅警务督察总队提出案涉控告,实质是要求某省公安厅履行对下级行政机关的监督职责。法院认定刘某礼所举报事项属于行政机关上下级之间的内部管理和监督行为,无论是否立案调查或作出处理决定,均不属于人民法院行政诉讼受案范围。

【案号】 最高人民法院(2019)最高法行申 14012 号

某市公安局诉某市人民政府行政复议案

海南省高级人民法院经审查认为: 某市公安局作为本案行政复议程序中的被申请人,应当履行某市人民政府作出的行政复议决定。

虽然《行政复议法》规定,公民、法人或者其他组织对行政复议决定不服的,可以依照行政诉讼法的规定向人民法院提起行政诉讼，但从立法本意来看，该条文中的"公民、法人或者其他组织"应指的是行政管理中的行政相对人，此时其才可享有诉权。也就是说，行政诉讼的原告必须是在行政管理活动中处于被管理者地位的公民、法人或者其他组织，被申请人、行政复议机关在行政管理活动中始终处于管理者的地位，而不是被管理者的地位。因此，他们不能成为行政诉讼的原告。本案中，某市公安局在行政复议程序中并不是作为被管理者的行政相对人，故其不具备行政诉讼的原告主体资格，对其起诉依法应予驳回。原审法院认为某市公安局具备原告主体资格，并对其起诉予以受理进而作出实体判决，显属错误，该判决依法应予撤销。

【案号】 海南省高级人民法院（2015）琼行终字第77号

梅某诉某部门行政复议案

最高人民法院经审查认为： 高等学校依据法律、法规授权作出颁发学历、学位证书以及开除学籍等影响学生受教育权利的行政行为，当事人不服有权依法申请行政复议或者提起行政诉讼。但上述行为不包括高等学校依据《教育法》等规定按照章程自主管理、组织实施教育教学活动、对受教育者进行学籍管理、实施奖励或者处分等行为。本案中，某部门认为梅某申请复议的某大学对其教务管理与留级处理的行为系高等学校依据法定权利自主实施的内部管理活动，属于高校办学自主权事项，不属于行政复议范围，并无不当。

【案号】 最高人民法院（2018）最高法行申9290号

赵某利诉某市律师协会处分决定案

河南省焦作市中级人民法院经审查认为：律师协会属于法律授权行使律师行业行政管理职能的组织，利害关系人认为其作出的行业管理行政行为侵害了其合法权益，可以提起行政诉讼。故在本案中，某市律师协会作出处分决定，给予上诉人终止会员权利六个月的纪律处分，应当认定是其依据《律师法》第四十六条第一款第六项的授权实施的行政行为，且该处分决定对上诉人的实体权利义务产生较大影响，上诉人对该处分决定不服提起的诉讼，应当属于法院行政诉讼的受案范围。

【案号】河南省焦作市中级人民法院（2019）豫08行终125号

何某某诉某医院出具出生医学证明案[①]

宁波市中级人民法院经审理认为：婴儿出生医学证明是办理婴儿出生登记、注射疫苗保健等前提，不仅影响到婴儿的权益，也影响到婴儿父亲对其的照顾。本案何某某与郭某某曾有合法婚姻关系，婴儿在婚姻存续期间出生，相关民事判决也确认该婴儿为婚生子女，故作为法律意义上的父亲，对于儿子出生医学证明的颁发，有直接的利害关系，其原告主体资格适格。何某某并非需要证实自己与婚生子的亲子关系之后才能提起诉讼。上诉人关于身份关

---

① 中华人民共和国最高人民法院行政审判庭编：《行政执法与行政审判》（总第85集），中国法制出版社2022年版。

系不能通过自认和推定来确定、何某某在医院出具出生医学证明时未提供亲子关系的相关信息，且在其与原审第三人离婚诉讼中提出亲子鉴定申请、在其作出被诉行政行为时无法确认其系新生婴儿的生物学上的亲子关系而不具备原告主体资格的主张，没有法律根据。

《母婴保健法》规定，医疗保健机构和从事家庭接生的人员按照国务院卫生行政部门的规定，出具统一制发的新生儿出生医学证明。某医院作为提供助产服务的医疗保健机构，其出具涉案出生医学证明系直接法律授权而非行政机关委托，是本案适格的被告。

第三条 工作原则

行政复议工作坚持中国共产党的领导。

行政复议机关履行行政复议职责，应当遵循合法、公正、公开、高效、便民、为民的原则，坚持有错必纠，保障法律、法规的正确实施。

● 参考案例

某村民委员会第十村民小组诉某市人民政府行政复查决定案

最高人民法院经审查认为：根据《地方各级人民代表大会和地方各级人民政府组织法》的规定，县级以上地方各级人民政府有权改变或者撤销下级人民政府不适当的决定、命令。根据《最高人民法院关于复议机关是否有权改变复议决定请示的答复》的规定，行政复议机关认为自己作出的已经发生法律效力的复议决定有错误的，有权自行改变。某市人民政府撤销下级人民政府不适当决定和改变自己作出的错误复议决定，有事实和法律依据，并无不当。

【案号】最高人民法院（2019）最高法行申1550号

袁某波诉某市人民政府行政复议案

最高人民法院经审查认为：行政行为一经作出并依法送达即具有确定力，但对于违法或不当的行政行为以及由于事实和法律变迁而不宜存续的行政行为，行政机关具有自行纠正的权力和职责。虽然现行的行政复议法并未对重启后的复议程序及期限作出明确规定，但是按照行政法的一般理论，行政行为应当遵循法定程序，重启的复议程序亦应如此。

本案中需要进一步讨论的问题，在于针对不予受理复议决定的审理过程中，复议机关自行撤销不予受理复议决定、重启复议程序，人民法院根据原告的要求继续对不予受理复议决定作出确认违法判决，此时重启的复议期限起算点应如何确定。

被告在一审期间改变原行政行为，原告可以申请撤诉，也可以选择要求法院对原行政行为或者改变后的行政行为的合法性作出裁判。之所以允许原告要求人民法院对被撤销的原行政行为继续作出裁判，是因为在某些情况下原告仍然存在确认之诉的利益，如确认原行政行为违法有利于当事人后续主张国家赔偿等权利，或对原行政行为涉及法律问题的继续厘清。但这种情形下对原行政行为的继续审查与直接针对生效行政行为的合法性审查侧重点有所不同，此时的继续确认之诉实质系对原行政行为法律效果的司法评价，而不再是针对原行政行为适法性的效力审查。

【案号】最高人民法院（2019）最高法行申13867号

第四条 行政复议机关、机构及其职责

县级以上各级人民政府以及其他依照本法履行行政复议职责的行政机关是行政复议机关。

行政复议机关办理行政复议事项的机构是行政复议机构。行政复议机构同时组织办理行政复议机关的行政应诉事项。

行政复议机关应当加强行政复议工作，支持和保障行政复议机构依法履行职责。上级行政复议机构对下级行政复议机构的行政复议工作进行指导、监督。

国务院行政复议机构可以发布行政复议指导性案例。

◐ 解读

修订后的《行政复议法》就地方行政复议案件的管辖

问题采纳了相对集中管辖方案，规定地方各级政府统一管辖以本级政府部门及其派出机构、下一级政府、本级政府的派出机关、本级政府及其部门主管的法律法规、规章授权组织为被申请人的行政复议案件，海关、金融、外汇管理、税务和国家安全机关等实行垂直领导的行政机关除外。这一规定重点是取消地方政府部门的行政复议管辖权。地方行政复议管辖权的相对集中对于整合行政复议资源、增加行政复议申请便利性、统一行政复议审理标准、促进行政复议职能专门化、推动行政复议人员专职化等都具有极其重要的意义。

● 参考案例

杨某诉某市人民政府行政复议不作为案

河南省高级人民法院经审查认为： 行政复议机关负责法制工作的机构是受理行政复议申请的法定机构，申请人申请行政复议应当向行政复议机关负责法制工作的机构提出申请，一般情况下，行政复议机关负责法制工作的机构在收到行政复议申请之日起即为受理。杨某提出行政复议申请后，被行政复议机关要求补正相关材料，其应当按照上述规定将补正材料当面递交或寄送负责法制工作的机构，但其却将补正材料直接寄送负责人，因行政复议机关的负责人并不是接收行政复议材料的具体负责人员，即使行政复议机关的负责人收到申请人的行政复议材料，也要转送

13

具体办理行政复议事项的法制工作机构。因此，不能将行政复议机关负责人收到行政复议材料的日期认定为行政复议机关的法制工作机构收到行政复议材料的日期，仍应以行政复议机关的法制工作机构最终收到行政复议材料的日期为行政复议审理期限的计算日期。从一审查明的事实看，行政复议机关的负责人于2018年8月3日收到相关单位转交的补正材料，从收到补正申请材料之日至法制工作机构最终收到该补正材料所用时间依法不应计入行政复议审理期限，扣除补正材料所用时间，行政复议审理期限应在9月下旬到期。上诉人于2018年8月13日提起行政诉讼，仍在行政复议审理期限之内。因此，杨某以行政复议不作为为由提起行政诉讼的理由不能成立。

【案号】河南省高级人民法院（2018）豫行终4107号

第五条 行政复议调解

> 行政复议机关办理行政复议案件，可以进行调解。
> 调解应当遵循合法、自愿的原则，不得损害国家利益、社会公共利益和他人合法权益，不得违反法律、法规的强制性规定。

● 解读

立法中，有些常委委员、单位、地方、基层立法联系点、专家和社会公众建议，进一步完善立法目的和行政复议原则。宪法和法律委员会经研究，建议作以下修改：一是在立法目的中增加"推进法治政府建设"。二是在行政复议机关履职的原则中完整体现"公正高效、便民为民"的要求。三是发挥调解在行政复议中的作用，将修订草案第三十四条关于调解的内容移至总则中规定，明确调解向前延伸至行政复议案件审理前，将"审理"修改为"办理"。[①]

● 参考案例

矿业公司不服某省国土资源厅探矿权不予受理通知案[②]

【基本案情】

2008 年 10 月，矿业公司通过申请在先方式取得某金属矿预查探矿权。2014 年 10 月，矿业公司向某省国土资源厅申请对金矿详查探矿权增加石墨矿勘查矿种，并申请颁发勘查许可证。某省国土资源厅向矿业公司作出《探矿权申请不予受理通知书》，告知其变更申请不予受理，依据是《某省人民政府关于印发〈进一步加强矿产资源开发管理规定〉的通知》（以下简称 59 号文）第三条规定，已申请在先取得的探矿权，不得申请变更或增加低风险矿种勘查。

---

① 《全国人民代表大会宪法和法律委员会关于〈中华人民共和国行政复议法（修订草案）〉修改情况的汇报》，载中国人大网，http://www.npc.gov.cn/npc/c2/c30834/202309/t20230901_431416.html，2023 年 9 月 12 日访问。

② 《国土资源部行政复议十大典型案例》，载自然资源部网站，https://www.mnr.gov.cn/gk/tzgg/201712/P020180703577908547960.pdf，2023 年 9 月 5 日访问。

矿业公司不服该不予受理通知书，提起行政复议，请求撤销并责令受理其申请。

案件审理过程中，复议机关发现59号文在矿业公司向某省国土资源厅申请颁发勘查许可证时，虽已印发，但尚未正式实施。了解到上述情况，双方当事人都表达了希望通过协商解决行政争议的愿望，经复议机关同意，某省国土资源厅与矿业公司进行协商并达成一致，某省国土资源厅同意受理矿业公司提交的变更申请，并经依法审查颁发了新的勘查许可证。矿业公司撤回了行政复议申请，该行政复议终止。

某有限公司不服某区市场监管局行政处罚案[①]

【基本案情】

申请人从事物业管理行业，负责园区多家企业的物业服务，并为企业提供转供电服务。2020年6月，被申请人在申请人服务的企业进行现场检查时发现，申请人未将相关期间5%的电费优惠落实到其服务的企业。被申请人经过立案、调查取证、听证等程序作出行政处罚，认定申请人的行为违反了《价格法》第十二条的规定，构成不执行政府定价的违法行为，依据《价格法》第三十九条及《价格违法行为行政处罚规定》第九条第四项的规定，责令申请

---

① 《某有限公司不服某区市场监管局行政处罚案》，载北京市司法局网站，http://sfj.beijing.gov.cn/sfj/index/xzfyal/326073402/index.html，2023年9月5日访问。

人立即改正违法行为，并处以违法所得330186.02元五倍的罚款，计1650930.1元（大写：壹佰陆拾伍万零玖佰叁拾元零壹角）。申请人认为其违法行为情节轻微，且主动改正违法行为，而被申请人的处罚过重，并未考虑其违法情节轻微，故向朝阳区人民政府申请行政复议。

【复议结果】

行政复议机关认为，本案申请人在为其服务的企业转供电的过程中，违反了《价格法》第十二条的规定，构成不执行政府定价的违法行为。被申请人发现违法线索后，经过立案、调查取证、听证等程序作出行政处罚，程序并无不当。关于行政处罚金额问题。鉴于申请人能够及时改正违法行为，并足额退还电费差价，故能够认定申请人不执行政府定价行为的事实、性质、情节、社会危害程度均比较轻微，可以裁量减轻处罚。行政复议机关按照合法、自愿的原则进行调解，出具行政复议调解书，维持被申请人关于申请人违法行为的认定；依法将罚款数额由违法所得的五倍改为三倍即990558.06元。

【典型意义】

行政复议是上级政府或部门对下级政府或部门进行层级监督的重要方式，是公民、法人或者其他组织维护自身合法权益的重要途径，是推动法治政府建设的重要抓手。行政复议作为化解行政争议的主渠道，需要更加注重将实质性化解行政争议这一核心摆在更突出的地位，更着眼于申请人合法权益能否得到保护，争议涉及实质问题能否得到解决，将调解理念贯彻行政复议办案全程，推动更多行政复议案件向矛盾化解和疏导集中，努力将行政争议解决在早、化解在小。

本案中申请人在收到行政处罚决定后并未接受该处罚决定，同时申请人能够及时改正违法行为，足额退还电费差价属于未执行政府定价行为的事实、性质、情节、社会危害程度均比较轻微的情形。案涉行政处罚的金额争议属于具有裁量空间的行政行为领域，根据相关规定可以予以调解。

本案申请人为物业管理企业，在特殊情况下，经营状况也面临着挑战，被申请人作出行政处罚后，申请人表示不接受该处罚决定。案件审理中，行政复议机关主动发挥行政复议调解职能，在查清事实、不损害社会公共利益和他人合法权益的前提下，遵循自愿、合法、公平的原则，积极在申请人与被申请人之间搭建沟通平台，开展调解工作，经多次沟通协调，申请人与被申请人最终达成和解，该起行政争议得到妥善处置，解决了群众"急难愁盼"的问题。

第六条 行政复议人员

国家建立专业化、职业化行政复议人员队伍。

行政复议机构中初次从事行政复议工作的人员，应当通过国家统一法律职业资格考试取得法律职业资格，并参加统一职前培训。

> 国务院行政复议机构应当会同有关部门制定行政复议人员工作规范,加强对行政复议人员的业务考核和管理。

● 参考案例

陈某诉某县人民政府不履行法定职责案

甘肃省天水市中级人民法院经审理认为:本案中被告某县人民政府关于其工作人员没有取得法律职业资格,无法从事行政复议工作的辩称,不是其不能履行行政复议职责的法定事由。被告关于原告可以通过选择起诉原行政机关来保护其权益的辩称理由也不能成立。行政复议的立法目的是保护行政相对人的合法权益,保障和监督行政机关依法行使职权。因此,无论原告选择何种途径来救济自身权益,都是法律赋予的权利,作为负有法定职责的国家机关都要积极依法履行职责。原告依法向被告申请行政复议后,被告不予作出相应行政复议决定的行为违反了行政复议法的相关规定。

【案号】甘肃省天水市中级人民法院(2019)甘05行初27号

第七条 行政复议保障

行政复议机关应当确保行政复议机构的人员配备与所承担的工作任务相适应，提高行政复议人员专业素质，根据工作需要保障办案场所、装备等设施。县级以上各级人民政府应当将行政复议工作经费列入本级预算。

第八条 行政复议信息化建设

行政复议机关应当加强信息化建设，运用现代信息技术，方便公民、法人或者其他组织申请、参加行政复议，提高工作质量和效率。

● 参考案例

范某军诉某市人民政府履行行政复议法定职责案

湖北省武汉市中级人民法院经审查认为：2001年11月7日，药品检验所对某药品监督管理局作出《关于某茶剂"微生物限度检验情况的补充说明"》，检验出某药品监督管理局提交的"某茶剂"样品中细菌总数分别超标七倍及十倍，对人体健康有害。原告因上述检验结果而受到相关部门的处罚。2016年2月15日，原告通过被告网页提交了行政复议申请，请求撤销药品检验所2001年11月7日作出的《关于某茶剂"微生物限度检验情况的补充说明"》，被告对原告的网上申请未作处理。本案中，原告申请行政复议的对象系第三方检验检测机构对某药品监督管理局作出的检验结论，不属于被告行政复议的范畴，被告对原告的行政复议申请是否作出处理对原告的合法权益不产生实际影响，不属于行政诉讼的受案范围。

【案号】湖北省武汉市中级人民法院（2016）鄂01行初525号

李某诉某省交通运输厅政府信息公开案

广东省广州市越秀区人民法院生效裁判认为：本案原告于2011年6月1日通过某省人民政府公众网络系统向被告提交了政府信息公开申请，申请公开某客运站至某地的客运里程数。政府公众网络系统生成了相应的电子申请编号，并向原告手机发送了申请提交成功的短信。被告确认收到了上述申请，却于2011年8月4日才向原告作出《关于政府信息公开的答复》《政府信息公开答复书》，已超过了上述规定的答复期限。由于某省人民政府"政府信息网上依申请公开系统"作为政府信息申请公开平台所应当具有的整合性与权威性，如未作例外说明，则从该平台上递交成功的申请应视为相关行政机关已收到原告通过互联网提出的政府信息公开申请。至于外网与内网、上下级行政机关之间对于该申请的流转，属于行政机关内部管理事务，不能成为行政机关延期处理的理由。

（最高人民法院指导案例26号）

第九条 表彰和奖励

对在行政复议工作中做出显著成绩的单位和个人，按照国家有关规定给予表彰和奖励。

第十条 行政复议与诉讼衔接

公民、法人或者其他组织对行政复议决定不服的，可以依照《中华人民共和国行政诉讼法》的规定向人民法院提起行政诉讼，但是法律规定行政复议决定为最终裁决的除外。

● 参考案例

董某诉某市人民政府行政复议案

最高人民法院经审查认为： 本案主要涉及一审法院以某市人民政府作出的被诉《不予受理行政复议决定书》没有载明"如不服该决定可以提起行政诉讼及起诉期限"而判决撤销是否具有法律依据。

本案中，再审申请人董某因不服某市信访局针对其信访事项作出的《不予受理告知书》，向某市人民政府申请行政复议，某市人民政府以董某的复议申请不属于行政复议受理范围，不符合行政复议受理条件为由，作出被诉《不予受理行政复议决定书》，实体内容并无不当。被诉《不予受理行政复议决定书》虽未告知董某诉权和起诉期限，但此问题属于程序瑕疵，并不影响其诉权的行使。且董某已在法定限内提起了本案行政诉讼，因此其诉权已得到实际保障。故一审法院以被诉《不予受理行政复议决定书》未告知复议申请人诉权和起诉期限为由，判决撤销该《不予受理行政复议决定书》并责令重作，法律依据不足。

【案号】最高人民法院（2019）最高法行申6093号

孙某诉某市人民政府行政复议案

北京市高级人民法院经审查认为：《出境入境管理法》规定，外国人对依照本法规定对其实施的继续盘问、拘留审查、限制活动范围、遣送出境措施不服的，可以依法申请行政复议，该行政复议决定为最终决定。本案中，孙某对某市公安局作出的《遣送出境决定书》不服，向某市人民政府申请行政复议，某市人民政府所作《行政复议决定书》系最终决定。孙某针对法律明确规定由行政机关作最终决定的行政复议所提起诉，不属于人民法院行政诉讼的受案范围，不符合行政诉讼的法定起诉条件。

【案号】北京市高级人民法院（2019）京行终3848号

杜某诉某部门行政复议案

北京市高级人民法院经审查认为：本案中，杜某针对某市规划局某分局作出的《回复》，已向某省住建厅申请行政复议，某省住建厅作出1号告知书，该告知书形成于行政复议程序中，属于对杜某行政复议申请的一种处理方式，如果杜某对1号告知书不服，应依法向有管辖权的人民法院提起行政诉讼。对形成于行政复议程序中的处理意见再次申请行政复议，没有法律依据，不符合行政复议法规定的受理条件。故杜某提起本案诉讼缺乏基本的事实根据，不符合法定起诉条件，依法应予驳回。需要指出的是，当事人应当通过法律设置的直接有效便捷的救济方式寻求权利保护，试图通过反复申请行政复议的方式，将争议逐层上移，并无助于纠纷的及时解决，亦不具有权利保护的必要性和实效性。

【案号】北京市高级人民法院（2018）京行终4466号

周某诉某市人民政府行政复议案

最高人民法院经审查认为：从《行政诉讼法》立法意旨来看，已经将行政复议作为行政争议解决的一个特定渠道，并就行政复议与行政诉讼的衔接作了规定，也将经过复议的案件的起诉期限，从一般的三个月等规定缩减为十五日。由此可见，行政诉讼立法时，已经对经过复议的行政行为的起诉期限作了特别规定，并排除了一般起诉期限规定的适用。而在《行政诉讼法》修改过程中，上述立法宗旨仍得以延续，相关条文表述并未作修改。《行政诉讼法》第四十五条规定，公民、法人或者其他组织不服复议决定的，可以在收到复议决定书之日起十五日内向人民法院提起诉讼。由于复议机关维持做共同被告制度的引入，此处的提起诉讼可分为两类：一类是复议机关决定维持原行政行为的，作出原行政行为的行政机关和复议机关是共同被告。另一类是复议机关改变原行政行为的，复议机关是单独被告；但是在十五日的起诉期限适用范围上，从历史和文意解释等方法来看，仍然是以十五日的特殊规定取代了关于起诉期限的一般规定，亦即经过复议的案件，在起诉期限问题上并无适用行政诉讼法所规定的六个月一般期限的情形。本案中，周某于2015年10月12日收到某市人民政府作出的273号行政复议决定，该决定也明确告知"如不服本决定，可自收到本决定书之日起十五日内向人民法院提起行政诉讼"，因此，周某于2015年12月3日提起本案诉讼，显然超过了法定的十五日起诉期限。

【案号】最高人民法院（2017）最高法行申2620号

陈某诉某区人民政府行政复议案

最高人民法院经审查认为：在复议机关不予受理复议申请的情况下，当事人有两种法律救济手段可以选择：一种是直接起诉原行政行为。因为可能对当事人合法权益造成侵害的，实质上仍是原行政机关的行政行为或者不作为。复议机关尽管没有受理行政复议申请，但在法律没有规定行政复议必须是前置程序的情况下，并不影响当事人直接对原行政行为提起行政诉讼，并且直接起诉原行政行为还有利于从根本上解决行政争议。另一种是起诉复议机关不作为。如果当事人坚持认为复议机关应当受理其复议申请，也可以以复议机关不作为为由提起诉讼。但是，无论是直接起诉原行政行为还是起诉复议机关不作为，都不涉及另一机关作为共同被告的问题，因为《行政诉讼法》第二十六条第三款明确规定："复议机关在法定期限内未作出复议决定，公民、法人或者其他组织起诉原行政行为的，作出原行政行为的行政机关是被告；起诉复议机关不作为的，复议机关是被告。"按照立法本意，本款所说的"复议机关在法定期限内未作出复议决定"，仅指未就实体处理作出决定。"复议机关不作为"，既包括复议机关在法定期限内不作出任何决定的消极不作为，也包括复议机关明确作出不予受理复议申请决定的积极不作为。

虽然法律规定了上述两种救济手段，但不可以同时进行，而应当选择其一。这是因为，直接起诉原行政行为，目的是要求人民法院对原行政行为的合法性作出认定和处理；起诉复议机关不作为，直接的诉求虽然是要求人民法院撤销不予受理复议申请的决定，但撤销不予受理复议申请决定的效果，则必然会导致复议机关同样要对原行政行为的合法性作出认定和处理。如果同时起诉原行政行为和复议机关不作为，就会违反一事不再理原则，造成人民法院和复议机关的重复劳动。更为重要的是，这样做还违反了司法最终原则。司法最终原则是指，行政复议活动虽然是行政争议的重要救济方式，但却不是最终裁决，除非法律另有规定，人民法院作出的终审判决才是最终决定。司法最终原则也决定了行政复议和行政诉讼应当是一种先后关系，而不能针对同一个争议同时进行这两种法律程序。就本案而言，人民法院的正确处理方式应当是告知原告只能择一而诉，要么起诉原行政行为，要么起诉复议机关不作为。

【案号】最高人民法院（2017）最高法行申358号

第二章 行政复议申请

第一节 行政复议范围

第十一条 行政复议范围

有下列情形之一的,公民、法人或者其他组织可以依照本法申请行政复议:

(一)对行政机关作出的行政处罚决定不服;

(二)对行政机关作出的行政强制措施、行政强制执行决定不服;

(三)申请行政许可,行政机关拒绝或者在法定期限内不予答复,或者对行政机关作出的有关行政许可的其他决定不服;

(四)对行政机关作出的确认自然资源的所有权或者使用权的决定不服;

(五)对行政机关作出的征收征用决定及其补偿决定不服;

（六）对行政机关作出的赔偿决定或者不予赔偿决定不服；

（七）对行政机关作出的不予受理工伤认定申请的决定或者工伤认定结论不服；

（八）认为行政机关侵犯其经营自主权或者农村土地承包经营权、农村土地经营权；

（九）认为行政机关滥用行政权力排除或者限制竞争；

（十）认为行政机关违法集资、摊派费用或者违法要求履行其他义务；

（十一）申请行政机关履行保护人身权利、财产权利、受教育权利等合法权益的法定职责，行政机关拒绝履行、未依法履行或者不予答复；

（十二）申请行政机关依法给付抚恤金、社会保险待遇或者最低生活保障等社会保障，行政机关没有依法给付；

（十三）认为行政机关不依法订立、不依法履行、未按照约定履行或者违法变更、解除政府特许经营协议、土地房屋征收补偿协议等行政协议；

（十四）认为行政机关在政府信息公开工作中侵犯其合法权益；

（十五）认为行政机关的其他行政行为侵犯其合法权益。

◐ 解读

立法中,有些人大常委委员、部门、单位、地方、基层立法联系点、专家和社会公众建议,扩大行政复议范围,完善行政复议范围有关规定,充分发挥行政复议化解行政争议的主渠道作用。宪法和法律委员会经研究,建议作以下修改:一是将行政机关作出的赔偿决定纳入行政复议范围,明确行政协议包括"政府特许经营协议、土地房屋征收补偿协议等",明确行政机关不履行法定职责包括"拒绝履行、未依法履行或者不予答复"。二是将行政复议不受理事项中的"行政机关作出的处分或者其他人事处理决定"修改为"行政机关对行政机关工作人员的奖惩、任免等决定"。三是删去行政复议不受理事项中"对公民、法人或者其他组织权利义务不产生实际影响的行为"的规定。[1]

---

[1] 《全国人民代表大会宪法和法律委员会关于〈中华人民共和国行政复议法(修订草案)〉修改情况的汇报》,载中国人大网,http://www.npc.gov.cn/npc/c2/c30834/202309/t20230901_431416.html,2023 年 9 月 12 日访问。

1. 行政处罚 【《行政复议法》第十一条第一项】

● 参考案例

**贝某诉某市公安局交通警察大队
道路交通管理行政处罚案**

【基本案情】

原告贝某诉称：其驾驶浙F1××××汽车（以下简称"案涉车辆"）靠近人行横道时，行人已经停在了人行横道上，故不属于"正在通过人行横道"。而且，案涉车辆经过的西山路系某市主干道路，案发路段车流量很大，路口也没有红绿灯，如果只要人行横道上有人，机动车就停车让行，会在很大程度上影响通行效率。所以，其可以在确保通行安全的情况下不停车让行而直接通过人行横道，故不应该被处罚。某市公安局交通警察大队作出的编号为330481110254××××的公安交通管理简易程序处罚决定违法。贝某请求：撤销某市公安局交通警察大队作出的行政处罚决定。

被告某市公安局交通警察大队辩称：行人已经先于原告驾驶的案涉车辆进入人行横道，而且正在通过，案涉车辆应当停车让行；如果行人已经停在人行横道上，机动车驾驶人可以示意行人快速通过，行人不走，机动车才可以通过；否则，将构成违法。对贝某作出的行政处罚决定事实清楚，证据确实充分，适用法律正确，程序合法，请求判决驳回贝某的诉讼请求。

法院经审理查明：2015年1月31日，贝某驾驶案涉车辆沿某市西山路行驶，遇行人正在通过人行横道，未停车让行。某市公安局交通警察大队执法交警当场将案涉车辆截停，核实了贝某的驾驶员身份，适用简易程序向贝某口头告知了违法行为的基本事实、拟作出的行政处罚、依据及其享有的权利等，并在听取贝某的陈述和申辩后，当场制作并送达了公安交通管理简易程序处罚决定书，给予贝某罚款100元，记3分的处理。贝某不服，于2015年2月13日向某市人民政府申请行政复议。3月27日，某市人民政府作出行政复议决定书，维持了某市公安局交通警察大队作出的处罚决定。贝某收到行政复议决定书后于2015年4月14日起诉至某市人民法院。

【裁判结果】

浙江省某市人民法院于2015年6月11日作出（2015）嘉海行初字第6号行政判决：驳回贝某的诉讼请求。宣判后，贝某不服，提起上诉。浙江省嘉兴市中级人民法院于2015年9月10日作出（2015）浙嘉行终字第52号行政判决：驳回上诉，维持原判。

【裁判理由】

法院生效裁判认为：首先，人行横道是行车道上专供行人横过的通道，是法律为行人横过道路时设置的保护线，在没有设置红绿灯的道路路口,行人有从人行横道上优先通过的权利。机动车作为一种快速交通运输工具,在道路上行驶具有高度的危险性,与行人相比处于强势地位,因此必须对机动车在道路上行驶时给予一定的权利限制,以保护行人。其次,认定行人是否"正在通过人行横道"应当以特定时间段内行人一系列连续行为为标准,而不能以某个时间点行人的某个特定动作为标准,特别是在该特定动作不是行人在自由状态下自由地做出,而是由于外部的强力原因迫使其不得不做出的情况下。案发时,行人以较快的步频走上人行横道线,并以较快的速度接近案发路口的中央位置,当看到贝某驾驶案涉车辆朝自己行走的方向驶来,行人放慢了脚步,以确认案涉车辆是否停下来,但并没有停止脚步,当看到案涉车辆没有明显减速且没有停下来的趋势时,才为了自身安全不得不停下脚步。如果此时案涉车辆有明显减速或者停止行驶,则行人肯定会连续不停止地通过路口。可见,在案发时间段内行人的一系列连续行为充分说明行人"正在通过人行横道"。再次,机动车和行人穿过没有设置红绿灯的道路路口属于一个互动的过程,任何一方都无法事先准确判断对方是否会停止让行,因此处于强势地位的机动车在行经人行横道遇行人通过时应当主动停车让行,而不应利用自己的强势迫使行人停步让行,除非行人明确示意机动车先通过,这既是法律的明确规定,也是保障作为弱势一方的行人安全通过马路、减少交通事故、保障生命安全的现代文明社会的内在要求。综上，贝某驾驶机动车行经人行横道时遇行人正在通过而未停车让行，违反了《中华人民共和国道路交通安全法》第四十七条的规定。某市公安局交通警察大队根据贝某的违法事实，依据法律规定的程序在法定的处罚范围内给予相应的行政处罚，事实清楚，程序合法，处罚适当。

（最高人民法院指导案例90号）

2. 行政强制 【《行政复议法》第十一条第二项】

参考案例

王某诉某区人民政府拆除房屋行为违法案

最高人民法院经审查认为：公民、法人或者其他组织提起行政诉讼，其原告资格中的利害关系应当以存在"权利侵害可能性"为标准，只要原告主张的权利存在遭受被诉行政行为侵害的可能性，原告就具有利害关系。国家征收国有土地上的房屋是要将房屋所有权和土地使用权收归国家所有，征收行为引发的效果是权利人房屋所有权和土地使用权的变化，原则上除房屋所有权人和特定情形下的公房承租人外，其他人与征收行为之间不存在利害关系，人民法院不承认其原告主体资格。但是，强拆房屋行为是将房屋所有权的客体房屋归于消灭的行为，其影响的范围不仅及于房屋本身,还及于房屋消灭时波及范围中的权利和利益。强制拆除房屋行为不仅会对房屋所有权人的权利造成损害,也有可能对居住其中的人的权利和利益造成损害。这也就要求政府在实施强制拆除房屋行为时,对居住其中的人的权利和利益必须予以考虑,并采取必要措施避免损失的发生。具体到本案,王某与侯某签订了买卖涉案房屋的协议,侯某已经将涉案房屋交付,其也一直居住在涉案房屋内。王某提起本案诉讼,除主张涉案房屋被拆除外,还主张强拆行为给其带来了屋内物品损失。无论王某是否享有涉案房屋的所有权,都会存在利益遭受侵害的可能,即有合法利益可能会在实施的强制拆除行为中遭受侵害。因此,基于合法利益可能会被强拆行为侵害的可能性,应当承认其与强拆行为之间具有利害关系。

【案号】最高人民法院(2018)最高法行再190号

3. 行政许可 【《行政复议法》第十一条第三项】

参考案例

杨某诉某律师协会履行职责案

广州铁路运输中级法院经审查认为:本案的争议焦点是杨某对某律协提起的履行律师执业人员实习管理职责诉讼是否属于行政诉讼的受案范围。

第一，律师协会行使的实习登记审查权是法律授予的法定职权。《律师法》第四十六条第一款授权律师协会行使八项职权，其中第五项是"组织管理申请律师执业人员的实习活动，对实习人员进行考核"。

第二，律师协会对实习登记申请的处理行为不属于律师协会行业自律行为。《律师法》第四十三条第一款规定，律师协会是社会团体法人，是律师的自律性组织。第四十五条第一款规定，律师、律师事务所应当加入所在地的地方律师协会。加入地方律师协会的律师、律师事务所，同时是全国律师协会的会员。律师协会的行业自律对象仅限于协会会员，不涉及会员以外的主体。杨某并非律师，某律协针对杨某作出的行为不属于《律师法》规定的行业自律行为。

第三，律师协会对实习登记申请的处理行为是涉及申请人权利义务的行政管理行为。《律师法》第五条第一款规定申请律师执业应当同时具备四项条件，其中第三项是"在律师事务所实习满一年"，该条件是律师执业许可的必备条件。根据《行政许可法》第二章关于"行政许可的设定"的规定，中华全国律师协会无权设定行政许可。因此，是否准予实习登记不属于行政许可。虽然是否准予实习登记不属于行政许可，但它是律师执业许可的必备条件，是能否成为执业律师无法逾越的法定程序，对取得律师执业资格起到决定性作用，它是对外产生法律效力、对实习登记申请人产生重大权利义务影响的行政管理行为。

第四，某律协对杨某实习登记申请作出的处理行为属于人民法院行政诉讼受案范围。律师协会行使的对申请律师执业人员实习管理权是《律师法》授予的行政管理权，该管理权涉及申请人的具体权利义务，与申请人人身权、财产权有关，且不属于行政诉讼法规定的受案排除范围，应当属于人民法院行政诉讼受案范围。《申请律师执业人员实习管理规则》第十条规定的复核制度仅为律师协会内部的权利救济规定，该规定可以作为法定权利救济制度的补充，但不能据此限制和剥夺申请人的法定救济权利。

综上，某律协行使《律师法》明确授权的"组织管理申请律师执业人员的实习活动"法定行政管理职权，对杨某实习登记申请的处理行为属于行政诉讼受案范围。

【案号】广州铁路运输中级法院（2016）粤71行终35号

房地产公司诉某区人民政府行政复议案

最高人民法院经审查认为：

一、关于"未明示当事人"与行政行为是否具有"利害关系"的判断问题

从形式上看，出租房屋的所有权人在承租人利用房屋申请行政许可（类似本案的办学许可）程序中，并非许可机关的直接相对人，也非设立许可的法律规范需要保护、考虑和听取意见的对象，房屋所有权人自身似乎无任何实体权益、程序权益甚至参与权益需要保护。但从实质上看，出租房屋的所有权人根据法律规范要求提供房屋所有权证、并作

为房屋租赁协议的合同相对方,已经以提交房屋所有权证和签订租赁协议等法律文件的方式参与到行政许可程序中。行政机关基于行政高效便利原则,不要求所有权人到申请现场、不要求其在相关申请表格上签署同意使用意见,系因通过房屋所有权证件和租赁协议已经能够判断所有权人同意合理使用房屋的意见。因此,房屋所有权人虽从形式上并非行政许可相对人,但实质上仍属"未明示当事人",其与许可行为应存在"利害关系",也应具有行政复议申请人资格。

二、关于有"利害关系"的第三人是否必然具有申请行政复议、提起行政诉讼的权利问题

与行政行为有利害关系的第三人,具有申请复议的申请人资格或提起诉讼的原告资格;但并不意味着复议机关或者人民法院就必须受理其复议申请或起诉。原告(申请人)资格问题、诉权问题以及受理条件问题,既有联系也有区别。具有原告资格的当事人的起诉,还必须具有提起行政诉讼的必要性和实效性,具备诉的利益。具有原告资格的当事人,可能由于合同或者其先行行为,通过明示、默示或者其他方式处分、抛弃或者放弃了诉权,或者存在比提起本案诉讼更为简便直接的其他救济方式,人民法院因而无须认可其诉权并受理其起诉。通常情况下,之所以不宜承认房屋所有权人对涉出租房屋行政许可的复议申请权或者诉权,是因为所有权人已经通过民事租赁协议方式处分了其房屋的使用权能。如其不同意承租方使用租赁房

屋的方式，则可以解除协议或者提起民事诉讼，而无通过行政诉讼请求撤销行政许可的必要性。因为行政机关的许可行为一般并不会侵犯房屋所有权和使用权。一审判决认为"某区教委作出的涉案办学许可，涉及了涉案房屋的产权，对房地产公司的合法权益产生了相应影响，因此房地产公司与涉案办学许可之间存在利害关系"，其行政复议申请就应当受理的论证，并不完全成立。但不认可房屋所有权人的诉权，必须建立在房屋安全性能已经确认且存在正常房屋租赁合同的前提之下，或者说许可办学的前提是：房屋已经竣工验收、无安全隐患、房屋产权清楚且有期限适当的租赁协议。而本案的特殊性在于，申请作为园舍的房屋未经竣工验收备案本不应投入使用，房屋安全性能是否符合办园条件还尚需专业认定，申请许可时所依据的房屋所有权证显系伪造，房地产公司在相关合同中有关房屋所有权证取得前开泰公司不得出租的约定未得到尊重。在此情况下，房地产公司先行向某区教委反映房屋实际情况并请求撤销许可未果后，申请行政复议请求撤销许可，复议机关应当认可其复议申请权。此种权利在相关民事诉讼均未能较好解决争议的背景下，更应予以强化。

三、关于许可可能出现的公法上的不利后果是否影响复议申请人资格及复议申请权问题

参酌《北京市房屋租赁管理若干规定》有关出租存在建筑安全隐患的房屋将受到行政处罚的规定，房地产公司

作为涉案房屋实际所有权人，其名下未经竣工验收备案的房屋被用于开办幼儿园可能将直接面临处罚后果。这种不利的处罚后果使得认可房地产公司对许可行为的复议申请权和诉权，更具合法性与正当性。具体到许可行为而言，房地产公司的公法义务不仅由有关幼儿园设立许可领域法律规范设定，也由房屋租赁法律规范设定。某区教委在审批设立许可时，除适用幼儿园设立方面法律规范外，还必须参酌房屋租赁法律规范。如果相关联的法律规范要求行政机关在作出决定时对某一要素予以考虑，行政机关若不予考虑，又会使第三人"具体且特别"地受到行政决定影响时，即可认为第三人属于规范保护范围。易言之，在行政许可涉及多个主体权益的情形下，许可机关应对许可可能涉及的各方利益予以综合考虑，并避免因未予考虑而给第三方造成严重损害。因此，判断房地产公司与涉案办学许可是否存在法律规范保护的权益，是否应当承认其申请人资格并认可其复议申请权，除应参酌有关幼儿园设立许可领域法律规范外，还应参酌房屋租赁领域法律规范。所谓"适用一个法条，就是在运用整部法典"。《北京市房屋租赁管理若干规定》系列法律规范明确房地产公司作为房屋实际所有权人对出租存在建筑安全隐患、未经竣工验收备案的房屋用于开办幼儿园将要承担不利后果。在相关法律规范已经明确禁止将存在建筑安全隐患的房屋出租使用，尤其是开办幼儿园使用，且在违法出租将使房屋所有权人受到公法上不利惩戒后果的情况下，不认可房屋所有权人的复议申请人资格，不认可其复议申请权，将难以及时、有效地保障其合法权益。

总之，适用保护规范理论来判断《行政复议法》与《行政诉讼法》所规定的"利害关系"时，对保护规范理论所指称的法律规范的识别、援引和适用，既要参酌本行政管理领域的直接适用的法律规范，也要参酌相关领域的间接适用、潜在适用的法律规范；既要参酌法律规范的正面规定，也要参酌法律规范的负面规定；既要参酌保护当事人权益的法律规范，也要参酌制裁当事人行为的法律规范；既要看法律规范保障的权利（实体权利、程序权利、参与权利等），也要看违反法律规范要承担的法律责任；既要看当事人是否具有法律规范保护的权益，也要看违反法律规范可能招致的"不利益"；既要看行政行为本身是否会侵犯法律保护的权益，也要看行政行为的实施是否必然会对当事人造成不利影响。因此，在行政行为必然或者极有可能给当事人造成不利影响，减损当事人权益且其他便捷渠道救济的情况下，可参酌整个行政实体法律规范体系、行政实体法的立法宗旨以及作出被诉行政行为的目的、内容和性质进行判断，以便将法律保护的利益扩大到值得法律保护且需要法律保护的利益，从而认可当事人与行政行为存在"利害关系"，并承认其复议申请人资格和诉讼原告主体资格，以更大限度地监督行政机关依法行政。

综上，房地产公司作为出租房屋的实际所有权人，并不当然具有请求复议机关或者人民法院受理其撤销行政许可的权利。但本案特殊之处在于，涉案房屋明显未经竣工验收备案并不得投入使用、行政许可申请人持明显伪造的房地产公司房屋所有权证申请许可，而开办幼儿园安全条件未经有权机关认定、涉案房屋安全性存有疑问且相关民事诉讼均未能解决纠纷的情况下，认可房地产公司有权申请行政复议，具有合法性与正当性。房地产公司担心其所有的涉案房屋用于幼儿园园舍不符合国家卫生标准、安全标准，可能妨害幼儿身体健康或者威胁幼儿生命安全，其将承担《某市房屋租赁管理若干规定》等法律规范所规定的不利后果，在请求某区教委解决未果后，向某区人民政府申请行政复议，具备行政复议申请人资格、具有行政复议申请权。

【案号】最高人民法院（2019）最高法行申293号

4. 自然资源 【《行政复议法》第十一条第四项】

参考案例

石料公司诉某管理委员会不履行行政补偿法定职责案

最高人民法院经审查认为：

一、关于石料公司的起诉是否符合法定起诉条件的问题

石料公司于2014年10月16日向某管理委员会发出某

律函〔2014〕第 29 号《律师函》，要求尽快就征用某山宕口给予公平合理补偿。某管理委员会于 2014 年 10 月 22 日作出《对〈某律函〔2014〕第 29 号律师函〉的回复》，认为某山宕口不属于征用项目，石料公司于 2009 年 12 月 31 日采矿许可证到期后无权进行采矿而停业，不能按照征用补偿标准予以补偿。该回复系对某管理委员会提出的补偿申请作出的拒绝决定，依法对石料公司的权利义务产生了实际影响，石料公司对此而提起的诉讼，依法属于人民法院行政诉讼的受案范围。

二、关于石料公司是否因案涉某山宕口围垦工程产生财产损失的问题

《矿产资源法》规定，国家保障依法设立的矿山企业开采矿产资源的合法权益。《行政许可法》第八条规定，公民、法人或者其他组织依法取得的行政许可受法律保护，行政机关不得擅自改变已经生效的行政许可。行政许可所依据的法律、法规、规章修改或者废止，行政机关可以依法变更或者撤回已经生效的行政许可，由此给公民、法人或者其他组织造成财产损失的，行政机关应当依法给予补偿。

我国对矿产资源的开采利用实行许可证制度，并实行采矿权有偿取得的矿产资源产权制度。采矿权人开采矿产资源权利的取得，虽以有权机关颁发采矿许可证为标志，而采矿权出让合同依法生效后即使未取得采矿许可证，也仅表明受让人暂时无权进行开采作业，除此之外的其他占

有性权利，依法仍应予以保障。采矿许可证规定的期限届满，也仅表明采矿权人在未经延续前不得继续开采相应的矿产资源，采矿权人其他依法可以独立行使的权利亦仍然有效。本案石料公司逐年签订《浙江省采矿权有偿出让合同》、取得案涉《采矿许可证》，而非一次性签订长期合同，系主要遵守当地行政惯例所致。石料公司原采矿许可证到期后，许可机关在批准延续时，则应当受前续行政许可的约束，对于因情事变更等影响而决定不予延续许可的，也应当兼顾行政相对人的信赖利益保障问题。且石料公司在无法延续许可情况下，基于已有的机器设备等，也依法申领营业许可从事相关石材加工、销售等生产经营活动，而非完全停止案涉生产经营。因此，石料公司案涉矿产资源产权是合法有效的，其案涉损失也是客观存在的。

【案号】最高人民法院（2017）最高法行申7907号

俞某诉某市人民政府行政赔偿案

最高人民法院经审查认为：本案的争议焦点在于俞某提起本案诉讼是否符合起诉条件。被征地集体经济组织和农民对有关市、县人民政府批准的征地补偿、安置方案不服要求裁决的，应当依照行政复议法律、法规的规定向上一级地方人民政府提出申请。《最高人民法院关于审理涉及农村集体土地行政案件若干问题的规定》第十条规定，土地权利人对土地管理部门组织实施过程中确定的土地补偿有异议，直接向人民法院提起诉讼的，人民法院不予受理。

本案中，俞某的诉讼请求实质为确认某市人民政府对案涉征地补偿安置方案的批复行为违法，同时判令给予相应的行政赔偿。因被征地农民对征地补偿安置方案不服的救济途径，应当先向行政机关申请裁决（行政复议），而非直接向法院提起行政诉讼。俞某直接向法院起诉请求确认某市人民政府作出的土地征收补偿安置批复违法，依法不属于人民法院行政诉讼受案范围。在补偿安置方案批复未被确认违法的情况下，其提起的行政赔偿之诉，缺乏予以支持的前提条件。此外，其要求问责行政机关工作人员、追查征地款去向的诉请亦明显不属于行政诉讼的受案范围。

【案号】最高人民法院（2020）最高法行申1719号

5. 征收补偿 【《行政复议法》第十一条第五项】

▶ 参考案例

徐某等诉某区人民政府行政强制案

最高人民法院经审查认为：当事人双方在一审、二审期间提供的证据已经能够证明涉案房屋系由某街道办事处委托鉴定为危房并由该街道办事处以拆除危房的名义实施拆除。因此，就本案而言，仅需结合上述事实，回答如何确定本案适格被告的问题，亦即本案适格被告应当认定为某街道办事处还是某区人民政府。

一般认为,行政诉讼中的被告是因为其以行政主体名义实施了行政行为而成为被告,而行政主体概念与行政机关概念并不完全相同。一般认为,确定行政机关或者法律、法规、规章授权的组织能否成为行政诉讼的适格被告,可按以下思路依次进行:(1)是否为行政主体,即行为人只有具备法律规定的行政主体身份和地位,才能成为行政诉讼的被告;(2)是否为行为主体,即行为人只有以自己的名义作出被诉行政行为或者有怠于履行职责的不作为行为,才能成为行政诉讼的被告;(3)是否为责任主体,即行为人只有能够以自己名义独立承担法律责任和诉讼后果,才能成为行政诉讼的被告。

由于行政权行使过程的多样性以及行政组织系统内部关系的复杂性,准确理解行政主体、行政机关以及行政机关与其内设机构、派出机构、职能部门的关系,并依法确定行政诉讼的被告必须严格依照法律规定,并辅之以作出行政行为时的名义。因此,确定行政案件的适格被告,既要根据作出行政行为时的名义和身份,也要依据其权力的来源,并结合所依据的实体法律规范,综合判定。本案中,各方对街道办事处以拆除危房的名义实施拆除的事实,并无异议,分歧仅在于谁是最终的责任主体并以此确定适格被告。具体而言:

首先,街道办事处作为派出机关可以自己的名义独立作出行政行为并承担责任。与行政机关设立的行使该行政机关部分行政职权的派出机构不同，地方人民政府设立的派出机关是独立的行政主体，能够以自己的名义独立作出行政行为并独立承担相应的责任。因此，街道办事处在有关人民政府未进行委托的情况下，其以自己的名义单独作出相应的行政行为，对由此产生的诉讼，街道办事处是适格被告并独立承担法律责任，而不宜以派出机关即相应的人民政府为被告。因此，否定街道办事处的被告主体资格，而主张一律以设立的人民政府为被告的观点，不符合上述规定精神。

其次，即使认定街道办事处实施的强制拆除，系以房屋征收部门委托的房屋征收实施单位名义而实施，对相应的法律后果也应由房屋征收部门承担，而不应由作为征收主体的市、县级人民政府承担。街道办事处既非征收主体，也非组织实施房屋征收与补偿工作的房屋征收部门，而只可能是按照本级人民政府规定的职责分工，接受房屋征收部门的委托，承担房屋征收与补偿具体工作的被委托单位。因此，街道办事处作为房屋征收实施单位在委托范围内所从事的行为，由委托人房屋征收部门承担其后果，由此引发的诉讼，亦由房屋征收部门作为适格被告并承担相应的责任。

最后，街道办事处超出房屋征收部门委托范围，违法以拆除危房名义实施的房屋拆除行为，应当由其自己承担法律责任。就本案而言，房屋征收部门虽委托某街道办事处承担房屋征收与补偿具体工作，但某街道办事处以自己名义实施的危房拆除行为，并非对国有土地上的合法房屋所具体实施的征收补偿，而是适用《城市危险房屋管理规定》以自己的名义实施的危房拆除行为，而现有证据也不能证明某街道办事处系受房屋征收部门的委托实施的危房拆除行为。因此，对某街道办事处明显超出房屋征收部门委托范围而自己独立实施的行为，应当由其自己承担相应的法律责任。

公民、法人或者其他组织为提高级别管辖，从而将县级以上地方人民政府列为共同被告或者对明显不属于县级以上地方政府所作的行政行为向中级法院提起诉讼，既不利于准确查明案件事实，也不利于纠纷的及时化解，更不利于自身权益的保护。特别是在一审法院已释明要求变更错列被告的情况下，再审申请人仍拒绝变更，从而分别被裁定驳回起诉、上诉和再审申请，徒增诉累，实无必要。

需要强调的是，否定涉案房屋系因征收而拆除，是基于本案的证据和事实，并非认可市、县级人民政府，以及市、县级人民政府确定的房屋征收部门，甚至房屋征收部门委托的房屋征收实施单位，可以违法以拆除危房的名义进行合法的征收搬迁。行政主体在征收拆迁过程中，违反《城市危险房屋管理规定》的立法目的和法定条件，采取违法拆危的方式进行征收拆迁，人民法院不应予以支持；造成物权损失的，应当依法赔偿。

【案号】最高人民法院（2018）最高法行申1954号

6. 赔偿决定相关 【《行政复议法》第十一条第六项】

【关联规定】

最高人民法院关于审理行政赔偿案件若干问题的规定（2022年3月20日）①

7. 工伤认定 【《行政复议法》第十一条第七项】

◐ 参考案例

刘某诉某市人民政府行政复议案

【基本案情】

2016年3月31日，朱某与集团公司就朱某商住楼工程签订施工合同，发包人为朱某，承包人为集团公司。补充协议约定由集团公司设立工人工资支付专用账户，户名为陆某。随后，朱某商住楼工程以集团公司为施工单位办理了工程报建手续。案涉工程由梁某某组织工人施工，陆某亦在现场参与管理。施工现场大门、施工标志牌等多处设施的醒目位置，均标注该工程的承建单位为集团公司。另查明，集团公司为案涉工程投保了施工人员团体人身意外

---

① 此处指法律法规截至本书出版最后一次修订或发布的时间，下文对此不再提示。

伤害保险，保险单载明被保险人30人，未附人员名单。2017年6月9日，梁某某与陆某接到某市住建部门的检查通知，二人与工地其他人员在出租屋内等待检查。该出租屋系梁某某承租，用于工地开会布置工作和发放工资。当日15时许，梁某某被发现躺在出租屋内，死亡原因为猝死。

梁某某妻子刘某向广东省某市人力资源和社会保障局（以下简称某市人社局）申请工伤认定。某市人社局作出《关于梁某某视同工亡认定决定书》（以下简称《视同工亡认定书》），认定梁某某是在工作时间内和工作岗位上，突发疾病在四十八小时之内经抢救无效死亡，符合《工伤保险条例》第十五条第一款第一项规定的情形，视同因工死亡。集团公司不服，向某市人民政府申请行政复议。某市人民政府作出《行政复议决定书》，以某市人社局作出的《视同工亡认定书》认定事实不清，证据不足，适用依据错误，程序违法为由，予以撤销。刘某不服，提起诉讼，请求撤销《行政复议决定书》，恢复《视同工亡认定书》的效力。

【裁判结果】

广东省清远市中级人民法院于2018年7月27日作出（2018）粤18行初42号行政判决：驳回刘某的诉讼请求。刘某不服一审判决，提起上诉。广东省高级人民法院于2019年9月29日作出（2019）粤行终390号行政判决：驳回上诉，维持原判。刘某不服二审判决，向最高人民法院申请再审。最高人民法院于2020年11月9日作出（2020）

最高法行申 5851 号行政裁定，提审本案。2021 年 4 月 27 日，最高人民法院作出（2021）最高法行再 1 号行政判决：一、撤销广东省高级人民法院（2019）粤行终 390 号行政判决；二、撤销广东省清远市中级人民法院（2018）粤 18 行初 42 号行政判决；三、撤销某市人民政府作出的英府复决〔2018〕2 号《行政复议决定书》；四、恢复某市人社局作出的某人社工认〔2017〕194 号《视同工亡认定书》的效力。

【裁判理由】

最高人民法院认为：

一、集团公司应作为承担工伤保险责任的单位

作为具备用工主体资格的承包单位，既然享有承包单位的权利，也应当履行承包单位的义务。在工伤保险责任承担方面，集团公司与梁某某之间虽未直接签订转包合同，但其允许梁某某利用其资质并挂靠施工，参照原劳动和社会保障部《关于确立劳动关系有关事项的通知》（劳社部发〔2005〕12 号）第四条、《人力资源和社会保障部关于执行〈工伤保险条例〉若干问题的意见》（人社部发〔2013〕34 号，以下简称《人社部工伤保险条例意见》）第七点以及《最高人民法院关于审理工伤保险行政案件若干问题的规定》（以下简称《工伤保险行政案件规定》）第三条第一款第四项、第五项规定精神，可由集团公司作为承担工伤保险责任的单位。

二、集团公司应承担梁某某的工伤保险责任

某市人民政府和集团公司认为,根据法律的相关规定,梁某某是不具备用工主体资格的"包工头",并非其招用的劳动者或聘用的职工,梁某某因工伤亡不应由集团公司承担工伤保险责任。对此,最高人民法院认为,将因工伤亡的"包工头"纳入工伤保险范围,赋予其享受工伤保险待遇的权利,由具备用工主体资格的承包单位承担用人单位依法应承担的工伤保险责任,既符合工伤保险制度的建立初衷,也符合《工伤保险条例》及相关规范性文件的立法目的。

首先,建设工程领域具备用工主体资格的承包单位承担其违法转包、分包项目上因工伤亡职工的工伤保险责任,并不以存在法律上劳动关系或事实上劳动关系为前提条件。根据《人社部工伤保险条例意见》第七点、《工伤保险行政案件规定》第三条的规定,为保障建筑行业中不具备用工主体资格的组织或自然人聘用的职工因工伤亡后的工伤保险待遇,加强对劳动者的倾斜保护和对违法转包、分包单位的惩戒,现行工伤保险制度确立了因工伤亡职工与承包单位之间推定形成拟制劳动关系的规则,即直接将违法转包、分包的承包单位视为用工主体,并由其承担工伤保险责任。

其次,将"包工头"纳入工伤保险范围,符合建筑工程领域工伤保险发展方向。根据《国务院办公厅关于促进建筑业持续健康发展的意见》《人力资源社会保障部办公厅关于进一步做好建筑业工伤保险工作的通知》等规范性文件精神，要求完善符合建筑业特点的工伤保险参保政策，大力扩展建筑企业工伤保险参保覆盖面。即针对建筑行业的特点，建筑施工企业对相对固定的职工，应按用人单位参加工伤保险；对不能按用人单位参保、建筑项目使用的建筑业职工特别是农民工，按项目参加工伤保险。因此，为包括"包工头"在内的所有劳动者按项目参加工伤保险，扩展建筑企业工伤保险参保覆盖面，符合建筑工程领域工伤保险制度发展方向。

再次，将"包工头"纳入工伤保险对象范围，符合"应保尽保"的工伤保险制度立法目的。《工伤保险条例》关于"本单位全部职工或者雇工"的规定，并未排除个体工商户、"包工头"等特殊的用工主体自身也应当参加工伤保险。易言之，无论是工伤保险制度的建立本意，还是工伤保险法规的具体规定，均没有也不宜将"包工头"排除在工伤保险范围之外。"包工头"作为劳动者，处于违法转包、分包等行为利益链条的最末端，参与并承担施工现场的具体管理工作，有的还直接参与具体施工，其同样可能存在工作时间、工作地点因工作原因而伤亡的情形。"包工头"因工伤亡，与其聘用的施工人员因工伤亡，就工伤保险制度和工伤保险责任而言，并不存在本质区别。如人为限缩《工伤保险条例》的适用范围，不将"包工头"纳入工伤保险范围，将形成实质上的不平等；而将"包工头"

等特殊主体纳入工伤保险范围，则有利于实现对全体劳动者的倾斜保护，彰显社会主义工伤保险制度的优越性。

最后，"包工头"违法承揽工程的法律责任，与其参加社会保险的权利之间并不冲突。根据社会保险法第一条、第三十三条规定，工伤保险作为社会保险制度的一个重要组成部分，由国家通过立法强制实施，既是国家对职工履行的社会责任，也是职工应该享受的基本权利。不能因为"包工头"违法承揽工程违反建筑领域法律规范，而否定其享受社会保险的权利。承包单位以自己的名义和资质承包建设项目，又由不具备资质条件的主体实际施工，从违法转包、分包或者挂靠中获取利益，由其承担相应的工伤保险责任，符合公平正义理念。当然，承包单位依法承担工伤保险责任后，在符合法律规定的情况下，可以依法另行要求相应责任主体承担相应的责任。

（最高人民法院指导案例191号）

某公司不服某开发区管委会认定工伤决定书案[①]

【基本案情】

闫某与陈某系某公司保安。2019年6月12日，陈某在值班时因劝阻闫某与保安队长争吵，被闫某持刀伤害致死。经陈某之父申请，被申请人作出《认定工伤决定书》，认为陈

---

① 《北京市司法局发布2021-2022年度行政复议解决人民群众"急难愁盼"问题典型案例》，载法治时代网，http://www.pfcx.cn/index/index/n_show/id/129006.html，2023年9月5日访问。

某所受暴力伤害与履行工作职责之间存在因果关系，属于工伤。某公司则认为陈某系因采用推搡、羞辱闫某的方式才导致受到暴力伤害，与履行工作职责无关，不应被认定为工伤。

本案的争议焦点在于陈某是否系因履行工作职责而受暴力伤害致死。因等待刑事案件结果，涉案工伤认定结果作出时，距陈某死亡已三年之久，且其家境贫寒，家属希望早日获得工伤补偿款，但某公司并未为陈某购买工伤保险，陈某家属还需通过诉讼程序索要补偿款，耗时费力。为实质化解矛盾，防止争议久拖不决，承办人多次与双方进行沟通，释法说理。最终，某公司与陈某家属签订和解协议，陈某家属获得了满意的补偿，某公司亦认可行政复议决定，各方均未提起诉讼。

【复议结果】

《工伤保险条例》第十四条第三项规定，职工在工作时间和工作场所内，因履行工作职责受到暴力等意外伤害的，应认定为工伤。本案中，首先，陈某被伤害时正值值班期间，且发生在值班室内，符合"工作时间"和"工作场所"两个要素。其次，陈某作为门卫保安员，负有维持公司门口正常秩序的职责，其在闫某与他人在公司门口发生纠纷时进行劝阻、维持秩序，属于"履行工作职责"。最后，陈某受伤与履行工作职责之间有因果关系。闫某系因不满陈某维持秩序的行为，对陈某进行暴力伤害，闫某自述与陈某并无其他矛盾。陈某虽有推搡、辱骂等不当行为，但不能阻却其所受伤害与履行工作职责之间的因果关系。因此,行政复议决定维持《认定工伤决定书》。

【关联规定】
工伤保险条例(2010 年 12 月 20 日)

8. 经营自主权 【《行政复议法》第十一条第八项】

● 参考案例

柳某等诉某县经济和信息化局工商行政登记案

最高人民法院经审查认为: 原某县煤矿的性质为集体经济,柳某等人系原某县煤矿的职工,以侵犯经营自主权为由,起诉要求确认原某县煤矿分立后的三个煤矿公司无效。根据《城镇集体所有制企业条例》,经营自主权系集体企业所依法享有的调配使用自己的人力、物力、财力,自主组织生产经营活动的权利,该权利并不为集体企业职工所享有。行政机关对集体企业作出的"出售、分立"等行为,直接侵犯的是集体企业自身的合法权益。《最高人民法院关于适用〈中华人民共和国行政诉讼法〉的解释》规定,非国有企业被行政机关注销、撤销、合并、强令兼并、出售、分立或者改变企业隶属关系的,该企业或者其法定代表人可以提起诉讼。据此,与集体企业被分立的行为有"利害关系"从而具有行政诉讼原告资格的主体应为被分立的企业或者其法定代表人。作为原集体企业的职工,对于行政机关针对其所属企业作出的行政行为不服,应根据上述法律法规的规定形成集体意志之后依法提起诉讼。

【案号】最高人民法院(2017)最高法行申1327号

9. 滥用行政权力 【《行政复议法》第十一条第九项】

◐ 参考案例

某汽车运输公司诉某市人民政府排除、限制竞争案[①]

为解决公共交通相对落后的状况,某市人民政府于2015年7月27日形成《工作会议纪要》,决定以政府许可的方式与交通公司合作经营公共交通事业,将该市公共交通经营权及公共站场土地使用权许可给其项目公司某汽车运输公司。根据上述会议纪要,某市交通运输局于同日向某汽车运输公司发出《通知》,要求该公司办理相关公交车的报废手续并停止营运,同时收回经营权指标。

随后,某市人民政府于2015年8月21日就该市辖区"0-50千米公共交通项目"发布特许经营权招投标公告,要求参与投标者的资质条件应达到包括资产总额不低于20

---

① 《最高人民法院发布产权保护行政诉讼典型案例》,载最高人民法院网站,https://www.court.gov.cn/zixun/xiangqing/244101.html,2023年8月16日访问。

亿元、具有10年以上国家一级道路旅客运输企业的资质等4项要求。经报名、公示,后因其他参与者中途放弃,交通公司控股的关联公司成为唯一的投标者。经竞争性谈判,于2015年9月28日,某市人民政府国有资产监督管理委员会发出公告,同意该特许经营项目具体由交通公司负责实施。某汽车运输公司不服诉至法院,请求撤销某市人民政府上述独家特许经营许可决定,立即停止违法行为。

广东省汕尾市中级人民法院一审判决驳回某汽车运输公司的诉讼请求。某汽车运输公司不服提起上诉。广东省高级人民法院二审认为,某市人民政府发布招投标公告之前,已经事先通过会议纪要的方式将某市辖区范围内的公共交通特许经营权直接授予交通公司独家经营。交通行政部门亦根据该纪要决定提前收回某汽车运输公司的相关公交运营指标。某市人民政府提前指定独家特许经营者,违反了《基础设施和公用事业特许经营管理办法》关于应由市场竞争机制来确定经营者的相关规定,属于滥用行政权力排除市场原有同业竞争者的行为,应当认定该特许经营许可行为违法。但考虑到本案涉及公共利益,若撤销该许可将会给某市公共交通秩序造成损害,给人民群众的出行带来不便,遂改判:撤销一审判决,确认某市人民政府实施涉案特许经营权许可行为违法,但保留其法律效力。

行政机关滥用行政权力排除、限制竞争是我国反垄断法明确禁止的行为。在基础设施和公用事业管理领域,地方政府较常以授予独家特许经营权为对价，吸引、鼓励和引导更多优质的社会资本参与相关投资和管理，以提高公共服务的质量和效率。由于反垄断法的相关规定较为原则，再加上独家特许经营许可本身具有排他性，因此在特许经营许可纠纷案中，如何对行政性限制竞争行为进行审查认定难度较大。行政机关违反法律、法规、规章的规定，未经公平、公开、公正的竞争机制，未按法定程序实施或者故意设置不合理的条件，指定特许经营者，排除、限制同一市场其他同业经营者的公平竞争权和参与权，损害消费者的自主选择权，属于《反垄断法》上所规制的行政性限制竞争行为，应当确认其违法，以保护各种市场主体平等参与市场竞争。

【关联规定】

中华人民共和国反垄断法（2022年6月24日）

第三十四条　经营者集中具有或者可能具有排除、限制竞争效果的，国务院反垄断执法机构应当作出禁止经营者集中的决定。但是，经营者能够证明该集中对竞争产生的有利影响明显大于不利影响，或者符合社会公共利益的，国务院反垄断执法机构可以作出对经营者集中不予禁止的决定。

第三十五条　对不予禁止的经营者集中，国务院反垄断执法机构可以决定附加减少集中对竞争产生不利影响的限制性条件。

第六十五条 对反垄断执法机构依据本法第三十四条、第三十五条作出的决定不服的，可以先依法申请行政复议；对行政复议决定不服的，可以依法提起行政诉讼。

对反垄断执法机构作出的前款规定以外的决定不服的，可以依法申请行政复议或者提起行政诉讼。

10. 集资、摊派 【《行政复议法》第十一条第十项】

● 参考案例

谢某某诉某乡人民政府违法要求履行义务案

四川省某县人民法院经审理查明：原告谢某某全家 5 口人，其中劳动力 2 人。经某县农业主管部门审定，1991 年某乡人均纯收入 378 元。1992 年 5 月，原告接到两张负担通知单。一张是盖有某乡农业承包合同管理委员会公章的农民负担通知单，载明：集体提留费中，公积金 18.90 元，公益金 9.40 元，管理费 27 元；统筹费中，教育附加费 29.85 元，其他 9 项 21.11 元。以上共计 106.26 元，原告人均负担 21.25 元。义务工、劳动积累工按划地人口折资 18.88 元。另一张是由被告授权认可并统一印制盖有某村村民委员会公章的 1992 年农民负担农业税、社会生产性服务收费通知单，载明：农业税 42.15 元，广播建网等 10 项社会、生产性服务费 85.80 元。其中广播建网、广播收听、敬老院筹资、闭路电视、林业育苗防虫、小家禽防疫、农作物防治等费用，由被告及被告所属部门收取；蚕桑育苗修枝嫁接、林场还债、安装广播等费用，由泉水村收取。原告已交各种费用120元。国务院和四川省规定农民每年向农村集体经济组织上交集体提留费和统筹费的总额，以乡（镇）为单位计算，不得超过上一年农民人均纯收入的5%。以此为标准，原告1992年人均应负担18.90元，共计负担94.50元。根据原告收到的两张负担通知单所列费用，除农业税42.15元是原告应履行的法定义务外，还要上交各种费用192.06元，人均负担38.41元，占上一年人均纯收入的10%，超过国家规定的农民承担费用的一倍。

被告某乡人民政府向原告谢某某提取的村提留费、乡统筹费和社会生产性服务费，超过谢某某全家应负担费用的一倍，违反了国家"取之有度、总额控制、定项限额"的原则，具有任意性和随意性。有的项目，如敬老院筹资、广播建网、安装费用等分别属公益金和统筹费的重复提取。生产性服务和公益性服务费用的收取，不是依自愿、互利、谁受益谁负担的规定依法行政，而是强行摊派。甚至分属林场的债务也摊派给原告负担。国家规定农民每年负担的义务工和劳动积累工以劳动力计算，被告则按原告全家人口承担，是不合法的。被告的行政行为属于超越职权和滥用职权。

（《最高人民法院公报》1993年第1期）

11. 履行法定职责 【《行政复议法》第十一条第十一项】

● 参考案例

白某不服某市教育局不依法履职行政复议案[①]

2018年3月至4月，申请人白某多次通过电话、电子邮件、"12345"便民服务平台、面谈等途径向被申请人某市教育局反映其女儿小白（某国际学校小学二年级学生，该校系被申请人代管的民办学校）在学校遭受校园欺凌，要求被申请人按照教育部等十一部门联合印发的《加强中小学生欺凌综合治理方案》（以下简称《综合治理方案》）进行处理。

被申请人接到反映后，开展了一系列工作，包括要求学校提供情况说明、进行现场调查、督促学校带申请人女儿看病和劝导申请人女儿回校上课、组织并指导学校及双方家长进行调解、向上级部门作出汇报等，也通过电话、网络及面谈的方式给出了相关的处理意见。复议过程中还协调白某和学校就民事赔偿达成了调解协议。被申请人认为其已按照《学生伤害事故处理办法》进行了处理，承认未按照《综合治理方案》的规定处理此事。

[①] 中国法学会行政法学研究会、中国政法大学法治政府研究院主编：《行政复议法实施二十年研究报告》，中国法制出版社2019年版。

白某认为被申请人未按照《综合治理方案》的规定成立调查组对事件是否属于校园欺凌进行认定，构成不作为，故申请行政复议。

某市人民政府作出〔2018〕某行复第53号《行政复议决定书》，责令被申请人履行职能。理由为：教育部等十一部门联合印发的《综合治理方案》对各地教育行政部门在处置学生欺凌事件方面的职责进行了明确规定，被申请人应当按照该方案履行相应职责。教育行政部门负责对学生欺凌治理进行组织、指导、协调和监督，是学生欺凌综合治理的牵头单位。该治理方案对各级教育行政部门提出了履职要求。

本案中，白某自2018年3月13日起多次通过电话、电子邮件、"12345"便民服务平台等方式向被申请人反映其女儿在学校受到同学欺凌，上述过程系投诉举报。2018年4月13日，申请人至被申请人处当面沟通并提出处理要求，系申请人向被申请人提出履行职责申请。被申请人在接到白某的投诉举报与申请人的履行职责申请后，确已开展了大量工作，进行了相应的调查、指导、协助处理，并促使学校与申请人达成了协议。但被申请人的组织、指导、协调、监督未能按照《综合治理方案》的规定进行，未对案涉学校的处理结果提出明确的确认或者启动复查，构成未全面正确履行职责。

吕某诉某省人民政府不履行法定职责案

最高人民法院经审查认为： 本案的争议焦点在于吕某因"某县人民政府不履行颁发不动产权证"，继而向某省人民政府邮寄申请函，要求某省人民政府督促某县人民政府履行法定职责，是否属于行政诉讼的受案范围。

《行政诉讼法》规定，申请行政机关履行保护人身权、财产权等合法权益的法定职责，行政机关拒绝履行或者不予答复，公民、法人或者其他组织因此提起诉讼的，人民法院应当受理。但此处的法定职责，系行政机关依据法律、法规或者规章等规定，具有针对行政管理相对人申请直接进行处理、直接解决行政管理相对人诉求的职责，不应当包括上级行政机关对下级行政机关、本级人民政府对所属工作部门的层级监督、内部监督管理职责。本案中，吕某要求某省人民政府督促某县人民政府履行法定职责，属于要求某省人民政府履行层级监督职责，某省人民政府收到吕某申请后，虽未作任何答复，但并不会对吕某的权利义务产生实际影响。

【案号】最高人民法院（2019）最高法行申13898号

12. 社会保障 【《行政复议法》第十一条第十二项】

● 参考案例

陈某诉某管理委员会支付最低生活保障金案

最高人民法院经审查认为： 根据《社会救助暂行办法》

的规定,陈某应当获得最低生活保障金。他自 2011 年 1 月 18 日起至 2015 年 12 月 22 日止,一直获发最低生活保障金。但是,自 2016 年 1 月起,他的最低生活保障金被停发。

某管理委员会承认其停发陈某最低生活保障金的事实。其在 2018 年 6 月 28 日致陈某的《关于对陈某低保待遇的处理回复》中说,因为陈某"自 2015 年以来的家庭收入和家庭财产状况不符合某〔2014〕28 号文关于最低生活保障对象的认定条件,故于 2015 年年底依法撤销低保资格,不予发放最低生活保障金。"应当承认,其具有决定停发最低生活保障金的职权,这也是社会救助制度"托底线、救急难、可持续"以及"应保尽保,应退尽退"原则的具体体现。

但是,是否有权撤销一个自己此前作出的行政行为是一回事,是否依法作出这样一个撤销行为是另一回事。撤销和废止不仅针对行政行为,而且其自身也是行政行为,因此,必须遵守行政行为的规则,必须符合法律、法规规定的实体和程序方面的各种要求。根据《社会救助暂行办法》的规定,"决定停发最低生活保障金的,应当书面说明理由。"其并未提交证据证明向陈某送达了停发决定并书面说明理由,因此,程序的违法性显而易见。

本案中,诉讼请求是:请求法院判令被告恢复发放自 2016 年 1 月起的最低生活保障金。这在诉讼类型上属于一般给付之诉中的后果清除之诉。原告的请求权依据是所谓后果清除请求权，或称恢复请求权，其目标是通过消除违法行政活动的后果，以恢复原始的状态。如前所述，行政机关有权自行撤销一个行政行为，但违法的撤销决定也可以被诉请撤销。撤销一个违法的撤销决定的后果是原行政行为"复活"，准确地说，是视为原行政行为自始没有被撤销。具体到本案，尽管没有送达一个书面决定，但其已决定停发最低生活保障金却是一个不争的事实，并且已经发生了停发的法律效果。人民法院经审理如果认为停发决定并不符合法律规定的条件，则应当直接撤销这个停发决定，并按照原告的请求判决行政机关恢复发放。是否符合获得最低生活保障的条件，既是一个事实问题，更是一个法律问题，人民法院完全可以依照法律法规的规定作出认定。撤销一个违法撤销行政行为的决定，既不涉及行政机关的首次判断权，也无须行政机关再次履行审核程序，更不涉及人民法院对于具体支付金额的计算，因此，没有作出一个笼统的责令行政机关作出处理的答复判决的必要。

最高人民法院于2018年12月27日指令河南省高级人民法院再审。在再审过程中，陈某以已与某管理委员会达成和解协议为由提出撤回再审请求。河南省高级人民法院予以准许。

【案号】最高人民法院（2018）最高法行申7472号

13. 行政协议 【《行政复议法》第十一条第十三项】

◐ 参考案例

实业公司诉某市人民政府招商引资协议案

最高人民法院经审查认为：

一、关于本案招商引资协议是否为行政协议的问题

协议是经过谈判、协商而制定的共同承认、共同遵守的文件。利用协议来约定权利义务是各种社会主体普遍采用的手段。平等的民事主体之间签订的协议，属民事协议；引发的纠纷，按照民事救济程序解决。随着行政管理方式的多样化和行政管理理念从高权命令向协商、合作的转变，行政机关在法律规定的职权范围内，通过协商一致的方式约定其与行政管理相对人之间的权利义务关系，此种协议也被统称为行政协议（行政契约、行政合同）；由此引发的纠纷，一般通过行政救济程序解决。行政协议一般包括以下要素：一是协议有一方当事人必须是行政主体；二是该行政主体行使的是行政职权；三是协议目的是实现社会公共利益或者行政管理目标；四是协议的主要内容约定的是行政法上的权利义务关系。由于行政管理的复杂性以及双方当事人协议约定内容的多样性，判断一项协议是属于行政协议还是属于民事协议，不能仅看其名称，也不能仅依

据其中的少数或者个别条文来判定，而应当结合以上要素和协议的主要内容综合判断。

对本案的招商引资协议而言：

（1）协议的一方当事人某管委会是行政机关。某管委会是经某省人民政府批准设立，作为某区人民政府派出机构，对开发区实行统一领导和管理的行政机构；协议权利义务的最终承担者系某区人民政府，因此具备协议订立一方必须是行政主体的形式特征。

（2）某管委会在协议中处分的虽有民事机关法人的职权但主要是行政职权。招商引资协议约定某管委会行使的职权和义务，如有关土地出让金价格的确定、二期项目开发用地的预留、配套平整土地、给予政策补贴、帮助减免相应税费、对开发、利用土地及未来改变土地用途时的同意并逐级上报审批、对实业公司可能存在的违法用地行为的监督管理和行政处罚等，均属《某省经济技术开发区管理条例》规定以及某区人民政府所授予的行政管理职权。

（3）协议的目的是公共利益。招商引资协议正是为了实现公共利益的需要而签订的。协议约定，实业公司将主要从事智能电脑针织机械的生产、制造和销售业务，企业总投资5000万美元，注册资本3000万美元；实业公司将从当地学校招录职业技工300名，解决部分就业问题；条件成熟时，实业公司还将二期项目扩产，某管委会同时预留100亩土地用于保障投资。协议的如约履行，将相应提高当地经济生产总量，提高政府财税收入，部分解决就业问题，有助于对外开放、经济技术发展和产业结构调整，有利于地方的长远发展。这些显然是为了促进社会公共利益，而非某管委会以及某区人民政府自身的法人利益。

（4）协议的主要内容约定的是行政法上的权利义务。协议虽有某管委会借款给实业公司，支付国有建设用地使用权招拍挂成交价与5万元/亩基数差额部分的约定，但协议的主要内容仍然为行政法上的权利义务。协议约定，实业公司负担保证所使用土地为拟申报项目的工业用地性质，不擅自改变土地用途，如需改变土地使用用途，则应征得某管委会同意并报上级有权部门批准，重新签订土地使用权出让合同，调整土地使用权出让金并办理登记等义务；某管委会则相应负担对实业公司申请变更土地使用用途进行审核上报的义务；协议还约定，实业公司待协议生效后，负担及时申请外资企业工商注册登记，办理计划、测量、规划、国土、建设、交通、消防、财政、人防、质监等相关行政审批、缴纳相关配套费用的义务；某管委会则相应负担协助实业公司办理完成其申请的行政审批和登记手续，争取政策补贴，帮助减免建设规费等义务；协议并约定，实业公司需服从某管委会及当地政府管理，及时向某管委会主管税务机关纳税，以及以土地摘牌之日后24个月为起始时间，连续三年企业入库税收分别达到人民币10万元/亩、15万元/亩时，申请相应税费减免奖励等；某管委会则需对实业公司依法纳税进行监管，积极争取和利用有关招商引资政策，将实业公司投产后五年内所缴纳国税、地税、基金等税费，视情形对实业公司进行奖励，以及在实业公司设立新企业注册后一个月内配套安排25套住宅房屋，用于实业公司引进高管人才，并帮助解决相关高管人才子女就学问题，帮助协调某地区有关职业技术学校与实业公司签订就业安置协议等。这些权利义务虽有部分民事权利义务性质，但更多约定涉及地方政府不同职能部门的行政职权，分别受多部行政法律规范调整，具有明显的行政法上的权利义务特征。而事实上，此类约定也系某管委会代表某区人民政府进行的行政允诺。

总之，本案招商引资协议一方为行政主体，协议目的符合公共利益需要，某管委会行使的主要是行政职权，协议内容除包括相关民事权利义务约定外，还包括大量难以与协议相分离的行政权利义务约定，依法属于行政协议范畴。一审法院仅以双方约定的部分内容，即认定招商引资协议仅系形成借款与赠与的民事法律关系，而不具有行政法上的权利义务内容，属于认定事实错误。

二、关于本案纠纷解决应当适用民事诉讼程序还是行政诉讼程序的问题

我国实行国家统一的法院制度，不存在普通法院与行政法院的管辖区分，人民法院内部仅系分庭管理，民事和行政审判庭也非以自己名义独立对外行使审判权，而是统

一以人民法院名义行使审判权。因而,民事协议与行政协议、民事诉讼与行政诉讼,一般仅具有法理分工和管辖指引功能。审理行政协议案件既要适用行政法律规范,也要适用不违反行政法和行政诉讼法强制性规定的民事法律规范。实践中,民事协议可能交由行政审判庭审理,行政协议也可能交由民事审判庭审理。区分民事协议与行政协议、民事诉讼与行政诉讼,更多应考虑审判的便利性、纠纷解决的有效性、裁判结果的权威性以及上下级法院间裁判标准的一致性,也应考虑何种诉讼更有利于对行政权力的监督和公共利益的维护。

本案协议有关民事权利义务的约定与行政权利义务的约定互相交织、难以完全分离。某管委会代表某区人民政府所作的权利义务的约定,涉及多个行政管理领域,多项行政管理职能,人民法院对此类约定的合法性、有效性进行审查,既要考虑是否确属当事人之间真实自愿和协商一致,还应考虑行政管理领域的具体法律规定,约定对地方政府及其职能部门的约束力,以及合同的相对性原则的适用等。与民事诉讼程序相比,行政诉讼程序更有利于全面审查协议中有关税收承诺、土地出让价款承诺、行政许可承诺等诸项涉及行政法律规范之适用条款的合法性与合约性;而协议包含的工商、质监、房管、建设、交通等多个行政许可审批事项的约定,适用行政诉讼程序审理也更为适宜。尤其重要的是,本案实业公司作为一审原告,在诉讼请求、诉讼类型及诉讼标的等问题上依法具有选择权，其有权就招商引资协议的全部或部分内容提起诉讼。如果实业公司在一审诉讼期间或者根据一审法院的指引，选择通过民事诉讼解决本案纠纷，亦无不可。在此情形下，上级法院应当尊重当事人选择权，而不宜仅因协议定性问题推翻下级法院生效裁判。但鉴于实业公司因诉讼管辖等方面考虑，坚持选择行政诉讼程序寻求救济，则人民法院应同样予以尊重，并作为行政案件立案和审理。

【案号】 最高人民法院（2017）最高法行再99号

【关联规定】

最高人民法院关于审理行政协议案件若干问题的规定（2019年11月27日）

14. 政府信息公开 【《行政复议法》第十一条第十四项】

● 参考案例

陶某诉某省人民政府行政复议案

最高人民法院经审查认为：法律法规授权的组织，是指根据法律法规授权能够对外履行法定职责，作出对外产生法律效果、直接影响当事人权利义务的行政行为的组织。《政府信息公开条例》属于行政法范畴，对于因条例所引起的行政复议、行政诉讼，被申请人及被告资格仍不能超越行政复议法、行政诉讼法的有关规定。政府信息公开的主体应与行政复议、行政诉讼主体保持一致，即应具有行政性、外部性、独立性的特征。而并非行政主体的公共事业单位，即使参照《政府信息公开条例》的规定应公开某些公共服务信息，其行为也难以纳入行政复议、行政诉讼的救济范围。

《工会法》第二条规定，工会是职工自愿结合的工人阶级的群众组织。第十四条规定，中华全国总工会、地方总工会、产业工会具有社会团体法人资格。虽然从我国工会的职能作用、组织架构、资金来源、上下级关系等方面可以看出我国工会具有一定的公法人属性，但《工会法》及相关规定并未赋予工会行政管理职权，工会虽具有交涉、提出意见、进行监督、签订集体合同、参与劳动争议等权利，但工会行使上述权利的行为均不直接发生行政法律效果，用人单位对工会所提出的问题拒不改正的，最终仍需由相关政府部门进行处理，相关劳动争议无法解决的，仍需要通过仲裁、诉讼等途径进行解决。因此，工会并非行政机关，也并非法律法规授权的组织，不属于适格的行政复议被申请人。陶某要求某省总工会公开涉案调解记录，并以某省总工会为被申请人申请行政复议，明显不符合行政复议受理条件，某省人民政府作出《不予受理行政复议申请决定书》，陶某对此不服提起本诉，人民法院仍可直接驳回起诉。原审裁定未对某省总工会是否属于法律法规授权的组织进行审查，仅以某省总工会不是行政机关为由驳回陶某的起诉虽有瑕疵，但该瑕疵不影响陶某的实体权利义务。

【案号】 最高人民法院（2020）最高法行申 668 号

【关联规定】

国务院办公厅转发司法部关于审理政府信息公开行政复议案件若干问题指导意见的通知（2021 年 12 月 22 日）

15. 其他行为 【《行政复议法》第十一条第十五项】

● 参考案例

刘某诉某部门行政复议案

最高人民法院经审查认为：《行政复议法》规定，公民、法人或者其他组织认为行政机关的其他具体行政行为侵犯其合法权益的，可以依照本法申请行政复议。这是一个行政复议受案范围的兜底条款，表明如果行政行为根本不可能侵犯当事人合法权益的，不属于行政复议的受案范围。本案中，某市财政局不履行对刘某举报事项的查处义务。复议期间，某市财政局自我纠错，对举报事项予以立案调查。在某市财政局立案查处期间，刘某再次申请行政复议，请求某部门责令某市财政局继续履行查处职责。而事实上，某市财政局正在履行查处义务的行政行为，并不会对举报人刘某的权利义务造成损害或不利影响。因此，76号复议决定以刘某的复议申请不属于行政复议范围为由，决定驳回其复议申请并无不当，本院予以支持。但是，某市财政局在立案受理刘某举报事项后，应当加快调查进度、尽快作出处理决定；作为上级行政机关和复议机关，某部门亦应当监督某市财政局，提高行政效率。

复议申请应当要有具体的复议请求和理由。所谓具体的理由，是指申请行政复议应当有相应的事实根据，对复议请求要有符合常理的解释。申请复议缺乏事实根据和理由，不符合法定复议受理条件。本案中，刘某认为某市财政局未完全履行法定职责，向某部门申请行政复议。而事实上，某市财政局已经启动调查程序，正在对举报事项进行调查处理。刘某请求某部门责令某市财政局继续履行查处职责，缺乏事实根据和理由，不符合行政复议受理条件，因此76号复议决定驳回其复议申请，并无不当。

【案号】 最高人民法院（2020）最高法行申9332号

第十二条　不属于行政复议范围的事项

下列事项不属于行政复议范围：
（一）国防、外交等国家行为；
（二）行政法规、规章或者行政机关制定、发布的具有普遍约束力的决定、命令等规范性文件；

（三）行政机关对行政机关工作人员的奖惩、任免等决定；

（四）行政机关对民事纠纷作出的调解。

● 解读

在立案阶段需对行政行为是否可诉作出初步判断。

1. 内部行政行为与外部行政行为。行政行为以其适用与效力作用的对象的范围为标准，可分为内部行政行为与外部行政行为。所谓内部行政行为，是指行政主体在内部行政组织管理过程中所作出的只对行政组织内部产生法律效力的行政行为，如行政处分及上级机关对下级机关所下达的行政命令、行政机关对行政机关工作人员奖惩任免等决定等，行政复议法将内部行为排除在受案范围之外。所谓外部行政行为，是指行政主体在对社会实施行政管理活动过程中针对公民、法人或其他组织所作出的行政行为，是调整行政机关与行政机关之外的公民、法人或者其他组织之间的公共管理和服务关系的活动。

2. 抽象行政行为与具体行政行为。所谓抽象行政行为，是指以不特定的人或事为管理对象，制定具有普遍约束力的规范性文件的行为，如制定行政法规和行政规章的行为。虽然抽象行政行为不具有可诉性，但复议法赋予了法院对规章以下规范性文件进行司法审查的权力，只是不得单独提出。

3. 依职权的行政行为与受职权支配的行政行为。以行政机关是否可以主动作出行政行为为标准，行政行为可分为依职权的行政行为和依申请的行政行为。依职权的行政行为，是指行政机关依据法律赋予的职权，无须相对方的请求而主动实施的行政行为。依申请的行政行为，是指行政机关必须有相对方的申请才能实施的行政行为。实践中不仅行政机关依职权的行为属于行政诉讼受案范围，如果某行为受行政机关的权力支配造成相对人合法权益受到影响，该行为亦可纳入受案范围。

4. 单方行政行为与双方、多方行政行为。以决定行政行为成立时参与意思表示的当事人的数目为标准，将行政行为分为单方行为与双方或多方行政行为。单方行政行为指依行政机关单方意思表示，无须征得相对方同意即可成立的行政行为。随着经济社会的发展及人民群众权利意识的成熟，政府职能也由早期秩序维护者的角色，转变为向社会提供高效优质公共服务的服务者。而要完成这样的角色转变，仅仅依靠行政命令、行政许可、行政处罚、行政强制等单方性的管制手段和强权方式已无法适应，政府必须整合全社会的力量，吸引社会人员广泛参与。行政协议等以双方或者多方协商为基础的新的"行政行为"方式应运而生，并且应用日益广泛。

5. 法律行为和事实行为。法律行为是直接发生法律效果的行为，如行政命令、行政处罚、行政强制等。事实行为则是以导致某种事实结果为目的的行政措施。一般情况下，行政机关作出的法律行为都是可诉的行政行为，事实行为是不可诉的。但国家赔偿法实施后，从属于行政处理决定的强制和执行实施活动等纯业务行为，因纳入国家赔偿事项而具有可诉性。此类行为从事实行为中分离出来，成为可诉的行政行为。

6. 层级监督行为与行政复议行为。上级行政机关基于内部层级监督关系对下级行政机关作出的听取报告、执法检查、督促履责等行为，不属于受案范围。行政复议机关一般为作为被申请人的行政主体的本级人民政府或上一级行政主体，两者具有层级隶属关系；但行政复议具有多元功能，是法律赋予解决行政争议的权利救济制度，该制度设置的直接目的是保障公民、法人或其他组织的合法权益，是一项依法可供司法监督的具有外部特征的行为。

1. 抽象行政行为 【《行政复议法》第十二条第二项】

● 参考案例

开采公司诉某县人民政府停采停产通告案

河北省高级人民法院经审查认为： 行政机关制定发布的具有普遍约束力的决定、命令是指针对不特定主体作出的具有普遍性、持续性、可反复适用性的行政行为。而本案上诉人某县人民政府作出的《停采停产通告》是针对特定主体的特定事项作出的具有直接执行力的具体行政行为，不具有反复性特征。由于上诉人作出的《停采停产通告》中涉及诸多影响企业自主经营权的内容，对被上诉人权利义务产生实际影响，故被上诉人作为行政相对人提起行政诉讼，一审法院予以审理并无不当。

【案号】河北省高级人民法院（2019）冀行终58号

工业气体公司诉某县人民政府编制
并批准土地利用总体规划案

最高人民法院经审查认为：《城乡规划法》第二条、第五条规定，城市规划、镇规划分为总体规划和详细规划。详细规划分为控制性详细规划和修建性详细规划。其中，城市总体规划是依据城市社会经济发展的战略对一定时期的城市性质、发展规模、土地利用、空间布局以及各项城市基础设施所做的综合部署和空间安排，是城市建设和发展的总体部署和总纲，具有综合性、战略性、政策性、长期性和指导性。城市总体规划编制主要考虑当地的社会经济发展情况、自然条件、资源条件、历史背景、现状特点，统筹兼顾、综合协调，属于公共政策和规范制定范畴，具有抽象性和实施中的不确定性，其法律意义在于对下一层次的规划权力进行限制，而不是对具体的建设项目进行直接约束。总体规划的内容，需要通过控制性详细规划和修建性详细规划来加以落实和具体化，并通过对建设项目颁发"一书两证"（建设项目选址意见书、建设用地规划许可证和建设工程规划许可证）等行政许可决定才能得以具体化。而控制性详细规划即为城市总体规划在城市局部地区的解释与深化，确定局部地区建设用地中可开发地块的土地使用性质、开发强度等控制指标以及道路和市政规划控制要求的空间安排，既是城市总体规划与土地开发的桥梁，也是行政权对建设项目管理的直接依据。修建性详细规划则是依据控制性详细规划确定的指标，对将要进行建设的地区，编制的具体的、可操作性的规划，作为各项建筑和工程设施设计和施工的依据，更是颁发"一书两证"和规划管理的依据。因此，就总体规划可诉性而言，总体规划内容实施尚有不确定性，且需借助详细规划尤其是修建性详细规划才能实施，更需要通过"一书两证"才能得以具体化。当事人认为总体规划内容侵犯其合法权益的，应当通过对实施总体规划的详细规划尤其是修建性详细规划的异议程序以及对颁发或不颁发"一书两证"行政行为的司法审查程序寻求救济。对总体规划的监督既可以通过《城乡规划法》第十六条等规定的民主审议程序进行，也可以通过专业判断和公众参与等程序进行，但不宜通过司法审查程序监督。

　　编制和修改详细规划，的确可能影响土地权利人对土地的开发和利用，甚至是减损权利人已经依法取得的土地利用权和开发权。尤其是控制性详细规划一经批准，就形成约束力，是规划管理的最直接依据，是国有土地使用权出让、开发和建设管理的法定前置条件，城乡规划部门必须严格按规划实施管理，建设单位必须严格按规划实施建设，各相关利益群体必须服从规划管理。因此，对地方政府编制和修改详细规划行为亦有司法救济的必要。但与仅设定特定行政管理相对人权利义务的传统行政行为不同，详细规划涉及局部地区建设用地中可大批量开发地块总体空间安排且具有高度政策性和公众参与性，司法机关对详细规划行为受理和合法性审查应当审慎。特定地块权利人一般并不宜对详细规划的整体内容提起诉讼。权利人对与其土地利用权有直接利害关系的内容提起诉讼的，人民法院仍应结合详细规划实施情况、权利人或者利益相对方申请许可情况以及是否已经依据详细规划取得"一书两证"情况等综合判定被诉行政行为、起诉时机以及具体的审查内容和审查标准。只有在详细规划已经直接限制当事人权利且无须通过"一书两证"行为即能得出明确限制结论的情况下，才宜考虑承认修建性详细规划中有关特定地块规划限制内容的可诉性；相对人还应明确具体的诉讼请求。对详细规划内容的合法性审查，应尊重总体规划控制和专业判断，尊重行政机关的政策调整，并考虑详细规划的稳定性；合法性审查更多体现在程序合法性审查。规划行政主管部门已经依据详细规划作出"一书两证"行为的，当事人应直接对颁发"一书两证"行为申请行政复议或提起行政诉讼，或者对规划行政主管部门不依法履行颁发"一书两证"行政许可职责的行为申请行政复议或提起行政诉讼，而不宜再对详细规划的内容申请复议和诉讼。当事人认为详细规划侵犯其土地利用权的，可以在对"一书两证"行为引发的复议和诉讼案件中，一并请求对详细规划进行审查，以维护合法权益。详细规划的编制和修改给权利人已经取得的权利造成损失的，权利人还可依据《城乡规划法》第五十条规定的精神，直接诉请相关主体依法补偿损失。

总之，城市总体规划和镇总体规划，不应纳入行政诉讼受案范围，以避免现行法律制度框架下原告资格、起诉期限、合法性审查标准和审查强度、既判力范围等方面的冲突。工业气体公司对某镇人民政府编制、某县人民政府审批《某县某镇（2012—2030）总体规划》行为的起诉，不属于行政诉讼受案范围。工业气体公司认为规划行政主管部门向某公司颁发《建设用地规划许可证》《建设工程规划许可证》等侵犯其合法权益的，可以直接以颁证机关为被告、以相关规划行政许可为审查对象，依法申请行政复议或提起行政诉讼。

（《最高人民法院公报》2022年第3期）

乔某诉铁道部春运票价上浮行为案[①]

原告乔某因认为铁道部在2000年12月21日向有关铁

[①] 孔祥俊：《行政行为可诉性、原告资格与司法审查》，人民法院出版社2005年版，第145~146页。

路局发布的《关于2001年春运期间部分旅客票标价上浮的通知》(以下简称《通知》)侵害其作为乘客的合法权益,向铁道部提起行政复议,要求撤销该通知并赔偿其损失。铁道部经复议维持了该通知。乔某仍不服,以《通知》未经听证,未经国务院批准,违反法定程序为由向法院提起行政诉讼,请求判决撤销《通知》。被告答辩认为,《通知》是针对不特定对象发布,且是可以反复适用的抽象行政行为,不可诉,故请求裁定驳回起诉。有关铁路局作为第三人参加诉讼后亦认为,《通知》没有行政强制力,不是具体行政行为,且乔某自愿购买车票系民事行为,不具有行政诉讼原告主体资格等为由请求驳回起诉。

在该案中,乔某与被诉行政行为是否具有法律上的利害关系,乃是一个很大的争点,其中关键是,购票行为是民事行为,是否因此赋予乔某行政诉讼原告资格。

一审法院认为,"原告作为购票乘客,虽不是该行为所直接指向的相对人,但因有关铁路企业为执行《通知》而实施的经营行为影响到其经济利益,使其与该行为间产生法律上的利害关系,故其有权就《通知》提起行政诉讼"。二审法院认为,"铁道部所作《通知》是铁路行政主管部门对铁路旅客票价实行政府指导价所作的具体行政行为。该行为对于铁路经营企业和乘客均有行政法律上的权利义务。上诉人认为该具体行政行为侵犯其合法权益向人民法院提起行政诉讼,是符合《行政诉讼法》规定的受案范围的"。

在该案中，铁路企业因铁道部的《通知》而提高了铁路票价，结果使原告于2001年1月17日、22日分别购买2069次列车到磁县、邯郸的车票时，共计多支付9元。乔某受到的影响是因铁道部的行政行为而多支出了费用，购票行为只是使其受到影响的途径，受到影响的原因仍然是行政行为，因而购票行为不影响法律上利害关系的构成。购票行为只是在铁路企业与乔某之间产生民事法律关系，并不妨碍因《通知》对购票支出产生的影响所形成的行政法上的利害关系。两者的着眼点和角度都是不同的，是并行不悖而不是相互排斥的两种法律关系。因此，这里的法律上的利害关系乃是因铁道部的《通知》对乔某的财产权益产生影响而形成的行政法律关系，乔某本身属于该行政行为的影响范围。而且，《价格法》具有保护消费者的立法意图，价格行政行为的许多程序性规定也是保护消费者的法律规定，因而消费者也属于该法的保护范围。

黄某等诉某县人民政府提高抚恤金标准案

最高人民法院经审查认为：本案再审申请人是因兴修某工程而受伤、牺牲的建设者中的一员，他们提起本案诉讼，是要求法院判令某县人民政府作出提高发放抚恤金标准的行政行为。一审法院认为，抚恤标准是具有普遍约束力的决定，并不具有可诉性，原告的起诉不属于行政诉讼的受案范围，据此裁定驳回了起诉。再审申请人认为，在某县水利建设工程中因公伤亡的民工人数是特定的，因此，某县人民政府下发的《通知》不具有适用于不特定多数人的性质，并非行政机关发布的具有普遍约束力的决定和命令，属于可诉的行政行为。就某县人民政府下发的《通知》是否属于行政机关发布的具有普遍约束力的决定、命令而言，本院对再审申请人的上述观点予以认可。可诉行政行为的一个重要标志，就是针对具体事件，并且指向特定个人。但是，个别与一般的区别不能仅根据数量确认，如果具体的处理行为针对的不是一个人，而是特定的或者可以确定的人群时，个别性仍然成立。二审法院根据这一原理，也否定了一审法院的裁判理由。但二审法院认为，涉案水利伤残抚恤金的标准是由某县人民政府根据当地的经济发展状况和居民收入水平等因素综合确定，没有可直接适用或参照的法定标准，属于当地人民政府的行政裁量权范围。因人民法院不能替代行政机关直接行使行政裁量权，对行政机关行使自由裁量权行政行为的司法变更限于该行为畸轻或畸重的情形，故在某县人民政府没有对该标准调整的情况下，人民法院不宜通过裁判方式直接确定抚恤标准。这一认识也符合行政诉讼中司法权与行政权界限的划分。这就是，法院是解决法律问题的，不宜解决政策问题。对行政机关采取的存在较大裁量余地、具有较多政策因素的处理行为，因其缺乏可以直接适用或参照的法定标准，因此人民法院很难进行司法审查。

【案号】最高人民法院（2017）最高法行申7073号

闫某等诉某区人民政府行政复议案

最高人民法院经审查认为：本案中，《某镇示范小城镇建设（某村）土地整合拆迁补偿安置方案实施细则（修正细则）》针对的是具体拆迁补偿安置项目，被安置人员明确为被整合村基准日前的户籍在册人员，虽然可能涉及的人数众多，但其适用的对象是特定的，属于具体的行政行为。原审认为其属于行政机关针对不特定对象发布的能反复适用的规范性文件系对该实施细则性质的错误认定。

【**案号**】最高人民法院（2020）最高法行申 8156 号

邹某良诉某区人民政府土地行政征收案

最高人民法院经审查认为：关于被诉公告是否对被征收人权利义务产生实际影响的问题。一审裁定认为被诉公告系公示告知行为，对被征收人权利义务不产生实际影响。一般而言，行政机关作出一个行政行为，需要向行政相对人送达才能生效，在一些特殊情况下，如行政相对人人数众多时，法律规定以公告作为对行政行为进行送达的方式，在这种情况下，对行政相对人权利义务产生实际影响的是行政行为而非公告，行政相对人对公告提起诉讼的，不符合起诉条件。但是，如果行政机关在发布公告之前并未单独作出行政行为，那么公告除是公示送达方式外，同时也是行政行为本身的载体，此时公告应具有可诉性。本案被诉行为形式上是作为送达行政行为方式的公告，但从一审、二审查明的事实来看，某区人民政府并未作出房屋征收决定，该公告既是公示告知行为，亦是房屋征收决定的载体，对房屋所有人的权利产生实际影响，具有可诉性。

【案号】 最高人民法院（2019）最高法行申 8351 号

2. 人事处理 【《行政复议法》第十二条第三项】

● 参考案例

莫某诉某市人事局批准教师退休决定案①

福州市中级人民法院经审查认为：莫某属于某市人事局所管理的事业机构人员，不属国家公务员序列。且某市人事局作出的批准退休决定处分了宪法所规定的公民的劳动权，是行政行为，行政相对人对此不服的，有权提起行政诉讼，人民法院应对此具体行政行为进行司法审查。本案莫某申请退休报告为 1996 年 2 月 1 日，而莫某所在学校福某中学的审批为 1996 年 1 月 23 日，学校审批在本人申请之前。莫某的申请退休报告为 1996 年 2 月 1 日，某市教育局的审批意见日期也为 1996 年 2 月 1 日，二者为同一日，显然违反了行政程序。某市人事局批准莫某退休时未满五十岁，某市人事局对此未予详查。因此，某市人事局批准莫某退休的决定事实不清证据不足，一审法院对此亦未查明。

---

① 最高人民法院中国应用法学研究所编：《人民法院案例选》（总第 32 期），人民法院出版社 2000 年版，第 368 页。

杜某等诉某市人民政府不履行追究行政机关工作人员行政责任法定职责案

最高人民法院经审查认为： 本案中，杜某、金某等提起行政诉讼，要求某市人民政府履行对某区人民政府工作人员给予行政处分，属于请求行政机关履行对行政机关工作人员奖惩、任免义务的行为，不属于行政诉讼的受案范围。

【案号】最高人民法院（2016）最高法行申612号

陶某诉某省人力资源和社会保障厅职级确定和工资套改案

最高人民法院经审查认为： 行政机关对公务员职务、级别及工资待遇的调整行为，属于行政机关内部的人事管理行为，不属于行政诉讼的受案范围。本案中，陶某原属行政机关内部的专业技术人员。陶某对1994年的定级和工资套改行为不服起诉，不属于行政诉讼的受案范围。

【案号】最高人民法院（2018）最高法行申415号

王某等诉某县人民政府履行法定职责案

最高人民法院经审查认为： 行政行为争议属于人民法院的行政诉讼受案范围；事业单位选聘人员解除聘用合同争议不是行政争议，不属于行政诉讼的受案范围。本案中，王某等原系乡镇事业单位的选聘人员，因解聘后的待遇问题产生争议。该诉讼请求的实质是因解除聘用关系的待遇落实问题，性质上属于事业单位与其工作人员之间因辞退所发生的争议，不是因行政行为产生的行政争议，不属于行政诉讼受案范围。

【案号】 最高人民法院（2016）最高法行申287号

戴某诉某市人力资源和社会保障局取消录用资格纠纷案

江苏省某市中级人民法院经审查认为：遵循正当程序，保障相对人的知情权、参与权、陈述权、申辩权、救济权是行政机关行使行政职权的基本原则。对此，《江苏省行政程序规定》亦有明确要求，行政机关应当根据法律、法规、规章，在法定权限内，按照法定程序行使行政职权。公民、法人和其他组织在行政程序中，依法享有申请权、知情权、参与权、陈述权、申辩权、监督权、救济权。本案中，某市人力资源和社会保障局作为政府人事行政管理机关，依照规章等规范性文件组织实施事业单位公开招聘工作人员属于行使行政职权，应当适用《江苏省行政程序规定》。取消戴某的事业单位工作人员录用资格对戴某有较大影响，但某市人力资源和社会保障局在决定取消戴某录用资格前未能告知戴某相关事实、理由和依据，也未听取戴某的陈述申辩，显然不符合行政程序规定。某市人力资源和社会保障局上诉提出，现有的人事管理行政法规、规章均未对人事招聘的告知程序作出具体规定。经查，《江苏省行政程序规定》第二条规定，本省行政机关，法律、法规授权的组织和依法受委托的组织行使行政职权，应当遵守本规定。法律、法规对行政程序另有规定的，从其规定。据此，本院认为，鉴于现有的人事管理行政法规、规章对人事招聘程序未作出具体规定，一审法院依照《江苏省行政程序规定》审查本案被诉行政行为并无不当。

【案号】 江苏省宿迁市中级人民法院（2018）苏 13 行终 101 号

3. 行政调解 【《行政复议法》第十二条第四项】

◐ 参考案例

喻某刚诉某区人民政府不履行法定职责案

重庆市高级人民法院经审查认为： 喻某刚的诉讼请求是"确认某区人民政府《关于纠正违法调解协议的请求书》和《关于对区卫计委〈纠正调解协议的复函〉进行确认的请求书》未予答复的行为违法，并判决某区人民政府作出处理决定"。喻某刚提起的诉讼在诉讼类型上属于履行法定职责之诉。所谓履行法定职责之诉，其诉讼标的应为当事人基于一个具体的事实状态提出的如下主张：他的权利由于所请求的行政行为被拒绝或未作出而受到了侵害。关于履行法定职责之诉，并不意味着公民、法人或者其他组织随便向任何一个行政机关提出任何一项请求，该行政机关就有履行该项请求的义务；也不意味着只要行政机关"不作为"就可以提起"不作为之诉"。一般来讲，公民、法人或者其他组织提起履行职责之诉至少应当具备以下几个条件：第一，其向行政机关提出过申请，并且行政机关明确予以拒绝或者逾期不予答复。第二，其所申请的事项具有实体法上的请求权基础。这种请求权基础可以产生于或者基于某一法律、某一行政机关的保证以及某一行政合同。即要求行政机关依照其申请作出一个特定的行政行为，必须具有法定的权利依据。第三，其是向一个有管辖权的行政机关提出。管辖权是行政机关活动的基础和范围，行政机关应当在执行法定任务的同时遵守管辖权的界限。这种管辖权既包括该行政机关是否主管申请人所申请的专业事务，也包括同一专业事务中不同地域、不同级别的行政机关之间对于管辖权的具体分工。第四，其申请行政机关作出的行为应当是一个具体的、特定的行政行为。第五，行政机关对于当事人所提出申请的拒绝，可能侵害的必须是当事人自己的主观权利。本案中，喻某刚向某区人民政府提出的履职申请为请求"撤销某医调委〔2017〕34号的《人民调解协议书》"，其依据是国务院《人民调解委员会组织条例》第十条"基层人民政府对于人民调解委员会主持下达成的调解协议，符合法律、法规、规章和政策的，应当予以支持；违背法律、法规、规章和政策的，应当予以纠正"的规定，但上述行政法规内容系针对基层人民政府在调解处理民间纠纷过程中应当履行职责的原则性规定，而具体是否应当履行行政职责还应按照法律法规等规范性文件所确定职责主体、法律关系等进行具体的确定。

调解行为均是建立在当事人自愿的基础之上依据意思自治所作出的行为。首先，调解不是纠纷解决的法定途径，当事人可以不申请调解，或者不接受调解；其次，调解意见不具有强制效力，当事人可以不接受调解人提出的调解意见，不签订调解协议；最后，调解协议一般也不具有强制执行力，一方当事人不履行调解协议，对方当事人可以向法院提起民事诉讼，要求对方当事人履行。因此，调解行为本身不是行使国家权力所实施的具有约束力的行为，该行为也不属于行政诉讼受案范围。《行政诉讼法》规定，行政行为的相对人以及其他与行政行为有利害关系的公民、法人或者其他组织，有权提起诉讼，该"利害关系"应当包含四个方面的含义，即（1）存在一项法律规范赋予和保护的权利或利益；（2）该权利或利益归属于原告个人；（3）该权利或利益可能受到了被诉行政行为的侵害；（4）该权利或利益具有通过所提诉讼予以救济的可能性和必要性。本案中，喻某刚与某医院之间的医疗纠纷，在某区医疗纠纷人民调解委员会主持下已达成一致意见并签订《人民调解协议书》，喻某刚对该《人民调解协议书》内容有异议，可以通过向人民法院提起民事诉讼的方式解决民事纠纷，也可以通过向基层人民政府申请居中调解处理的方式解决。一审法院查明喻某刚并未向有管辖权的基层人民政府申请调解处理，当然基层人民政府也不可能作出相应的处理决定，况且即使基层人民政府作出相关处理决定也不具有约束力,该不具有约束力行为自然对当事人权利义务不产生实际影响,故喻某刚向某区人民政府请求撤销某医调委〔2017〕34号《人民调解协议书》,责成某区医疗纠纷人民调解委员会重新组织医患双方再次调解的请求并没有法律上的意义,某区人民政府显然也无必要对该民事纠纷通过行使行政权予以行政干预,所谓行政机关"不作为"并不构成,该"不作为之诉"并没有予以司法救济诉的利益。

【案号】重庆市高级人民法院(2019)渝行终60号

第十三条 行政复议附带审查申请范围

公民、法人或者其他组织认为行政机关的行政行为所依据的下列规范性文件不合法,在对行政行为申请行政复议时,可以一并向行政复议机关提出对该规范性文件的附带审查申请:

(一)国务院部门的规范性文件;

(二)县级以上地方各级人民政府及其工作部门的规范性文件;

(三)乡、镇人民政府的规范性文件;

(四)法律、法规、规章授权的组织的规范性文件。

前款所列规范性文件不含规章。规章的审查依照法律、行政法规办理。

● **参考案例**

田某等诉某县人民政府行政纠纷案

最高人民法院经审查认为: 行政机关制定具有普遍约束力的规范性文件的行政行为,不属于行政诉讼的受案范围。但是,如果公民、法人或者其他组织对直接影响其合法权益的可诉行政行为提起行政诉讼时,--并对该行政行为所依据的规章以下的规范性文件请求予以审查的,人民法院应当予以受理。公民、法人或者其他组织不能对规章以下的规范性文件单独提起行政诉讼。

本案中,田某等一审起诉时的诉讼请求是:请求确认《关于清查农村耕地实施的方案》文件违法并依法予以撤销。上述文件系通榆县政府针对不特定人作出的、可以反复适用的、具有普遍约束力的行政行为,是行政机关制定、发布的具有普遍约束力的决定、命令的行政行为,属于规章以下的规范性文件。田某等未针对直接影响其权利义务的可诉行政行为提起诉讼,单独对规章以下的规范性文件提起行政诉讼,不属于行政诉讼的受案范围,一审、二审对田某等的起诉裁定不予立案并无不当。

《吉林省农业集体经济组织积累资金管理条例》系1990年8月30日由吉林省第七届人民代表大会常务委员会第十七次会议通过的地方性法规,不属于行政案件的审查范围。

【案号】 最高人民法院(2016)最高法行申329号

医疗科技公司诉某市科学技术局科技项目资助行政许可案[①]

医疗科技公司就已获得专利授权的雾霾治理机向某市科学技术局申报科技项目资助。2014年6月29日，某市科学技术局根据其制定的规范性文件，认为医疗科技公司的申报中缺少审计后的财务报表和专项研发费用报表，对该申报作出退回修改的决定。医疗科技公司认为某市科学技术局制定的规范性文件违法，故诉请法院对其予以审查，并确认某市科学技术局于2014年6月29日作出的退回修改行为违法。

成都市高新技术产业开发区人民法院一审认为，医疗科技公司所诉的行政行为，是某市科学技术局因医疗科技公司未完整提交申请所需材料而无法进入实质审查程序的一项告知行为，可视为一种程序性行政行为。本案行政程序尚未进入对医疗科技公司申请事项的实体认定阶段，某市科学技术局作出的审核告知行为并未产生是否给予医疗科技公司项目资助的法律后果，该程序性告知行为不属于实体上的行政行为，没有直接影响医疗科技公司的实体权益。同时，当事人直接就规范性文件的审查向人民法院起诉不属于行政诉讼受案范围；行政诉讼对规范性文件的审

[①] 《行政诉讼附带审查规范性文件典型案例》，载最高人民法院网站，https://www.court.gov.cn/zixun/xiangqing/125871.html，2023年8月17日访问。

查应当依附于案涉行政行为的审理而进行。因此，如果所诉行政行为不符合行政诉讼的受案范围，同时提起规范性文件审查的请求也不属于人民法院行政诉讼的受案范围。本案中，医疗科技公司所诉审核告知退回修改的程序性行政行为不属于人民法院行政诉讼受案范围，故其请求审查并确认某市科学技术局制定的相关规范性文件违法的诉请也不属于人民法院行政诉讼的受案范围，遂裁定驳回医疗科技公司的起诉。医疗科技公司不服提出上诉，四川省成都市中级人民法院二审裁定：驳回上诉，维持原裁定。

【关联规定】
国务院办公厅关于加强行政规范性文件制定和监督管理工作的通知（2018年5月16日）

第二节　行政复议参加人

第十四条　申请人

依照本法申请行政复议的公民、法人或者其他组织是申请人。

有权申请行政复议的公民死亡的，其近亲属可以申请行政复议。有权申请行政复议的法人或者其他组织终止的，其权利义务承受人可以申请行政复议。

> 有权申请行政复议的公民为无民事行为能力人或者限制民事行为能力人的，其法定代理人可以代为申请行政复议。

◐ 参考案例

李某等诉某省人民政府不履行行政复议职责案

最高人民法院经审查认为：作为村农民集体成员的个别村民认为村农民集体享有的土地所有权受到行政行为侵害，需要对有关行政机关主张权利的，应通过法定的途径和形式，将个别村民的意愿转化为村农民集体的意愿，以村农民集体的名义主张权利，作为村农民集体成员的个别村民未经授权原则上不能代表村农民集体提起行政诉讼。为此，个别村民对相关行政行为不服且村集体经济组织或者村民委员会又不主动提起诉讼，则该个别村民应当依照《村民委员会组织法》规定的程序，通过村民会议和村民代表会议形成集体决定，并由村民委员会执行，或者根据《最高人民法院关于审理涉及农村集体土地行政案件若干问题的规定》第三条"村民委员会或者农村集体经济组织对涉及农村集体土地的行政行为不起诉的，过半数的村民可以以集体经济组织名义提起诉讼""农村集体经济组织成员全部转为城镇居民后，对涉及农村集体土地的行政行为不服的，过半数的原集体经济组织成员可以提起诉讼"之规定提起行政诉讼，以确保起诉代表整体村民的集体意志，或者也可根据《最高人民法院关于审理涉及农村集体土地行政案件若干问题的规定》第四条"土地使用权人或者实际使用人对行政机关作出涉及其使用或实际使用的集体土地的行政行为不服的，可以以自己的名义提起诉讼"的规定提起行政诉讼。

如上所述，本案李某等的诉请为涉及征收土地决定的行政复议不作为违法并请求行政复议履责之诉，而并非对直接侵犯农村集体土地所有权的行政行为提起行政诉讼，其涉及的行政复议的申请人与对侵犯农村集体土地所有权的行政行为提起行政诉讼的原告在资格要求和范围上不尽相同，二审法院仅以李某等提起行政诉讼不符合《最高人民法院关于审理涉及农村集体土地行政案件若干问题的规定》第三条规定为由，裁定驳回其上诉，显然混淆了这两种不同的法律关系，属于适用法律错误，应予指出纠正。

【案号】最高人民法院（2017）最高法行再59号

任某诉某县人民政府土地行政补偿案

最高人民法院经审查认为：提起行政诉讼的公民，应当有诉讼行为能力。所谓诉讼行为能力，是指具备本人或由其指定的代理人参与诉讼的能力，亦即自己或指定代理人为诉讼行为的能力。没有诉讼行为能力的公民，由于其诉讼行为能力的缺乏，不能独立为诉讼行为，亦不具有对代理权限表达个人独立意志的能力，法律为了保护其合法权益,乃设置了法定代理人制度。本案就是由连某以其母亲任某法定代理人的身份代为提起诉讼。作为成年子女,连某具备作为其母亲的监护人以及法定代理人的资格,但是,法定代理人产生的前提,必须是当事人没有诉讼行为能力。至于如何认定没有诉讼行为能力,原则上,应当参照民法上对于民事行为能力的规定。本案中,连某正是主张其母亲任某患有老年痴呆,因而属于无民事行为能力人。但是,连某只是向一审法院提交了任某所在村民委员会证明和任某医院就诊病历,一审法院认定连某提交的材料无法证明任某无诉讼行为能力,连某以任某法定代理人的身份代为提起诉讼不符合行政案件受理条件,并无不当。按照法律规定由法定代理人为诉讼行为,是行政诉讼的法定起诉条件之一,在不符合法定代理的情况下,一审法院在责令补正或者更正的前提下裁定驳回起诉,符合法律和司法解释的规定。

【案号】最高人民法院(2018)最高法行申 3688 号

徐某诉某监督管理委员会不履行法定职责案

最高人民法院经审查认为: 徐某向某监督管理委员会举报某公司欺诈上市、证券公司信息披露违规,要求某监督管理委员会履行监管职责。徐某因不服某监督管理委员会收到其举报后未予答复,提起本案诉讼。本案的争议焦点是徐某与某监督管理委员会对其举报不予答复的行为是否具有利害关系。只有为维护自身合法权益向行政机关投诉的公民、法人或者其他组织，才与具有处理投诉职责的行政机关作出或者未作出处理的行为有利害关系。个人、单位发现证券期货违法违规行为可以向证券监管部门举报，为证券监管部门查处违反证券市场监督管理法律、行政法规的行为提供线索或者证据，证券监管部门对于举报所作的处理，包括答复或者不答复，均与举报人自身合法权益没有直接关系，至于徐某主张的举报奖励，正如其所言，获得举报奖励的前提是举报事实经调查属实，且已被处罚，在上述前提均尚未实现的情况下，举报奖励属可期待利益，徐某不能因此成为被诉行为的利害关系人。故徐某不具备本案的原告主体资格。

【案号】 最高人民法院（2018）最高法行申11145号

陶瓷商行诉某区人民政府房屋行政征收案

最高人民法院经审查认为： 本案的核心问题是承租人是否具有起诉征收决定的原告资格。

首先，《国有土地上房屋征收与补偿条例》第二条规定，为了公共利益的需要，征收国有土地上单位、个人的房屋，应当对被征收房屋所有权人给予公平补偿。据此，房屋所有权人才具有起诉征收决定的原告资格，房屋承租人通常不具有原告资格。

其次，就本案而言，再审申请人系为商业经营而租赁房屋的经营者，并非为居住而租赁房屋的个人，通常对涉案房屋进行了重新装修，添附了不可分割的价值，房屋被征收势必会对其造成一定的现实影响。但考虑到被征收房屋的价值并不在于建材本身，而承租人添附的价值主要体现在建材本身和相应的人工成本，故从司法惯例来看，承租人可对装修部分的补偿提起诉讼，而非对征收决定提起诉讼。

最后，根据《国有土地上房屋征收与补偿条例》第十七条的规定，征收补偿中包括停产停业损失。本案再审申请人如对该部分补偿不服，可另行提起诉讼。

【案号】最高人民法院（2020）最高法行申868号

冯某诉某市人民政府撤销国有土地使用证案①

1995年6月3日，某县商业局食品加工厂为了解决职工住房问题，申请征收涉案土地。1995年10月，原某县土地管理局将该土地征收，并出让给某县商业局食品加工厂，并在办理土地登记过程中将土地使用者变为冯某章（冯某之父）。1995年11月，某县人民政府为冯某章颁发了国有土地使用证。冯某章办证后一直未建房。2003年3月1日，第三人张某以3000元的价格将该地卖给赵某，双方签订转让协议。2004年赵某在该地上建房并居住至今，但一直未办理土地使用证。2009年6月，冯某章将赵某诉至某县人民法院，赵某得知冯某章已办证，遂提起行政复议。复议机关以程序违法为由撤销某县人民政府为冯某章颁发的国

---

① 《最高人民法院行政审判十大典型案例（第一批）》，载最高人民法院网站，https://www.court.gov.cn/zixun/xiangqing/47862.html，2023年8月17日访问。

有土地使用证,并注销其土地登记。冯某章不服该复议决定,诉至法院。

本案经最高人民法院裁定提审。最高人民法院认为,本案的焦点问题是,赵某对于 1995 年 11 月某县人民政府颁发国有土地使用证的行政行为是否具有申请行政复议的主体资格。赵某对涉案土地的占有源于张某 2003 年的转让行为,而颁证行为则发生在此次转让之前的 1995 年。因此,赵某要获得申请复议的资格只有通过转让承继的方式。而转让承继的前提则是颁证行为作出时张某具有申请复议的资格。1995 年 10 月,原某县土地管理局将该土地征收后,该幅土地的性质已经转变为国有。张某未对土地征收行为提起行政复议或者行政诉讼。此后,原某县土地管理局在办理土地登记过程中将土地使用者变为冯某章,某县人民政府也为冯某章颁发了国有土地使用证。该颁证行为是在该幅土地通过征收转为国有土地的基础上作出的。即在颁证行为作出之前,即使不考虑张某在 1990 年就已经将涉案土地使用权有价转让给冯某章一节,其亦因该土地被征收而不享有土地使用权,故其与该颁证行为之间并无法律意义上的利害关系,不足以获得申请复议的资格。据此,赵某不具备申请行政复议的权利基础。

本案的典型意义在于进一步确定行政复议资格和权利的承继问题。行政复议制度是我国重要的行政救济制度。行政救济制度的核心理念在于"有权利必有救济"。根据

《行政复议法》的规定，行政相对人认为行政行为侵犯其合法权益的，可以向行政机关提出行政复议申请。根据行政复议法实施条例的规定，申请需与被申请的行政行为有利害关系，复议申请才予以受理。本案中，赵某对涉案土地的占有来源于张某在2003年的转让。本案中被申请复议的颁证行为发生在1995年。行政机关作出颁证行为时，张某已经丧失了对涉案土地的使用权，与该颁证行为之间已无法律意义上的利害关系，亦无申请行政复议的资格。罗马法谚"后手的权利不得优于前手"也体现了权利继受规则。本案中，作为前手的张某已经丧失了行政复议的资格，作为后手的赵某则丧失了权利继受的基础。本案颁证之后，行政机关与行政相对人之间业已形成稳定的行政法律关系，除非存在法定事由，法院和行政复议机关亦有义务维持行政法律关系的有序存在。公民、法人或者其他组织只有在符合行政复议法和行政诉讼法的关于利害关系人的规定的前提下，才能对既存法律关系发起复议或者诉讼"挑战"，这也正是维护法律安定性和行政秩序稳定性的需要。该案对于明确行政复议资格条件及其承继具有一定的示范意义。

某合作商店诉某人民政府土地行政登记案

最高人民法院经审查认为： 当事人参加行政诉讼，须具备能够单独进行诉讼的资格，这种资格称为诉讼能力或者诉讼行为能力。对于行政诉讼的原告而言，原则上，有民法上行为能力者，即有诉讼行为能力。因此，对于行政诉讼原告诉讼行为能力的认定，亦可参照民法以及民事诉讼法的相关规定。就本案所涉及的法人或者其他组织而言，因为法人或者其他组织均不能自为诉讼行为。本案中，某合作商店以李某军作为负责人提起本案诉讼，但不能证明其在本案起诉时负责人仍为李某军，故一审法院以不符合法定起诉条件为由裁定驳回其起诉，符合法律规定。

【案号】最高人民法院（2017）最高法行申5803号

某电线厂诉某省住房和城乡建设厅行政处罚案

最高人民法院经审查认为：关于某电线厂是否与10号处罚决定具有利害关系。《行政诉讼法》第二十五条规定，行政行为的相对人以及其他与行政行为有利害关系的公民、法人或者其他组织，有权提起诉讼。对上述法条规定的"利害关系"既不能过分扩大理解，认为所有直接或者间接受行政行为影响的公民、法人或者其他组织都有利害关系，也不能过分限制理解，将"可能性"扩展到必须有充分证据证实被诉行政行为影响其实体权利。对于"利害关系"的认定需要综合考虑案件情况以及当事人的诉讼请求来予以确定，将当事人是否具有法律保护的权益作为判定当事人是否具有原告资格的重要标准。

具体而言，在确定原告资格时，要以行政机关作出行政行为时所依据的行政实体法是否要求行政机关考虑和保护原告诉请保护的权利或法律上的利益，作为判断是否具有"利害关系"的重要标准。需要注意的是，这里所指的行政实体法应当作为一个体系进行整体考察，即不能仅仅考查某一个法律条文或者某一个法律法规，而应当参照整个行政实体法律规范体系、该行政实体法的立法宗旨和目的、作出被诉行政行为的目的和性质，来进行综合考量，从有利于保护公民、法人或者其他组织的合法权益的角度出发，对"利害关系"作出判断，以提高行政争议解决效率、降低当事人维权成本。

本案中，某省住房和城乡建设厅作出的10号处罚决定认定建筑公司未按规定进行检验，使用了不合格的某牌电线，对建筑公司处以罚款。结合某省住房和城乡建设厅在作出行政处罚过程中认定的证据，案涉的不合格电线系由某电线厂生产。某省住房和城乡建设厅虽然是对产品使用者就建设工程质量问题作出行政处罚决定，但由于建设工程使用的建筑材料属于产品范围，该处罚决定认定某牌电线不合格，客观上也是对建筑材料的产品质量作出负面评价，必然会对该产品的生产者产生不利影响，即生产者可能会因此而承担《产品质量法》所规定的行政处罚。因此，某电线厂与10号处罚决定具有利害关系。

二审认为，建设行政主管部门实施建设工程质量监管的对象、处罚对象均不涉及建筑材料的生产、销售、运输等环节，《建设工程质量管理条例》也没有规定进行处罚时负有一并考量和保护相关建筑材料生产单位、销售单位相关民事权益的义务及告知义务，因此某电线厂欠缺本案行政诉讼的原告主体资格，并据此裁定驳回某电线厂的起诉。二审的上述观点，系将对建设材料的处罚行为孤立地放在《建设工程质量管理条例》中进行分析，忽视了该行为同时对建设材料的生产单位也会产生包括行政法意义上的不利影响，没有结合《产品质量法》的规定，对建设工程质量监管与产品质量监督存在竞合的情形进行综合考量，适用法律错误，本院予以纠正。

【案号】最高人民法院（2019）最高法行再107号

李某诉某区人民政府不履行法定职责案

最高人民法院经审查认为：李某向某区人民政府邮寄了《情况反映》，要求其在合理期限内拆除或责令停止某社区综合安置楼工程施工项目施工，因为他认为该工程是违法建设的小产权房，严重影响了土地利用整体规划和城乡建设规划，给群众造成了很大损害。某区人民政府没有作出答复，李某提起行政诉讼，请求依法确认某区人民政府未依法履行拆除职责的行为违法，并判令其依法履行法定职责。

一、合法权益、保护规范与反射利益

除法律明确规定的公益诉讼外，行政诉讼原则上属于主观诉讼。原告提起行政诉讼，必须是认为他自己的合法权益受到行政行为侵犯。换句话说，只有自己的合法权益受到侵犯，才具备利害关系，也才具有行政诉讼的原告资格。判断是否属于自己的合法权益，主要看一个法律规范的保护目的究竟是保护个别公民的利益,还是保护公共利益。如果法律规范的保护目的是个别公民的利益,或者不仅是保护公共利益,同时也是为了保护个别公民的利益,就可以承认个人利益存在。反之,如果法律规范的保护目的仅仅在于公共利益,则不能认可公民个人享有诉权。本案中,李某在向某区人民政府邮寄的《情况反映》中,援引《城乡规划法》作为保护规范。该法第一条所规定的立法目的,是"为了加强城乡规划管理,协调城乡空间布局,改善人居环境,促进城乡经济社会全面协调可持续发展",其公共利益性质显而易见。该法第九条第二款又规定,任何单位和个人都有权向城乡规划主管部门或者其他有关部门举报或者控告违反城乡规划的行为。城乡规划主管部门或者其他有关部门对举报或者控告,应当及时受理并组织核查、处理。这一规范所赋予"任何单位和个人"的举报或者控告的权利也是基于公共利益。所谓公共利益,在于法律规范的受益人为不确定的多数。固然,当法律规范基于公共利益的目的,命令行政机关作为或不作为时,这些不确定的多数受益人中的某一个人也会从中获得事实上的利益,但这种利益无论如何都是权利的反射,却不是自己的权利。为了防止出现民众诉讼,法律并不认可作为公众之一部分、仅具有反射利益的个人具有诉权。

二、环境权与公益诉讼

李某在一审法庭询问时又陈述:"某社区综合安置楼各

项指标均没有经过行政机关的许可，空气是流通的，该工程对空气的危害不仅仅是某区，某市每个公民均受到了侵害"，以此说明其与该违法工程有利害关系。但这也恰恰论证了他只是某市每个公民当中的一员，他由于"该工程对空气的危害"所受到的侵害，并未区别于"某市每个公民"。固然，保护环境是我国的基本国策，绿水青山就是金山银山的理念已经深入人心，公民对于环境权的关注越来越彰显，但是，个人主张环境权时也应依照相关法律规范行使。如果举报人不是基于自己的权利受侵害而进行举报，就不能因为进行了举报便具有了相对人的资格。李某主张，"某市每个公民均受到了侵害"，但以维护"某市每个公民"的环境权为目的的诉讼，显然属于环境公益诉讼范畴，而对于提起环境公益诉讼的权利，《环境保护法》只赋予特定的符合法定条件的社会组织；《行政诉讼法》只赋予人民检察院，公民个人尚没有提起环境公益诉讼的原告资格。

【案号】最高人民法院（2018）最高法行申2975号

投资管理公司诉某市场监督管理局行政处罚案

江苏省淮安市中级人民法院经审查认为：某市场监督管理局作出案涉处罚决定，认定卫生服务中心使用的计算机X线断层摄影机（CT机）经医疗器械检验所检验，结果不符合医疗器械注册技术要求。当事人的行为构成使用不符合经注册技术要求的医疗器械，违反了《医疗器械使用质量监督管理办法》第五条、第二十七条以及《医疗器械监督管理条例》第六十六条的规定,故作出没收违法使用的 CT 机并处以 140 万元罚款的行政处罚。但从投资管理公司与卫生服务中心签订的"关于成立医疗影像中心协议"可以看出,案涉处罚决定中没收的 CT 机属于投资管理公司的合法财产。因此,案涉行政处罚决定虽然是对卫生服务中心作出的,但实际上上诉人作为案涉医疗器械的所有权人,应当属于行政机关在作出被诉行政行为时所应当考虑的对象。且某市场监督管理局已经以"投资管理公司经营不符合经注册技术要求的医疗器械"为由,责令其立即改正违法行为,并给予处货值金额 2.5 倍罚款 350 万元的行政处罚。因此,投资管理公司作为案涉医疗器械的所有权人,与案涉行政处罚决定具有利害关系,具有提起本案诉讼的原告主体资格。

【案号】江苏省淮安市中级人民法院(2020)苏 08 行终 232 号

某业主委员会诉某区住房城乡建设和水利局备案登记案

广东省高级人民法院经审查认为:根据某业主委员会申请再审提交的材料反映,某业主委员会因换届选举产生后,向某区住房城乡建设和水利局申请办理备案登记。2019 年 1 月 15 日,某区住房城乡建设和水利局作出《关于不予办理备案登记的函》,认为申请人提供的某业主委员会备案申请资料描述的业主大会表决程序及投票权数违反已生效的《某业主大会议事规则》以及《物业管理条例》的规定，决定不予办理备案登记。某业主委员会向法院起诉，请求撤销《关于不予办理备案登记的函》，责令某区住房城乡建设和水利局重作并准予办理登记。某业主委员会经业主大会选举产生之后，依法具有相应的权利能力。行政机关不予备案的行为针对的对象即申请备案的业主委员会，如果不赋予其原告资格，其合法权益无从保障。因此，经业主大会选举产生的业主委员会（未备案）起诉行政机关对该业主委员会备案申请决定不予备案的行为，具有原告主体资格。原一审、二审法院经审理认定，某业主委员会未经备案，不能对外行使权利、承担义务，亦不能以其名义提起行政诉讼，不符合行政诉讼的起诉条件，据此裁定驳回某业主委员会的起诉，认定事实不清，适用法律不当，依法应予以纠正。

【案号】广东省高级人民法院（2019）粤行申1441号

李某诉某省人民政府行政复议案

最高人民法院经审查认为： 关于投诉举报和依法履责的区分问题。投诉举报分为"公益性质的投诉举报"和"涉己性质的投诉举报"，前者主要涉及公益，与举报投诉人自身合法权益没有直接关系。但后者不同，举报人为维护自身合法权益而举报相关违法行为人，要求行政机关查处，举报人应当具备行政复议的主体资格。本案中，李某向某省国土厅举报违法占地事项，涉及其自身利益，其具有行政复议的主体资格。

【案号】最高人民法院（2019）最高法行申14230号

施某诉某县人民政府不予受理行政复议决定案

广西壮族自治区高级人民法院经审查认为：从上诉人施某复议请求的内容看，施某是请求对全部加害人进行处罚，且其复议申请的理由中亦述称仅对加害人施之日处以行政拘留十日，罚款500元，是法定处罚幅度的最低点，明显畸轻。该复议申请理由已表明施某系对某县公安局查处其被殴打一案的处罚结果不服而申请复议。根据《公安机关执行〈中华人民共和国治安管理处罚法〉有关问题的解释（二）》第十一条"根据《中华人民共和国行政复议法》第二条的规定，治安案件的被侵害人认为公安机关依据《治安管理处罚法》作出的具体行政行为侵犯其合法权益的，可以依法申请行政复议"的规定，施某的复议申请属于行政复议受理范围。某县人民政府没有全面审查该复议申请的真实意思，没有向施某释明完善复议请求，即认定施某的复议申请不属于《行政复议法》第六条规定的可以申请行政复议的范围，对施某的复议申请作出不予受理决定，属适用法律错误。

【案号】广西壮族自治区高级人民法院（2017）桂行终666号

第十五条　代表人

同一行政复议案件申请人人数众多的,可以由申请人推选代表人参加行政复议。

代表人参加行政复议的行为对其所代表的申请人发生效力,但是代表人变更行政复议请求、撤回行政复议申请、承认第三人请求的,应当经被代表的申请人同意。

参考案例

赵某等诉某县人民政府行政案

最高人民法院经审查认为: 根据《行政诉讼法》第二十七条"当事人一方或者双方为二人以上,因同一行政行为发生的行政案件,或者因同类行政行为发生的行政案件、人民法院认为可以合并审理并经当事人同意的,为共同诉讼"的规定,因同一行政行为发生的行政案件为共同诉讼,不需要经当事人同意。一审法院认定某县人民政府对赵某等所作行政强制行为,属于因同一行政行为发生的行政案件,但认为因同一行政行为发生的案件需要经当事人某县人民政府同意才为共同诉讼,并据此驳回赵某等的起诉,二审法院裁定驳回上诉,维持原裁定,属于适用法律错误,依法应予纠正。

【案号】最高人民法院(2018)最高法行再9号

第十六条 第三人

申请人以外的同被申请行政复议的行政行为或者行政复议案件处理结果有利害关系的公民、法人或者其他组织,可以作为第三人申请参加行政复议,或者由行政复议机构通知其作为第三人参加行政复议。

第三人不参加行政复议,不影响行政复议案件的审理。

● 参考案例

汪某诉某县人民政府行政复议案

本案中某县人民政府上诉认为:行政复议机关是可以通知第三人参加行政复议,而不是必须通知;利害关系人可以申请参加复议,也可以不申请;第三人不参加行政复议,并不影响行政复议案件的审理。

安徽省滁州市中级人民法院经审查认为: 上述规定中的"可以"从《行政复议法》的立法精神理解应是赋予有利害关系的人作为第三人参加行政复议的选择权,而不应当理解为行政机关的自由裁量权,复议机关应当在听取当事人的意见下,保护公民的权利。在行政法领域,正当程序原则的基本含义是,行政机关作出影响行政相对人或利害关系人权益的行政行为前,应当向行政相对人说明拟作出行政行为的根据、理由,听取相对人的陈述、申辩。行政复议制度不仅是行政机关内部的一种监督制度,更是行政相对人的一种权利救济制度，具有准司法性。行政复议作为一种救济制度，其审查原行政行为，可能作出维持原具体行政行为的复议决定，也可能在认定事实、适用法律、处理结果等方面改变原具体行政行为。如果行政复议决定维持原具体行政行为，则可以视为对行政相对人的权利义务没有作出新的设定。但行政复议决定改变原具体行政行为，尤其是对行政相对人产生不利影响的，显然不足以保护相对人的合法权益，有悖于正当程序。

【案号】安徽省滁州市中级人民法院（2019）皖11行终75号

张某某诉某市人民政府房屋登记行政复议决定案

江苏省高级人民法院经审查认为：《行政复议法》虽然没有明确规定行政复议机关必须通知第三人参加复议，但根据正当程序的要求，行政机关在可能作出对他人不利的行政决定时，应当专门听取利害关系人的意见。本案中，复议机关审查的对象是颁发房屋所有权证行为，复议的决定结果与现持证人张某某有着直接的利害关系，故复议机关在行政复议时应正式通知张某某参加复议。本案中，某市人民政府虽声明曾采取了电话的方式口头通知张某某参加行政复议，但却无法予以证明，而利害关系人持有异议的，应认定其没有采取适当的方式正式通知当事人参加行政复议，故某市人民政府认定张某某自动放弃参加行政复议的理由欠妥。在此情形下，某市人民政府未听取利害关系人的意见即作出于其不利的行政复议决定，构成严重违反法定程序。

（《最高人民法院公报》2005年第3期）

工贸公司诉某市人民政府行政复议案

最高人民法院经审查认为：根据《全面推进依法行政实施纲要》，行政行为应当遵守程序正当原则，作出对当事人不利行政行为的，应当听取其意见。据此，行政机关在作出对行政相对人产生不利影响、可能减损其权益的行政决定之前，应当告知行政相对人并听取其意见，否则将构成程序违法。尽管《行政复议法》规定利害关系人"可以"作为第三人参加行政复议，但是根据程序正当原则，如果该复议决定可能对利害关系人造成不利后果的，则复议机关应当将利害关系人列为第三人，并听取利害关系人的意见。本案中，被申请复议的颁证行为系针对某村委会及申请人作出，某市人民政府对颁证行为进行复议并作出决定的行为必然会对申请人的实体权利产生影响，某市人民政府在作出决定之前应当通知申请人作为第三人参加复议。但某市人民政府未通知申请人作为第三人参加复议，即作出撤销颁证行为的复议决定，违反程序正当原则。

【案号】最高人民法院（2019）最高法行再3号

燃气公司诉某区人民政府行政协议案

最高人民法院经审查认为：本案系某公司提起的请求履行案涉协议的诉讼，但行政协议争议并不仅仅局限于协议相对人之间。虽然行政协议具有相对性，但在其订立、履行等过程中可能会影响甚至处分第三方的权益。根据《最高人民法院关于审理行政协议案件若干问题的规定》第五条的规定，与行政协议有利害关系、认为行政协议的订立、履行、变更、终止等行为损害其合法权益的公民、法人或者其他组织，可以就行政协议提起诉讼。本案中，燃气公司与某市市政管理委员会于2011年9月签订《某市城市燃气特许经营协议》，协议范围包括某区。因此，该协议与案涉协议在特许经营范围上有所重叠。人民法院对案涉协议是否履行的判断，直接影响到某市人民政府与燃气公司之间行政协议的履行。因此，燃气公司属于必须参加诉讼的当事人。

【案号】最高人民法院（2020）最高法行再30号

宋某诉某市人民政府行政复议决定案

辽宁省高级人民法院经审查认为：在复议程序中，已通知宋某作为第三人参加复议程序，作出的行政复议决定书却未将宋某列为第三人，也未向宋某送达行政复议决定书，属于程序违法。

【案号】辽宁省高级人民法院（2016）辽行终1314号

第十七条 委托代理人

申请人、第三人可以委托一至二名律师、基层法律服务工作者或者其他代理人代为参加行政复议。

> 申请人、第三人委托代理人的,应当向行政复议机构提交授权委托书、委托人及被委托人的身份证明文件。授权委托书应当载明委托事项、权限和期限。申请人、第三人变更或者解除代理人权限的,应当书面告知行政复议机构。

◉ 参考案例

林某等诉某省人民政府行政复议案

河南省高级人民法院经审查认为:由于林某等的代理律师藏某并未在下发传票之前向法院送达律师函和委托代理手续,法院客观上无法通知律师到庭应诉,此时法院仅向一审原告及被告下发传票并无过错。但是,由于通知开庭至开庭期间仅5天时间,而藏某律师在此前已经接受林某等的委托,其也确实面临与另一人民法院开庭冲突的情况,这是律师无法避免、不能克服的,此时律师要求延期开庭、重新确定开庭时间,具有正当理由。一审以经合法传唤不到庭应诉的理由按撤诉处理,属司法裁量不当,应予纠正。

【案号】河南省高级人民法院(2017)豫行再52号

盐化公司诉某市场监督管理局行政处罚案

湖南省岳阳市中级人民法院经审查认为:由于再审申请人的委托代理人在此之前已经接受了另案食用盐批发店的委托,其也确实面临与另一人民法院开庭冲突的情况,这是律师无法避免、不能克服的，此时律师要求延期开庭、重新确定开庭时间，具有正当理由。一审法院以再审申请人经合法传唤不到庭应诉的理由按撤诉处理，属司法裁量不当，应予纠正。

【案号】湖南省岳阳市中级人民法院（2020）湘06行申1号

黄某诉某管理委员会强制拆除案

最高人民法院经审查认为： 本案中，申请人提出的物品损失数额特别巨大，明显与其经济状况不相符，其提交的物品损失清单及赔偿数额，亦与其委托代理人邓某一并代理的其他数起案件的物品雷同，不符合常理。邓某在本院查验过渡房物品时自认提交的物品损失清单存在夸大数额等虚假陈述。根据《行政诉讼法》第五十九条第一款第二项的规定，诉讼参与人伪造、隐藏、毁灭证据或者提供虚假证明材料，妨碍人民法院审理案件的，人民法院可以根据情节轻重，予以训诫、责令具结悔过或者处以1万元以下的罚款，十五日以下的拘留。申请人提供的物品损失清单明显不符合常理，属于虚假夸大的证明材料，本应予以相应处罚。考虑到申请人对行政诉讼法相关规定缺乏了解，夸大损失数额系因遭受强制拆除引起，故本院对申请人不予处罚。邓某作为多起行政诉讼的公民代理人，理应熟悉行政诉讼法及相关规定，应当引导当事人依法行使行政诉权。但是在本案所涉强制拆除的数起关联案件中，邓某作为委托代理人，明显对数起案件中当事人提供相类似的虚假证明材料等行为起到主要作用，属于滥用诉权、恶意诉讼的行为。其行为既挤占司法资源，也影响当事人诉权的正常行使，不利于被代理人合法权益的保护。根据《行政诉讼法》第五十九条第一款第二项的规定，对邓某处以罚款处罚。

根据《行政诉讼法》第三十一条第二款的规定，当事人所在社区、单位以及有关社会团体推荐的公民，可以被委托为诉讼代理人。虽然该条款并未严格要求推荐的公民应属于该社区及单位，但是人民法院是否准许其他公民作为诉讼代理人，应当考虑该公民的行为能力、是否存在法定的回避情形、是否可能损害被代理人利益以及是否可能妨碍诉讼活动等因素，予以综合考量。社区及单位为保护居民或者职工利益，可以为居民、职工推荐法律知识水平高、诉讼能力强并经当事人同意和授权的公民作为委托诉讼代理人。这里的社区，应当包括村民委员会、村民小组、居民委员会、乡镇、街道等。当事人所在社区、单位推荐的公民，主要应当是该社区、单位的人。因为只有社区、单位内的人，才能相互了解，方便代理，方便提供法律援助。作为推荐人的社区和单位，对本社区和单位以外的人，则不具有管理、服务的职能，不存在推荐的条件和前提。如果社区、单位坚持推荐本社区和单位以外的人，则人民法院应当予以严格审查，以充分保护被代理人的合法权益。

对于社区、单位以外的人作为委托代理人曾经存在虚假诉讼或者诉讼失信行为的,可能对被代理人的权益造成损害、妨碍正常的诉讼活动,对其今后作为代理人参与诉讼时,人民法院应当依法审查其代理资格。

【案号】 最高人民法院(2017)最高法行申8563号

周某某诉某县人民政府行政复议案

山东省高级人民法院经审查认为: 本案中,周某某系某律师事务所执业律师,在接受当事人的委托后,持律师执业证和所在律师事务所出具的介绍信等材料,到某县消防救援大队"查询复印某消火认字(2020)第0010号卷宗材料",与其所承办的法律事务有关,符合《律师法》的规定。因此,某县人民政府认为某县消防救援大队起初未依法向周某某提供查询复印上述卷宗材料,且无正当理由,构成行政不作为,属违法行为,并无不当。某县人民政府据此认为周某某所提行政复议申请属于行政复议受案范围,符合法律规定。原审判决认为某县消防救援大队配合或不配合周某某查询复印上述材料,对周某某的实体权利义务不产生实际影响,不属于行政复议受案范围不当,应予纠正。

【案号】 山东省高级人民法院(2021)鲁行终2077号

第十八条 法律援助

符合法律援助条件的行政复议申请人申请法律援助的,法律援助机构应当依法为其提供法律援助。

● **参考案例**

杨某诉某省人民政府行政复议案[①]

杨某不服某法律援助中心作出的不予法律援助决定，向某司法局提出异议。该局作出答复意见，认为该不予法律援助决定内容适当。杨某对该答复意见不服，向某司法局申请行政复议。该局于2013年10月23日告知其所提复议申请已超过法定申请期限。杨某不服，向某市人民政府申请行政复议。该人民政府于2013年10月30日告知其所提行政复议申请不符合行政复议受案条件。杨某不服，向某省人民政府申请行政复议。某省人民政府于2013年11月18日对其作出不予受理行政复议申请决定。杨某不服，提起行政诉讼，请求撤销该不予受理决定，判令某省人民政府赔偿损失。

最高人民法院经审查认为：申请行政复议和提起行政诉讼是法律赋予公民、法人或者其他组织的权利，其可以在申请行政复议之后再行提起行政诉讼。但杨某在提起行政诉讼之前，针对同一事由连续申请了三级行政复议，明显且一再违反一级行政复议制度。对于明显违反复议制度的复议申请，行政复议机关不予受理后，申请人对此不服

---

① 《最高人民法院行政审判十大典型案例（第一批）》，载最高人民法院网站，https://www.court.gov.cn/zixun/xiangqing/47862.html，2023年8月18日访问。

提起行政诉讼的，人民法院可以不予立案，或者在立案之后裁定驳回起诉。鉴于本案已经实际走完诉讼程序，原审法院经实体审理后亦未支持杨某的诉讼请求，故无必要通过审判监督程序提起再审后再行裁定驳回起诉。

本案典型意义在于：当事人申请行政复议和提起行政诉讼应当具有利用复议制度和诉讼制度解决行政争议的正当性。行政诉讼是解决行政争议，保护公民、法人和其他组织合法权益，监督行政机关依法行使职权的法律救济途径。人民法院既要充分保障当事人正当诉权的行使，又要引导、规范当事人行使诉权。人民法院有义务识别、判断当事人的请求是否具有足以利用行政复议制度和行政诉讼制度加以解决的必要性，避免因缺乏诉的利益而不当行使诉权的情形发生，坚决抵制滥用诉权的行为。对于明显违背行政复议制度、明显具有任性恣意色彩的反复申请，即使行政复议机关予以拒绝，当事人不服提起诉讼的，人民法院也可以不予立案，或者在立案之后裁定驳回起诉。

【关联规定】

中华人民共和国法律援助法（2021年8月20日）

第三十一条 下列事项的当事人，因经济困难没有委托代理人的，可以向法律援助机构申请法律援助：

（一）依法请求国家赔偿；

（二）请求给予社会保险待遇或者社会救助；

（三）请求发给抚恤金；

（四）请求给付赡养费、抚养费、扶养费；

（五）请求确认劳动关系或者支付劳动报酬；

（六）请求认定公民无民事行为能力或者限制民事行为能力；

（七）请求工伤事故、交通事故、食品药品安全事故、医疗事故人身损害赔偿；

（八）请求环境污染、生态破坏损害赔偿；

（九）法律、法规、规章规定的其他情形。

第三十二条 有下列情形之一，当事人申请法律援助的，不受经济困难条件的限制：

（一）英雄烈士近亲属为维护英雄烈士的人格权益；

（二）因见义勇为行为主张相关民事权益；

（三）再审改判无罪请求国家赔偿；

（四）遭受虐待、遗弃或者家庭暴力的受害人主张相关权益；

（五）法律、法规、规章规定的其他情形。

第十九条　被申请人

公民、法人或者其他组织对行政行为不服申请行政复议的，作出行政行为的行政机关或者法律、法规、规章授权的组织是被申请人。

两个以上行政机关以共同的名义作出同一行政行为的，共同作出行政行为的行政机关是被申请人。

> 行政机关委托的组织作出行政行为的，委托的行政机关是被申请人。
>
> 作出行政行为的行政机关被撤销或者职权变更的，继续行使其职权的行政机关是被申请人。

● 参考案例

陈某诉某市人民政府拆迁补偿安置行政通知案

最高人民法院经审查认为：县级以上人民政府是实施土地征收的主体。某市人民政府某政发〔2004〕363号《某市市区集体土地房屋拆迁管理办法》赋予某市拆迁办进行集体土地上房屋拆迁补偿安置工作的职权，上述规定应当视为某市人民政府对某市拆迁办的委托。某市拆迁办虽然拥有事业单位法人证书和组织机构代码证，但是其没有法律、法规授权的相应行政职权，因此某市拆迁办行为的法律后果应由某市人民政府承担。原生效裁定以被告不适格为由裁定驳回起诉显属不当。

【案号】最高人民法院（2016）最高法行再61号

石某诉某大学开除学籍处分案

最高人民法院经审查认为：根据《教育法》的规定，高等学校作为从事高等教育事业的法人，代表国家行使对受教育者的学籍管理活动。高等学校作为法律授权的机构，有代表国家对受教育者颁发相应学业证书的职责。本案中，某大学作出的开除石某学籍的处分影响其受教育的权利，石某不服该处分决定提起行政诉讼的，人民法院应当予以受理。某大学是否授予石某毕业证书，是某大学行使对受教育者颁发相应学历证书的行政权力时引起的行政争议，石某请求为其颁发毕业证书的诉请亦属于行政诉讼受案范围。

【案号】最高人民法院（2016）最高法行再62号

马某诉某管理委员会房屋行政强制案

最高人民法院经审查认为：在现行土地和房屋征收补偿法律法规框架内，基于"旧城改造""村改居"或者"新城镇建设"等实际需要，村民会议或者村民代表会议可以在符合上位法规定前提下，通过村民自治方式决定建设项目和补偿事项，并可通过签订协议等方式解决补偿安置问题；但在未经协商一致的情况下村民委员会等自治组织即单方采取强制拆除等方式则涉嫌违法。《行政强制法》《土地管理法》《国有土地上房屋征收与补偿条例》等法律法规，对强制搬迁合法房屋的步骤、程序和方式有具体明确的规定，并未规定村民委员会等自治组织有权实施强制搬迁和强制拆除。某村委会在原审期间虽承认系其自行实施强制拆除，但各方对某管理委员会主要领导主持召开拆迁动员大会，参与组织南二环某村段拆迁工作的事实并无异议；某管理委员会还曾就限期完成该地段征地拆迁工作，专门向某镇人民政府下达《督办函》；某村委会送达的落款为2017年10月23日的《通知》也明确规定，拆迁系为保障南二环东延工程顺利进行，要求被拆迁户自行拆除并到村委会办理拆迁补偿手续，否则将按照法律程序依法予以强制拆除；且某管理委员会、某镇人民政府工作人员也出现在强制拆除现场。因此，结合法律规定和全部在案证据以及土地的最终用途等情况综合判断，对马某房屋的强制拆除，不应当认定系某村委会自主实施，而应当认定系职权主体与非职权主体在市政项目征收拆迁中基于共同意思联络、共同参与下实施的强制拆除。被诉强制拆除行为虽然形式上表现为某村委会实施，但村民委员会等自治组织仅系行政机关的行政助手和行政辅助者，犹如其"延长之手"。一审、二审法院在马某已经提供初步证据证明强制拆除行为虽以某村委会名义实施，但显然系法定的职权主体基于征收职权组织、命令实施的情况下，仅以某村委会自认实施强制拆除为由，否定某管理委员会、某镇人民政府为适格被告，系对法律规定的错误理解，也有违职权法定原则，依法应予纠正。

【案号】最高人民法院（2019）最高法行申3801号

胡某诉某县人民政府行政强制案

湖南省高级人民法院经审查认为：某县委、某县人民政府在《关于加强小集成洪泛区管理的决定》中已经明确，某县小集成洪泛区管理委员会是正科级事业单位，"根据县政府授权在小集成洪泛区内依法行使国土、林业、水利、渔政、计生、财政等行政管理和综合执法职能",可见,小集成洪泛区管理委员会是某县人民政府设立的事业单位,不属于行政机关,其在小集成洪泛区范围内行使有关行政管理和综合执法职能,是由于某县人民政府的授权。而某县人民政府的授权并没有法律法规和规章的依据,是其自行作出的行为。据此,上诉人胡某对某县小集成洪泛区管理委员会实施的强制砍伐其林木的行为不服,提起行政诉讼,某县人民政府是适格被告。一审裁定以某县人民政府不是适格被告为由,裁定驳回胡某的起诉错误,应当予以纠正。

【案号】湖南省高级人民法院(2019)湘行终 2232 号

董某诉某市人民政府土地行政登记案

最高人民法院经审查认为：本案中,某市机构编制委员会于 2015 年 8 月 3 日发布某机编〔2015〕27 号《关于整合不动产登记职责的通知》,明确规定某市范围内不动产登记的法定职责由某市国土资源局(现为某市自然资源局)承担。依据该规定,某市人民政府自上述文件发布之日起不再具有土地登记的行政职权,其职权已由某市自然资源局承担。董某 2016 年起诉请求撤销某市人民政府 2013 年颁发的土地证,应以继续行使登记职责的某市自然资源局为被告,某市人民政府已非适格被告。经一审法院释明后,董某拒绝将本案被告变更为某市自然资源局,一审、二审法院分别裁定驳回董某的起诉和上诉,符合法律规定。

【案号】最高人民法院(2021)最高法行申 80 号

某监理咨询公司诉某市人民政府行政批复案

最高人民法院经审查认为：通常而言，上级行政机关基于下级行政机关的请示所作批复在性质上属于上下级行政机关之间的内部行为，并不直接对外产生法律效果，不属于可诉的行政行为范畴。但判断上级行政机关所作批复是否可诉，根本上取决于其是否直接对公民、法人或其他组织权利义务产生的实际影响。县级人民政府对一般事故调查报告的批复，虽从形式上看是上级行政机关对下级行政机关所作，但其认定了事故责任，且这种认定具有公定力和约束力，对公民、法人或其他组织的合法权益可能会产生不利影响，故根据上述规定所作批复具有可诉性。本案中，62号批复系再审被申请人依法行使法定职权作出。该批复对《调查报告》予以同意及要求某市安全生产监督管理局落实对相关责任单位的处理意见和处罚决定便确定了再审申请人应当承担法律责任及法律责任的具体承担方式。某市安全生产监督管理局其后对再审申请人作出行政处罚受62号批复的拘束，明确以该批复为据作出了4024-3号处罚决定。可见，62号批复构成针对特定主体就特定事项作出的行政处理决定，已对当事人的权利义务直接产生实际影响，该批复构成可诉的行政行为，属于人民法院行政诉讼的受案范围。

【案号】最高人民法院（2018）最高法行再127号

某软件科技公司诉某区人民政府确认违法案

最高人民法院经审查认为： 某区人民政府通知停电行为是行政事实行为。行政行为，是指具有行政权能的组织运用行政权，针对行政相对人设定、变更或者消灭权利义务的行为。本案中，某区人民政府通知供电公司停电是希望供电公司提供辅助行为，并未在某区人民政府与供电公司之间设立、变更或者消灭权利义务，不具备行政行为的实质要件，因此某区人民政府通知停电行为不是行政行为。但是，某区人民政府作为一级地方人民政府，具有行政权能，其通知供电公司停电是其涉案拆迁工作的一部分，具体运用了行政权，是一种行政事实行为。

某区人民政府通知停电行为不具备合法性基础。对涉案开发地块停止电力供应是某区人民政府拆迁工作的一部分，涉案开发地块是否如涉案函和通知中所述属于违法建设、存在火灾隐患的判断职责属于某区人民政府，供电公司对上述事项不具有判断能力，其也没有判断义务，其停止电力供应仅是辅助某区人民政府的行为。相应地，停止供电可能对某软件科技公司造成的不利影响的合理注意义务，也应当由某区人民政府来承担。而实际上，某区人民政府并未尽到合理的注意义务，履行相应的告知等程序义务。另外，综合全案证据，某区人民政府向供电公司发送涉案函和通知，要求供电公司对涉案开发地块停止电力供应的目的是变相实现相关居民或商户搬迁，没有法律依据。

【案号】最高人民法院（2017）最高法行申8513号

某砂石场诉某市人民政府限期清障决定案

湖南省高级人民法院经审查认为： 本案的争议焦点在于作出某防决字〔2019〕第1号《限期清障决定书》的某市防汛抗旱指挥部是否系本案适格被告。本案中，虽然某市防汛抗旱指挥部作为某市人民政府防汛抗旱指挥机构依照《防洪法》的规定，对某砂石场作出涉案清障决定，但其并不具备独立法人主体资格，且没有固定人员和独立核算经费，不具有独立承担法律责任能力，某砂石场不服某市防汛抗旱指挥部限期清障决定，以组建该指挥部的某市人民政府为被告提起本案诉讼，符合法律规定。

【案号】湖南省高级人民法院（2020）湘行终297号

某材料公司诉某区人民政府确认行政行为违法案

陕西省高级人民法院经审查认为： 本案审理的焦点问题是某区人民政府是否为本案适格被告。联合执法是指两个或两个以上行政执法机关，按照各自的职责范围，在实施行政执法时进行的联合行动。联合执法在于克服行政执法机关执法权限单一的缺点，有利于解决特殊执法活动中执法环境多重性困难的问题，以提高执法效果。但因联合执法涉及多个行政机关的配合，超出单一行政机关的职责范围，因此联合执法需要经本级人民政府的批准，联合执法产生的法律责任应由批准实施联合执法的人民政府承担。本案中，某区人民政府是某材料公司整改工作的责任主体，2017年10月19日涉案强制拆除行为发生时，某区人民政府的分管副区长及某区人民政府下属多个职能部门工作人员在拆除现场。据此，可以认定涉案强拆行为系某区人民政府组织实施的联合执法活动。故某区人民政府应为本案适格被告。

【案号】 陕西省高级人民法院（2020）陕行终50号

第三节　申请的提出

第二十条 申请期限

公民、法人或者其他组织认为行政行为侵犯其合法权益的，可以自知道或者应当知道该行政行为之日起六十日内提出行政复议申请；但是法律规定的申请期限超过六十日的除外。

因不可抗力或者其他正当理由耽误法定申请期限的，申请期限自障碍消除之日起继续计算。

行政机关作出行政行为时，未告知公民、法人或者其他组织申请行政复议的权利、行政复议机关和申请期限的，申请期限自公民、法人或者其他组织知道或者应当知道申请行政复议的权利、行政复议机关和申请期限之日起计算，但是自知道或者应当知道行政行为内容之日起最长不得超过一年。

● 参考案例

某屠宰场诉某畜牧兽医局检疫行政处理纠纷案

甘肃省酒泉市中级人民法院经审查认为：本案的争议焦点在于某屠宰场起诉是否超过法律规定的起诉期限。一般而言，认定当事人起诉是否超过法定期限，需要考虑以下四个因素：起诉期限的起算点、法律规定提起诉讼的期限、当事人向人民法院提交起诉状的时点、超过起诉限期是否存在正当理由。本案中上诉人某屠宰场于2015年10月8日签收了某（牧医）〔2015〕4号责令整改通知书，即于2015年10月8日就应当知道相关行政行为内容，鉴于该责令整改通知书未告知当事人诉权或者起诉期限，行政机关作出具体行政行为时，未告知公民、法人或者其他组织诉权或者起诉期限的，起诉期限从公民、法人或者其他组织知道或者应当知道诉权或者起诉期限之日起计算，但从知道或者应当知道具体行政行为内容之日起最长不得超过1年。某屠宰场于2018年3月20日向一审法院提起行政诉讼，已经超过法定的起诉期限。《行政诉讼法》第四十八条规定，公民、法人或者其他组织因不可抗力或者其他不属于其自身的原因耽误起诉期限的，被耽误的时间不计算在起诉期限内。此条规定的不属于起诉人自身的原因，应当为不可抗力、人身自由受限制等确实不能行使起诉权的情形。某屠宰场向有关部门反映问题及上访、报警，是在其权利被侵害后对救济途径的选择，并非属于起诉期限被耽误的合法理由，因此某屠宰场认为其一直在维权，耽误的期限属于合理期限的主张不能成立，本院亦不支持。

【案号】甘肃省酒泉市中级人民法院（2018）甘09行终31号

1. 一般期限【《行政复议法》第二十条第一款】

▶ 参考案例

王某诉某区人民政府城建行政强制案

最高人民法院经审查认为：起算起诉期限的基本前提是"知道或者应当知道具体行政行为内容"。在无行政机关认领强制拆除行为的场合适用该条款，需整体把握该条款的语句结构，尤其是将"行政机关作出具体行政行为时"摆于句首的结构设置。如此整体把握，而非孤立视之，则此处行政行为的内容不仅应当包括直接影响公民、法人或其他组织合法权益的行政行为本身，还应当包括作出该行政行为的行政机关。也只有在公民、法人或其他组织知道或应当知道强制拆除行为的实施主体之后，才可公允地被视为已较为完整地知道或应当知道行政行为的内容。若公民、法人或其他组织虽认为自身合法权益受到行政行为的侵犯，但不知道、亦不应当知道行为主体，尚某遵从《行政诉讼法》第四十九条第二项"提起诉讼应当符合下列条件……（二）有明确的被告"的规定，尽力查找行为主体，便起算起诉期限，则不合该条款规定的主旨，亦有违设置起诉期限制度的本意。一般认为，起诉期限的起算以公民、法人或其他组织依法能够提出起诉为前提。公民、法人或其他组织依法能够起诉但怠于行之，在起诉期限届满之后，人民法院才得对其起诉不予支持。本案中，所诉的行政行为是行政机关依职权作出的强制拆除行为。本案现阶段无证据证明再审申请人当时已被明确告知强制拆除行为是哪个行政机关实施，亦无证据证明再审申请人已了解相关情况而基本能够确定行为主体。

【案号】最高人民法院（2020）最高法行再82号

周某诉某交通警察局直属三大队行政行为案

浙江省台州市中级人民法院经审查认为：本案被诉扣车行为属于持续性行政行为，涉案行政机关未依法作出处理决定，被诉扣车行为对上诉人仍具有拘束力。故被诉扣车行为的起诉期限应当从该行为持续状态结束时起算。从本案相关证据看，涉案行政机关一直未对涉案车辆作出处理决定，故上诉人提起本案诉讼未超过起诉期限。一审裁定驳回上诉人的起诉不当，本院予以纠正。

【案号】浙江省台州市中级人民法院（2018）浙10行终110号

医药公司诉某区管理委员会城建行政强制案

最高人民法院经审查认为：在法定期限内提起诉讼系法定起诉条件之一。从法定起诉条件的内在逻辑关联看，应首先审查起诉是否符合积极条件，其次才得检视是否存在消极情形。由于《行政诉讼法》第四十九条第三项关于起诉需有事实根据的规定主要是要求存在确切具体的被诉行政行为，故该项起诉条件较为根本，多项其他起诉条件的判断往往需以该项起诉条件的满足为基础。例如，只有确定了确切具体的被诉行政行为，才可判断是否具有原告诉讼主体资格、是否属于受诉人民法院管辖、是否错列被告、是否重复起诉、行政行为是否对其合法权益明显不产生实际影响、诉讼标的是否已为生效裁判所羁束等。超过起诉期限系一种消极情形。

就行政机关严格按照法定程序行使权力、履行职责对公民、法人或其他组织作出的行政行为而言，由于行政机关已告知，故较易确定行政行为对合法权益的影响、行为主体等行政行为的内容，在最长起诉期限的适用上也少生歧见。但在无行政机关认领公民、法人或其他组织所诉称的强制拆除行为的场合，如何适用最长起诉期限，需结合行政事实行为的构成特点。在无行政机关认领公民、法人或其他组织所诉称的强制拆除行为的案件中，主张合法权益受到侵犯的公民、法人或其他组织通常只是知道或应当知道房屋被强制拆除本身，难以知道或应当知道强制拆除行为的实施主体。鉴于此,在全面正确审查起诉条件时,若公民、法人或其他组织提交的证据材料能够证明存在被诉的强制拆除行为及所列被告在事实或法律上具有较大可能作出被诉的强制拆除行为,则应暂且认定符合该项规定。至于被诉的强制拆除行为是否确系行政机关实施及所列被告是否确为行为实施主体,则应当在审理中通过综合审查、追加被告、通知第三人参加、举证责任分配等方式认定或推定。若经审理,认定或推定系非行政机关实施或所列被告非系行为实施主体,则仍应以缺乏事实根据为由裁定驳回起诉。经审理后,不宜未确定行为实施主体便裁定驳回起诉。对于最长起诉期限的适用,公民、法人或其他组织知道或应当知道被诉的行政事实行为的内容应为知道或应当知道房屋被强制拆除的事实本身与实施强制拆除的行政机关。需注意的是,如何认定"应当知道",可结合行政机关是否作出相关行政行为、行政机关是否已进行相关沟通协商等情况,运用逻辑推理和生活经验,全面、客观、公正地予以综合分析判断。对于"知道"或"应当知道"的对象,若割裂房屋被强制拆除的事实与实施强制拆除的行政机关之间的紧密关联,仅要求知道或应当知道房屋被强制拆除的事实本身,则房屋被强制拆除的事实将无所附着,形同于行为范畴之外的自然事实或纯粹的人体事实,背离行政事实行为的法律属性,阻碍合法权益被侵犯的公民、法人或其他组织依法理性行使诉权。

具体到本案中，诉称的房屋确系被强制拆除。且时至本院组织实地勘查之日，被强制拆除的案涉房屋仍处于围挡之中，本案现阶段无证据显示有主体宣称认领强制拆除案涉房屋的行为，亦无证据显示有主体在案涉房屋被强制拆除后主动与再审申请人沟通协商清理、补偿等善后事宜。鉴于此，应暂且认定再审申请人的起诉符合《行政诉讼法》第四十九条第三项关于起诉需有事实根据的规定，确有必要开展进一步的审理。

【案号】最高人民法院（2020）最高法行再510号

张某诉某区人民政府不予受理行政复议案

最高人民法院经审查认为：本案的争议焦点主要涉及张某申请行政复议是否超过了法定期限。张某申请行政复议的行为发生于2004年3月5日至9日，其于2015年10月14日向某区人民政府提起行政复议申请，已超过《行政复议法》规定的60日申请期限。《行政复议法》规定，公民、法人或者其他组织认为具体行政行为侵犯其合法权益的，可以自知道该具体行政行为之日起60日内提出行政复议申请；但是法律规定的申请期限超过60日的除外。因不可抗力或者其他正当理由耽误法定申请期限的，申请期限自障碍消除之日起继续计算。但是法律规定的申请期限超过60日的除外的基本含义包括：一是其他法律对行政复议的申请期限作了规定；二是该其他法律对行政复议申请期限作了与《行政复议法》不一样的规定，即作出了超过60

日的规定；三是该其他法律系关于行政机关和行政相对人权利义务关系的法律，即行政法律规范。该特殊期限之所以这样规定，一方面，是为其他法律规定60日以上的期限提供法律依据，以保护特殊案件中行政相对人的行政复议权。另一方面，可防止规章、地方性法规、条例等规范性文件出现规定短于60日复议期限的情况，变相剥夺行政相对人的复议权。同时，这样规定有助于保证申请期限的稳定性、统一性，体现了及时、便民的原则。因此，只要其他行政法律规范作出了超过60日行政复议的申请期限，就依照该特殊规定计算复议申请期限。

【案号】最高人民法院（2016）最高法行申3036号

徐某诉某省人民政府行政复议案

最高人民法院经审查认为：《行政复议法》对复议申请期限的规定，意在督促公民、法人或其他组织及时行使权利，防止过分迟延影响行政效率和法的安定性。公民、法人或其他组织一旦通过合法有效的方式正式提出行政复议申请，即应认为其已经开始行使权利。就此而言，对复议申请时点的判断，应以公民、法人或其他组织正式提出申请时为准，而不能以复议机关收到该复议申请时为准，否则便可能将提出申请至复议机关收到申请之间的时间也纳入复议申请期限，从而违背了法律设定复议申请期限的初衷。本案中，某省人民政府457号复议决定及一审、二审判决均认定再审申请人的复议申请日期为2018年8月28

日，但该日期实际为山东省政府收到行政复议申请的日期，而一审判决在证据认定部分明确提出再审申请人系于2018年8月21日邮寄书面行政复议申请。据此，申请行政复议的日期应为2018年8月21日。

【案号】最高人民法院（2019）最高法行申7501号

2. 期限耽误 【《行政复议法》第二十条第二款】

◐ 解读

公民因被限制人身自由无法提起行政诉讼，委托其近亲属代为起诉的情况不属于原告资格的转移。在这种情况下需要注意以下几个问题。

1. 公民被限制人身自由不能提起诉讼，其近亲属可以代为起诉。若公民被限制人身自由但仍能实施诉讼行为的，则不能口头委托近亲属代为起诉。只要行政机关不能举证证明被限制人身自由的公民可以实施诉讼行为，法院就应当受理该公民近亲属依口头委托提起的行政诉讼。

2. 被限制人身自由的公民可以以口头或者书面的形式委托近亲属提起诉讼。《行政诉讼法》对委托代理的形式未作规定，根据《民事诉讼法》的规定，委托代理诉讼必须向法院提交书面的委托书。而公民在被限制人身自由时，很难进行书面委托。因此，有必要赋予被限制人身自由的公民口头委托权利。

3. 近亲属只能以被限制人身自由的公民的名义提起行政诉讼，而不能以自己的名义提起诉讼。①

● 参考案例

谷某诉某县人民政府土地行政登记案

最高人民法院经审查认为：一方面，由于起诉期限设定的立法初衷，在于防止行政相对人怠于行使诉权，故在再审申请人已就相关争议提起民事诉讼的情况下，民事诉讼的审理期间应当依据《行政诉讼法》的规定，予以排除，而不应计入起诉期限；另一方面，本案中，再审申请人谷某虽然在民事诉讼过程中知道了被诉行政行为，但根据《行政诉讼法》的规定，知道行政行为并不是当事人提起行政诉讼的充分条件，只有与行政行为具有利害关系的主体才能适格地提起行政诉讼。而具体到本案中，相关民事裁判作出并生效后，当事人才能确定其权利义务是否因行政行为而受到生效民事裁判的影响。因此，在当事人于民事诉讼中知道行政行为对其权利义务产生不利影响的情况下，行政诉讼的起诉期限应当从生效民事判决作出之日起计算。据此，由于谷某侵权纠纷一案经过一审、二审、再审等程序，河南省漯河市中级人民法院最终于2016年9月28日作出了生效民事判决，故再审申

---

① 江必新、梁凤云：《行政诉讼法理论与实务》，北京大学出版社2011年版，第350页。

请人的起诉期限应当从 2016 年 9 月 28 日起计算，其于 2016 年 8 月提起本案行政诉讼，不超过前述法定起诉期限。

【案号】最高人民法院（2019）最高法行再 15 号

周某等诉某城乡规划局行政强制案

最高人民法院经审查认为： 本案中，周某等已在法定期限内（2010 年 3 月 22 日）向人民法院提起诉讼，起诉时未超过起诉期限。周某等为维护其权益于 2017 年再次起诉，两次起诉虽相隔七年，但第一次起诉时，福建省宁德市中级人民法院对周某等的起诉未予立案，并未作出书面裁定明确告知不予立案，周某等其间也一直通过相关途径主张权利。此外，房屋同时被强拆而另案起诉的部分当事人，相关诉求已经得到法院支持。本案当事人非因自身原因不能立案，应当对其权利予以保障。

【案号】最高人民法院（2020）最高法行再 168 号

马某诉某管理委员会房屋行政强制拆除案

最高人民法院经审查认为： 起诉期限是《行政诉讼法》确定的重要法律制度。该制度一方面敦促当事人及时启动权利救济程序，体现法律不保护"睡眠的权利"；另一方面亦作出例外规定，将因不可抗力或者其他不属于当事人自身原因耽误的时间从起诉期限中扣除。本案中，马某因房屋被强制拆除以某管理委员会为被申请人向某市人民政府提出行政复议，某市人民政府告知系其他村民拆除，属于民事主体之间的民事侵权纠纷。直至 2015 年 12 月 25 日，马某通过政府信息公开的方式获知其房屋系某管理委员会拆除,进而提起本案之诉。马某在案涉房屋拆除后没有及时提起行政诉讼的原因,与复议机关的错误告知具有密切联系,该期限利益不应当因复议机关的错误告知而丧失。马某自2010年9月26日申请行政复议至2015年12月25日通过政府信息公开获取新的证据之间的期间依法应当扣除。在获取新证据之后,马某及时申请行政复议、提起行政诉讼,积极寻求权利救济,具有合理性,并未超过起诉期限。二审法院认为马某自2010年8月20日起就知道了本案被诉行政行为的内容,于2016年提起本案诉讼已超过法律规定的起诉期限,属于适用法律错误。

马某自2016年提起行政诉讼后,二审法院先是于2016年7月29日以(2016)云行终121号行政裁定告知马某可以对某管理委员会的行政行为另行起诉,马某据此再次向云南省昆明市中级人民法院起诉;在云南省昆明市中级人民法院裁定驳回马某的起诉后,二审法院又于2017年9月27日以(2017)云行终98号行政裁定指令云南省昆明市中级人民法院继续审理;云南省昆明市中级人民法院作出一审判决后,马某不服提起上诉,二审法院最终却以不符合起诉条件为由裁定驳回马某的起诉。前述做法反反复复,一方面损害了司法的严肃性;另一方面增加了当事人的诉累,对此本院给予否定评价。

【案号】最高人民法院(2019)最高法行申10410号

苏某诉某县人民政府行政复议案

最高人民法院经审查认为：本案中，某公安局于2018年1月26日作出《行政处罚决定书》，其中载明了对苏某处以行政拘留十日处罚的事实、理由、法律依据等内容，以及苏某不服该处罚决定可以申请行政复议的权利和申请期限。某公安局于同日向苏某宣读《行政处罚决定书》后向其交付该决定书，苏某拒绝签收。据此，苏某于2018年1月26日已经知道了《行政处罚决定书》的内容，其于2018年4月3日申请行政复议超过了六十日的法定申请期限。某县人民政府在法定期限内作出《行政复议不予受理决定书》，对苏某的行政复议申请不予受理，认定事实清楚，适用法律正确，复议程序合法。

根据《拘留所条例》《拘留所条例实施办法》的规定，苏某在被拘留期间有条件委托代理人申请行政复议或自行采取邮寄等方式申请行政复议，其提起行政复议的权利并未受到限制，且本案无证据证明苏某在拘留期间的通信、会见自由以及委托代理人参加行政复议的权利受到限制，故苏某被行政拘留不属于《行政复议法》规定的因不可抗力或者其他正当理由耽误法定申请期限的情形。

【案号】最高人民法院（2019）最高法行申3085号

单某某诉某农业局扣押船舶并赔偿案

最高人民法院经审查认为：本案中，单某某于2017年8月底得知船舶系在"三无船舶"整治行动中被扣押，

2017年9月发现船舶在扣押过程中发生损坏，后经与某海渔局多次沟通协商，某海渔局同意为其修理船舶，后船舶于2019年年初被送到修船厂修理，因船舶至今没有修好并返还，单某某于2019年8月27日提起本案诉讼，从上述过程来看，单某某于2017年8月底知道扣押船舶的行政行为，同时因某海渔局同意为单某某修理船舶，对于单某某等待行政机关针对赔偿问题处理的期间应认定为"不属于其自身原因耽误的起诉期限"，应予扣除。

【案号】最高人民法院（2021）最高法行申3413号

王某诉某区人民政府确认征补协议无效案

最高人民法院经审查认为：王某提起本案诉讼，请求确认其与某区人民政府签订的行政协议无效。本案的争议焦点是确认行政协议无效之诉是否受起诉期限限制。本案中，案涉《住宅房屋附着物征迁补偿协议书》载明的签订时间为2016年12月15日，王某请求确认2015年5月1日之后签订的行政协议无效，不受起诉期限限制。

【案号】最高人民法院（2020）最高法行再341号

刘某诉某市人民政府行政复议案

最高人民法院经审查认为：本案的争议焦点问题是再审申请人刘某因受某县人民政府引导而申请以仲裁方式解决纠纷，导致其未能在复议期间届满后15日内起诉，耽误的期限应否扣除。

本案中，刘某提供了相关证据证明某县人民政府与其达成申请商事仲裁的协议，引导其将本不属于商事仲裁受理范围的行政争议申请商事仲裁。刘某未能在行政复议期满15日内向人民法院提起行政诉讼，是基于对行政机关的信赖，等待行政机关就相关争议事项进行协调处理，耽误起诉期限并非其自身原因所致。某县人民政府在向本院出具《关于刘某行政诉讼案有关情况的说明》中，也认可是某县人民政府的原因耽误了刘某的起诉期限，恳请本院将双方的争议纳入诉讼渠道。据此，某县人民政府将争议引入商事仲裁程序期间，应予扣除，不应计入起诉期限。

【案号】最高人民法院（2019）最高法行再63号

刘某诉某管理委员会给付征收补偿款案

最高人民法院经审查认为： 申诉信访不是法定的救济途径，而是一种诉求表达机制，通过信访反映诉求还是通过诉讼寻求救济，是民众对于维护自身合法权益渠道的选择。但是，通过信访反映诉求未果后提起行政诉讼，仍应受到《行政诉讼法》及其司法解释关于起诉期限的限制，因信访耽误的时间也不是法定可以延长起诉期限的正当理由。故再审申请人关于因信访耽误了起诉期限的申请再审理由不能成立，本院不予支持。

【案号】最高人民法院（2017）最高法行申2608号

3. 一年期限 【《行政复议法》第二十条第三款】

● 参考案例

能源仓储公司诉某部门行政复议案

最高人民法院经审查认为： 参照《最高人民法院关于适用〈中华人民共和国行政诉讼法〉的解释》第六十四条的规定，行政机关作出行政行为时，未告知公民、法人或者其他组织申请复议期限的，复议期限从知道或者应当知道行政行为内容之日起最长不得超过1年。行政机关作出行政行为依法应当向社会公开的，依法公开后即视为所有利害关系人应当知道该行政行为内容。《港口设施保安规则》第四十六条规定，交通部应当将全国《港口设施保安符合证书》年度核验情况予以公布。港口保安证年度核验属于依法应当向社会公开的行政行为，至港口保安证年度核验公布后，视为所有利害关系人应当知道已公开的港口保安证内容。本案中，交通部签发涉案港口保安证后，于2016年、2017年、2018年均在网上向社会公开该证年度核验的相关信息。能源仓储公司自2016年被诉港口保安证年度核验公布之日起，即应当知道该证内容。2019年申请行政复议，显然已超过1年的法定申请期限。交通部以申请复议超过法定期限为由，程序性驳回能源仓储公司的复议申请，并无不当。

【案号】最高人民法院（2020）最高法行申 3140 号

第二十一条　不动产行政复议申请期限

> 因不动产提出的行政复议申请自行政行为作出之日起超过二十年，其他行政复议申请自行政行为作出之日起超过五年的，行政复议机关不予受理。

● 参考案例

凌某诉某县人民政府航运行政管理案

最高人民法院经审查认为： 行政诉讼的起诉期限，是指公民、法人或者其他组织不服行政机关作出的行政行为，而向人民法院提起行政诉讼，其起诉可由人民法院立案受理的法定期限。行政诉讼起诉期限是法律设定的起诉条件之一，解决的是行政起诉能否进入司法实体审查的问题。行政诉讼中的起诉期限不同于民事诉讼中的诉讼时效，其主要区别在于：第一，行政诉讼的起诉期限从相对人知道或应当知道行政行为之日起计算，而诉讼时效的起算时间从当事人知道或应当知道权利被侵害之日起算。第二，起诉期限是一个固定期间，不存在中止、中断的情形，除非有正当事由，并由人民法院决定，才可以将被耽误的时间予以扣除或延长期限。而诉讼时效属于可变期间，只要具有法定事由，便可将其中止、中断和延长。第三，人民法院可以依职权审查起诉期限，相对人超过起诉期限起诉的，人民法院将裁定不予受理，受理后发现超过起诉期限的，裁定驳回起诉，即相对人丧失了起诉权。而人民法院通常情况下不主动审查诉讼时效问题，诉讼时效也不是民事诉讼起诉的法定条件，当事人并不丧失起诉权；对方当事人提出诉讼时效抗辩经人民法院审理发现超过诉讼时效的，判决驳回原告诉讼请求，即当事人丧失的是胜诉权。《行政诉讼法》之所以设立起诉期限，在于督促相对人尽快行使权利，提高行政机关执法效率，维护行政管理秩序的稳定。如果允许相对人任何时候都可以对行政行为申请救济，势必会使行政行为一直处于被质疑和否定的状态，既影响行政效率，还会给行政管理秩序带来混乱。因此，行政诉讼法规定了最长诉讼保护期限。

本案中，某县人民政府于2012年8月1日作出67号批复，但凌某直至2018年1月2日才向南阳市中级人民法院提起诉讼，已经超过法定5年的最长起诉期限。凌某主张本案所涉权益是码头，属于不动产，起诉期限应为20年。只有因行政行为直接导致不动产物权的设立、变更、转让和消灭等而提起的诉讼才属于"因不动产提起的行政诉讼"，而不能理解为所有有关不动产的案件均属于"因不动产提起的行政诉讼"，都要适用20年的最长诉讼保护期限。

【案号】最高人民法院（2019）最高法行申3032号

刘某诉济宁市人民政府行政强制拆除批复案

最高人民法院经审查认为：根据一审法院庭审查明的事实，刘某承认其于 2009 年 9 月 28 日收到 124 号批复。《行政诉讼法》及其相关司法解释对行政诉讼起诉期限规定了两种情况，即一般起诉期限和最长起诉期限，该两种起诉期限的适用条件不同。前者的适用条件是公民、法人或者其他组织"知道或应当知道"行政行为内容的情况，后者的适用条件是公民、法人或者其他组织"不知道"行政行为内容的情况。所以，《行政诉讼法》规定的最长起诉期限，是在公民、法人或者其他组织不知道行政行为内容的情况下，以"自行政行为作出之日"为起算点适用二十年的最长起诉期限。就本案而言，其于 2009 年 9 月 28 日收到被诉 124 号批复，说明其已经知道了行政行为的内容，故不符合适用法定最长起诉期限的条件。

【案号】 最高人民法院（2017）最高法行申 4189 号

王某等诉某县人民政府土地行政登记案

最高人民法院经审查认为：法律规定起诉期限的目的，是督促当事人及时提起诉讼，尽早解决行政纠纷，尽快稳定社会关系。当事人因法律救济期限届满等原因，不能通过诉讼途径请求撤销或废止行政行为，转而请求行政机关进入复议程序，进而对复议决定和原行政行为一并提起诉讼，实质上是通过申请复议达到规避起诉期限的目的，人民法院对此应当不予立案或者驳回起诉。行政机关受理当事人的复议申请不能采取意思自治原则,应当受到法律规定的期限等条件的约束,其效力应当接受司法审查。复议机关受理超出法定期限的复议申请并作出相应复议决定的行为,不符合法律规定。当然,对此情况也要进行区分并作出不同的处理。如果复议机关对于超出申请期限的复议申请予以受理,并作出维持原行政行为的复议决定,实质上是当事人对原行政行为申诉的重复处理行为,对申请人的权利义务不会产生实际影响。申请人对复议决定提起行政诉讼,人民法院应当裁定不予立案或者驳回起诉。如果复议机关受理超出法定期限的复议申请后,认为原行政行为根据的事实或法律状态发生变化,或者出现了足以推翻原行政行为的新证据,进而作出复议决定自行撤销或废止原行政行为,此时属于行政机关自行纠错的行为,人民法院应当予以尊重并可以对该纠错行为进行实体审查。当然,行政机关采用这种纠错方式必须做到足够的审慎。

20年申请期限的起算点是"行政行为作出之日起",该期限为不变期间,无论申请人何时知道行政行为的内容,或者因其他原因耽误申请,从行政行为作出之日起超过20年,即丧失了申请复议的权利,不能再通过复议的方式寻求救济。本案中,某县人民政府于1995年8月向唐某华颁发土地证,未告知王某等申请复议的权利和申请期限,王某等人的申请期限应当从其知道或者应当知道案涉土地证内容之日起计算,但最长不得超过该行为作出之日起20

年。王某等至 2015 年 12 月申请行政复议，显然已超过 20 年的最长期限。

【案号】最高人民法院（2018）最高法行申 528 号

谢某诉某区人民政府撤销行政行为案

北京市高级人民法院再审认为：公房租赁是将国家、单位所有的房屋赋予特定相对人使用权的公益性住房制度安排，公有房屋承租人变更行为涉及原承租人家庭成员的重大居住权益，其实际效果与导致不动产物权变动的行政行为性质类似，故相对人或利害关系人因此类行为提起行政诉讼，属于上述法律规定的"因不动产提起行政诉讼"的范畴。谢某认为某区人民政府将诉争房屋承租人变更为谢某的行政行为，对其居住使用权构成了重大影响，提起行政诉讼，未超过法律规定二十年的起诉期限，原审裁定确有错误，本院再审予以纠正。

【案号】北京市高级人民法院（2020）京行再 13 号

张某诉某县人民政府行政处理案

最高人民法院经审查认为："因不动产提起的行政诉讼"，在行政诉讼中涉及两个重要问题：一是涉及专属管辖；二是涉及最长起诉期限。作出专属管辖这种制度安排，主要是考虑法院行使审判权的便利性。不动产所在地法院能够就近调查、勘验、取证、测量以及就近执行判决。实践中，对于何为"不动产"并无争议，一般是指不能移动其位置或者其位置移动后就会引起其性能、价值、形状等改变的财产,主要指土地(包括滩涂、草原、山岭、荒地等)及其地面附着物。真正存在争议的是何为"因不动产",亦即如何界定"因不动产提起的行政诉讼"。通说认为,一般是指因行政行为直接针对不动产而引起的行政纠纷,而不应当扩大解释为与不动产有任何联系的行政纠纷。正是基于这种认识,《最高人民法院关于适用〈中华人民共和国行政诉讼法〉的解释》第九条第一款进一步作出界定:"行政诉讼法第二十条规定的'因不动产提起的行政诉讼'是指因行政行为导致不动产物权变动而提起的诉讼。"所谓"因行政行为导致不动产物权变动",是指因行政行为直接导致不动产物权设立、变更、转让、消灭等法律效果。

"因不动产提起的行政诉讼",也涉及最长起诉期限的确定。适用二十年最长保护期限的案件,仅限于"因行政行为导致不动产物权变动而提起的诉讼"。本案中,山西省高级人民法院二审认为,"本案被诉的某政发〔2010〕35号文件只是涉及不动产相关内容,不涉及对土地房屋所有权、使用权的处分内容,故应当适用'其他案件'最长五年的起诉期限",符合前述司法解释规定的精神。本院注意到,再审申请人因为服刑在一定期间内人身自由受到限制。虽然《行政诉讼法》第四十八条对"因不可抗力或者其他不属于其自身的原因耽误起诉期限的"以及"因前款规定以外的其他特殊情况耽误起诉期限的"作出了起诉期限可以扣除或者延长的规定,但该规定并不适用于《行政诉讼法》规定的五年和二十年的最长起诉期限。这是因为，所谓最长起诉期限属于客观期间，无论什么原因，都不发生扣除、延长。

【案号】最高人民法院（2017）最高法行申8347号

第二十二条 申请形式

申请人申请行政复议，可以书面申请；书面申请有困难的，也可以口头申请。

书面申请的，可以通过邮寄或者行政复议机关指定的互联网渠道等方式提交行政复议申请书，也可以当面提交行政复议申请书。行政机关通过互联网渠道送达行政行为决定书的，应当同时提供提交行政复议申请书的互联网渠道。

口头申请的，行政复议机关应当当场记录申请人的基本情况、行政复议请求、申请行政复议的主要事实、理由和时间。

申请人对两个以上行政行为不服的，应当分别申请行政复议。

● 参考案例

张某诉某县公安局与张某行政处罚案

内蒙古自治区高级人民法院经审查认为：2017年8月13日，某县公安局对张某作出行政拘留决定并对其实施控制后，张某现场口头提出行政复议并要求暂缓执行拘留，而某县公安局未将上述情况予以记录并由张某签名或者捺指印，作出不予暂缓执行拘留决定后，也未在笔录中注明，而是由某派出所事后将上述情况补作说明，不符合规定。《公安机关办理行政复议案件程序规定》第二十四条第一款规定，申请人在被限制人身自由期间申请行政复议的，执行场所应当登记并在三日内将其行政复议申请书转交公安行政复议机关。某县公安局在对张某提出的行政复议申请应在规定期限内转交公安行政复议机关。原审认定被诉行政行为明显不当，程序违法，依法应予撤销并无不当。

【案号】内蒙古自治区高级人民法院（2018）内行申498号

范某诉某省人民政府不履行行政复议法定职责案

最高人民法院经审查认为：申请人书面申请行政复议的，应当在行政复议申请书中载明申请人的基本情况，一般包括住址和联系电话等通讯方式，以便被申请人与其联系沟通以及邮寄复议文书。若申请人提供的通讯方式不准确，导致复议文书未能被申请人实际接受的，根据公平原则，由此产生的不利后果应由申请人承担。在行政复议法及其相关法律规定未对此种情形作出具体规定的情形下，可以借鉴《最高人民法院关于以法院专递方式邮寄送达民事诉讼文书的若干规定》第十一条第一款的规定，即"因受送达人自己提供或者确认的送达地址不准确、拒不提供送达地址、送达地址变更未及时告知人民法院、受送达人本人或者受送达人指定的代收人拒绝签收,导致诉讼文书未能被受送达人实际接收的,文书退回之日视为送达之日。"本案中,原审法院根据邮寄单据和网上查询邮政特快专递详单等证据认定某省人民政府根据范某提交的行政复议申请书中所留地址、电话向其邮寄《补正行政复议申请通知书》,邮政机构连续三次投递因收件人姓名地址有误未能妥投并将邮寄退回,证据充分,范某的再审理由不能成立。根据上述事实,涉案《补正行政复议申请通知书》应当视为已经向范某送达,范某主张某省人民政府不履行行政复议职责不能成立。

【案号】最高人民法院(2019)最高法行申4395号

向某诉某自然资源局行政行为违法案

最高人民法院经审查认为: 在行政诉讼之中,"有具体的诉讼请求"是法定起诉条件之一,通常认为"有具体的诉讼请求"主要是指要有确切具体的被诉行政行为。在一个行政案件中,被诉行政行为一般是指行政机关作出的一个行政行为,或两个及两个以上的行政机关作出的同一个行政行为。若公民、法人或其他组织对被诉行政行为不服提起行政诉讼的,应以作出被诉行政行为或者共同作出被诉行政行为的行政机关为被告。尽管公民、法人或其他组织在起诉时可以提出多项具有事实关联或内在逻辑牵连的诉讼请求,但作为诉讼请求基础的被诉行政行为却须只有一个。此即所谓的"一行为一诉"的行政诉讼立案受理原则。因为不同行政行为的作出主体不同,所依据的行政实体和程序法律存在差别,所基于的事实有异,人民法院进行合法性审查的范围、内容、强度等亦不完全一致。若在一个行政案件中同时对两个或两个以上的行政行为提出起诉,则不仅不利于行政机关有效应诉,而且势必会对人民法院聚焦被诉行政行为,归纳争议焦点,组织举证质证,认定案件事实,安排法庭辩论,准确适用法律,作出清晰明确的裁判等诉讼活动的有序开展产生阻碍,进而影响到行政案件的公正、及时审理及保护公民、法人和其他组织合法权益、监督行政机关依法行使职权的审判职能作用发挥,还无益于有针对性地促进行政争议的实质性化解。故"一行为一诉"原则实为行政诉讼规律所使然。因此,在无法律规定的情况下,除非存在关联事实等特殊情况及出于诉讼经济的便宜考虑,一般不得在一个行政案件中将两个或两个以上的行政行为列为被诉行政行为。因此,"一行为一诉"是人民法院行政诉讼立案的基本原则。

但是,在司法实践中,当事人及其委托诉讼代理人对行政诉讼法相关规定欠缺足够的了解和认识,同时起诉数个存在事实关联及内在逻辑牵连的行政行为,违背了"一行为一诉"原则。人民法院应当进行必要的指导和释明,以便协助诉讼能力不足的公民、法人或其他组织在一个行政案件中恰当确定一个被诉行政行为。人民法院应当予以释明,当事人拒绝按照释明内容修改起诉状的,法院不宜以起诉多个行政行为违背"一行为一诉"原则为由不予受理或驳回起诉;可根据案情分别对被诉行政行为是否符合起诉条件逐一进行审查,对于符合立案受理条件的被诉行政行为应当予以受理。以促公正、及时和实质化解行政争议,减少当事人诉累,避免程序空转。

【案号】最高人民法院(2020)最高法行再251号

李某诉某部门行政复议案

最高人民法院经审查认为:根据《行政诉讼法》第四十九条第三项的规定,提起行政诉讼应当有具体的诉讼请求和事实根据。所谓"具体的诉讼请求",前提是要有明确的被诉行政行为,并遵循"一行为一诉"的原则。本案中,李某等人起诉时的诉讼请求包含诸多独立的行政行为,既有信息公开及行政复议行为,又有环评审批等行为,各被诉行为分属不同法律关系,不属于能够合并审理的情形,李某等人的诉讼请求不明确,不符合法定起诉条件。

【案号】最高人民法院(2020)最高法行申3611号

马某诉某市人民政府、某住建局房屋拆迁行政裁决案

最高人民法院经审查认为:通常认为,"有具体的诉讼请求"主要是指要有确切具体的被诉行政行为。被诉行政行为构成人民法院进行合法性审查的对象,亦决定了人民法院审理和裁判的范围。在一个行政案件中,被诉行政行为一般仅指一个行政机关作出的一个行政行为,或两个及

两个以上的行政机关作出的同一个行政行为。尽管公民、法人或其他组织在起诉时可以提出多项具有内在逻辑牵连的诉讼请求,但作为诉讼请求基础的被诉行政行为却须只有一个。此即通常所谓的"一行为一诉"的行政诉讼立案受理原则。不同行政行为的作出主体不同,所依据的行政实体和程序法律存在差别,所基于的事实有异,人民法院进行合法性审查的范围、内容、强度等亦不完全一致。若在一个行政案件中同时对两个或两个以上的行政行为提出起诉,则不仅不利于行政机关有效应诉,而且势必会对人民法院聚焦被诉行政行为,归纳争议焦点,组织举证质证,认定案件事实,安排法庭辩论,准确适用法律,作出清晰明确的裁判等诉讼活动的有序开展产生阻碍,进而影响到行政案件的公正、及时审理及保护公民、法人和其他组织合法权益、监督行政机关依法行使职权的审判职能作用发挥,还无益于有针对性地促进行政争议的实质性化解。该原则实为行政诉讼规律使然。在无法律规定的情况下,除非存在关联事实等特殊情况及出于诉讼经济的便宜考虑,一般不得在一个行政案件中将两个或两个以上的行政行为列为被诉行政行为。

本案中,上诉人提出的前六项诉讼请求系对多个行为提出起诉,明显有违该原则,构成诉讼请求不具体。但人民法院应当进行必要的指导和释明,以便协助诉讼能力不足的公民、法人或其他组织在一个行政案件中恰当确定一个被诉行政行为。原审裁定未显示原审法院进行了相关指导和释明，有欠妥当。

【案号】 最高人民法院（2019）最高法行终 1 号

第二十三条 行政复议前置

有下列情形之一的，申请人应当先向行政复议机关申请行政复议，对行政复议决定不服的，可以再依法向人民法院提起行政诉讼：

（一）对当场作出的行政处罚决定不服；

（二）对行政机关作出的侵犯其已经依法取得的自然资源的所有权或者使用权的决定不服；

（三）认为行政机关存在本法第十一条规定的未履行法定职责情形；

（四）申请政府信息公开，行政机关不予公开；

（五）法律、行政法规规定应当先向行政复议机关申请行政复议的其他情形。

对前款规定的情形，行政机关在作出行政行为时应当告知公民、法人或者其他组织先向行政复议机关申请行政复议。

● 解读

因行政行为具有极强的专业性，行政机关在作出行政行为时需要考量的因素也纷繁复杂，为有效解决行政争议，在制度层面对于部分行政行为所引发的争议，当事人在寻求法律救济时应当先向行政复议机关申请行政复议而不能直接提起行政诉讼，这种复议在先的制度在法律上称为"行政复议前置"。对于行政相对人或利害关系人，如对于这些行政争议未先申请行政复议而是直接提起行政诉讼，将会被法院直接驳回起诉。

关于"行政复议前置"的有关规定散见于多部法律法规之中。经过历次法律法规的修改，"行政复议前置"的范围在逐渐缩小。现行有效的法律法规中主要有十四处规定了"行政复议前置"，同时有三处规定了只能申请行政复议的情形。现梳理如下：

1. 一般纳税争议

《税收征收管理法》第八十八条第一款　纳税人、扣缴义务人、纳税担保人同税务机关在纳税上发生争议时，必须先依照税务机关的纳税决定缴纳或者解缴税款及滞纳金或者提供相应的担保，然后可以依法申请行政复议；对行政复议决定不服的，可以依法向人民法院起诉。

2. 涉海关的纳税争议

《海关法》第六十四条　纳税义务人同海关发生纳税争议时，应当缴纳税款，并可以依法申请行政复议；对复议决定仍不服的，可以依法向人民法院提起诉讼。

3. 对最低生活保障相关的决定或处罚

《城市居民最低生活保障条例》第十五条　城市居民对

县级人民政府民政部门作出的不批准享受城市居民最低生活保障待遇或者减发、停发城市居民最低生活保障款物的决定或者给予的行政处罚不服的，可以依法申请行政复议；对复议决定仍不服的，可以依法提起行政诉讼。

4. 涉外汇管理机关的争议

《外汇管理条例》第五十一条　当事人对外汇管理机关作出的具体行政行为不服的，可以依法申请行政复议；对行政复议决定仍不服的，可以依法向人民法院提起行政诉讼。

5. 对广告管理处罚决定

《广告管理条例》第十九条　广告客户和广告经营者对工商行政管理机关处罚决定不服的，可以在收到处罚通知之日起十五日内，向上一级工商行政管理机关申请复议。对复议决定仍不服的，可以在收到复议决定之日起三十日内，向人民法院起诉。

6. 对价格处罚决定

《价格违法行为行政处罚规定》第二十条　经营者对政府价格主管部门作出的处罚决定不服的，应当先依法申请行政复议；对行政复议决定不服的，可以依法向人民法院提起诉讼。

7. 对国务院电影主管部门作出的不准予电影公映决定的争议

《电影产业促进法》第五十八条　当事人对县级以上人民政府电影主管部门以及其他有关部门依照本法作出的行

政行为不服的，可以依法申请行政复议或者提起行政诉讼。其中，对国务院电影主管部门作出的不准予电影公映的决定不服的，应当先依法申请行政复议，对行政复议决定不服的可以提起行政诉讼。

8. 对经营者集中的决定

《反垄断法》第三十四条　经营者集中具有或者可能具有排除、限制竞争效果的，国务院反垄断执法机构应当作出禁止经营者集中的决定。但是，经营者能够证明该集中对竞争产生的有利影响明显大于不利影响，或者符合社会公共利益的，国务院反垄断执法机构可以作出对经营者集中不予禁止的决定。

第三十五条　对不予禁止的经营者集中，国务院反垄断执法机构可以决定附加减少集中对竞争产生不利影响的限制性条件。

第六十五条　对反垄断执法机构依据本法第三十四条、第三十五条作出的决定不服的，可以先依法申请行政复议；对行政复议决定不服的，可以依法提起行政诉讼。

对反垄断执法机构作出的前款规定以外的决定不服的，可以依法申请行政复议或者提起行政诉讼。

9. 涉宗教事务

《宗教事务条例》第七十五条　对宗教事务部门的行政行为不服的，可以依法申请行政复议；对行政复议决定不服的，可以依法提起行政诉讼。

10. 涉会计师注册争议

《注册会计师法》第十一条第二款　注册会计师协会依照本法第十条的规定不予注册的，应当自决定之日起十五日内书面通知申请人。申请人有异议的，可以自收到通知之日起十五日内向国务院财政部门或者省、自治区、直辖市人民政府财政部门申请复议。

第十三条第二款　被撤销注册的当事人有异议的，可以自接到撤销注册、收回注册会计师证书的通知之日起十五日内向国务院财政部门或者省、自治区、直辖市人民政府财政部门申请复议。

11. 涉社会保险费征缴

《社会保险费征缴暂行条例》第二十五条　缴费单位和缴费个人对劳动保障行政部门或者税务机关的处罚决定不服的，可以依法申请复议；对复议决定不服的，可以依法提起诉讼。

12. 对集会、游行、示威不予许可的决定

《集会游行示威法》第十三条　集会、游行、示威的负责人对主管机关不许可的决定不服的，可以自接到决定通知之日起三日内，向同级人民政府申请复议，人民政府应当自接到申请复议书之日起三日内作出决定。

13. 侵犯已依法取得的自然资源所有权或使用权

《行政复议法》第二十三条

14. 对外国人的出入境管理行为

《出境入境管理法》第六十四条　外国人对依照本法规

定对其实施的继续盘问、拘留审查、限制活动范围、遣送出境措施不服的，可以依法申请行政复议，该行政复议决定为最终决定。

其他境外人员对依照本法规定对其实施的遣送出境措施不服，申请行政复议的，适用前款规定。

参考案例

叶某诉某县人民政府林业行政管理案

最高人民法院经审查认为：公民、法人或者其他组织认为行政机关确认土地、矿藏、水流、森林、山岭、草原、荒地、滩涂、海域等自然资源的所有权或者使用权的具体行政行为，侵犯其已经依法取得的自然资源所有权或者使用权的，经行政复议后，才可以向人民法院提起行政诉讼，但法律另有规定的除外；对涉及自然资源所有权或者使用权的行政处罚、行政强制措施等其他具体行政行为提起行政诉讼的，不适用此规定。"确认"，是指当事人对自然资源的权属发生争议后，行政机关对争议的自然资源的所有权或者使用权所作的确权决定。根据叶某原审诉称内容，本案被诉颁证行为形式上虽属于初始颁证，实质上属于对其与叶某之间权属争议所作的确认，叶某对该行为有异议，应当先行申请行政复议。

【案号】最高人民法院（2020）最高法行申1413号

张某诉湖南省娄底市人民政府土地行政征收补偿案

最高人民法院经审查认为： 被征地集体经济组织和农民对有关市、县人民政府批准的征地补偿、安置方案不服要求裁决的，应当依照行政复议法律、法规的规定向上一级地方人民政府申请。张某应先向相关的人民政府申请裁决或复议。在复议机关不予受理的情况下，依法应当起诉复议机关作出的不予受理决定，而不能直接起诉《征地补偿公告》。如直接向法院提起行政诉讼，法院应不予受理。已经立案的，应当驳回起诉。

【案号】 最高人民法院（2016）最高法行申1761号

第四节 行政复议管辖

第二十四条 县级以上地方人民政府管辖

> 县级以上地方各级人民政府管辖下列行政复议案件：
> （一）对本级人民政府工作部门作出的行政行为不服的；
> （二）对下一级人民政府作出的行政行为不服的；
> （三）对本级人民政府依法设立的派出机关作出的行政行为不服的；
> （四）对本级人民政府或者其工作部门管理的法律、法规、规章授权的组织作出的行政行为不服的。

> 除前款规定外，省、自治区、直辖市人民政府同时管辖对本机关作出的行政行为不服的行政复议案件。
>
> 省、自治区人民政府依法设立的派出机关参照设区的市级人民政府的职责权限，管辖相关行政复议案件。
>
> 对县级以上地方各级人民政府工作部门依法设立的派出机构依照法律、法规、规章规定，以派出机构的名义作出的行政行为不服的行政复议案件，由本级人民政府管辖；其中，对直辖市、设区的市人民政府工作部门按照行政区划设立的派出机构作出的行政行为不服的，也可以由其所在地的人民政府管辖。

● 解读

立法中，有的常委委员、地方提出，实践中政府工作部门派出机构的情况比较复杂，对其行政行为不服的行政复议案件，不宜一律由派出机构所属工作部门的本级人民政府管辖，建议作出相对灵活的制度安排。宪法和法律委员会经研究，建议将第二十四条第一款第五项关于派出机构管辖的规定修改为："对县级以上地方各级人民政府工作部门依法设立的派出机构依照法律、法规、规章规定，以派出机构的名义作出的行政行为不服的行政复议案件，由本级人民政府管辖；其中，对直辖市、设区的市人民政府工作部门按照行政区划设立的派出机构作出的行政行为不服的，也可以由其所在地的人民政府管辖。"①

参考案例

杨某诉某公安局某分局治安行政处罚案

西安铁路运输中级法院经审查认为：某公安局某分局设立的派出机构，根据上述规定，某市人民政府对该派出机构某公安局某分局作出的行政行为具有复议管辖权。本案中上诉人杨某对某公安局某分局作出的案涉处罚决定不服，向某区人民政府申请行政复议，某区人民政府作出案涉复议决定缺乏职权依据，不符合上述法律规定。

【案号】西安铁路运输中级法院（2021）陕71行终306号

某食品公司诉某管理委员会行政确认案

陕西省高级人民法院经审查认为：本案在审理中，法院应当对某管理委员会城建局是否为本案适格被告进行审查。经审查，如认为被告不适格，应当告知原告变更被告。这里，告知当事人变更不适格被告是法院的义务，应当对原告所诉被告不适格的情形进行释明和指导。释明的内容包括四个方面：一是告知原告起诉的被告不适格；二是告

---

① 《全国人民代表大会宪法和法律委员会关于〈中华人民共和国行政复议法（修订草案三次审议稿）〉修改意见的报告》，载中国人大网，http://www.npc.gov.cn/npc/c2/c30834/202309/t20230901_431418.html，2023年9月13日访问。

知其所诉被告不适格的原因；三是告知适格的被告；四是告知其拒不变更被告，则会导致驳回起诉的法律后果。故本案指令原一审法院继续审理后，法院应当对此问题进行审查，并依法向当事人履行释明和指导义务。

【案号】陕西省高级人民法院（2021）陕行再2号

第二十五条 国务院部门管辖

国务院部门管辖下列行政复议案件：

（一）对本部门作出的行政行为不服的；

（二）对本部门依法设立的派出机构依照法律、行政法规、部门规章规定，以派出机构的名义作出的行政行为不服的；

（三）对本部门管理的法律、行政法规、部门规章授权的组织作出的行政行为不服的。

参考案例

曾某诉某银行行政复议案

最高人民法院经审查认为： 根据《国务院关于部委管理的国家局设置的通知》的规定，某局由某银行管理。关于国务院部委管理的国家局的具体行政行为行政复议机关问题，应按照《行政复议法》的规定办理，即对部委管理的国家局的具体行政行为不服提起的行政复议申请，应当由该国家局受理。本案中，再审申请人以某局为被申请人向某银行提出行政复议申请，请求确认某局作出的《外汇违规举报受理情况反馈单》违法，并责令某局依法对有关违法违规行为进行处理。某银行告知其应向某局提出行政复议申请，符合法律规定。

【案号】最高人民法院（2020）最高法行申 14033 号

第二十六条 原级行政复议决定的救济途径

对省、自治区、直辖市人民政府依照本法第二十四条第二款的规定、国务院部门依照本法第二十五条第一项的规定作出的行政复议决定不服的，可以向人民法院提起行政诉讼；也可以向国务院申请裁决，国务院依照本法的规定作出最终裁决。

参考案例

秦某某诉某省人民政府行政复议案

河南省高级人民法院经审查认为：（1）《行政复议法》未将针对征收集体土地的批复作出的复议决定排除在行政诉讼的受案范围之外。省、自治区、直辖市人民政府作出的征收集体土地的批复在现实中和法律上属于《行政复议法》规定的"征收土地的决定"，是省、自治区、直辖市人民政府作出的具体行政行为。征收集体土地的批复作为省、自治区、直辖市人民政府作出的具体行政行为，经过同级政府复议之后形成的复议决定，并没有被排除在行政诉讼的受案范围之外，当事人对该复议决定不服的，可以起诉，也可以向国务院申请裁决。

（2）《行政复议法》并未明确针对征收集体土地的批复作出的复议决定均属于最终裁决。不能当然认为省、自治区、直辖市人民政府根据征收土地决定作出的行政复议决定系不可诉的终局裁决，因为法律只明确了根据省、自治区、直辖市人民政府的征收土地决定确认土地等自然资源所有权或者使用权的行政复议决定为最终裁决，并没有明确省、自治区、直辖市人民政府针对征收土地决定作出的行政复议决定为最终裁决。

（3）本案某省人民政府作出的程序性复议决定不属于最终裁决。秦某某针对某省人民政府作出的征收集体土地的批复申请行政复议，某省人民政府认为秦某某与征收集体土地的批复没有法律上的利害关系，不符合受理行政复议申请的条件，作出驳回秦某某行政复议申请的复议决定，该复议决定未对征收集体土地的批复进行实体审查，属于程序性的复议决定，不属于《行政诉讼法》规定的最终裁决行为，秦某某如果对该复议决定不服，可以向人民法院提起行政诉讼。一审法院认为该复议决定系最终裁决行为，裁定驳回秦某某的起诉，适用法律错误，依法应予撤销。

【案号】 河南省高级人民法院（2019）豫行终3952号

伍某诉国务院不履行行政复议职责案

北京市高级人民法院经审查认为： 公民、法人、其他组织提起行政诉讼，应当符合法律规定的起诉条件。本案中，伍某向国务院申请行政复议，而国务院作出的决定属于最终裁决范畴，不属于人民法院行政诉讼的受案范围，故伍某所诉事项不属于人民法院行政诉讼的受案范围，本案不符合法律规定的起诉条件。

【案号】北京市高级人民法院（2020）京行终4712号

第二十七条 垂直领导行政机关等管辖

对海关、金融、外汇管理等实行垂直领导的行政机关、税务和国家安全机关的行政行为不服的，向上一级主管部门申请行政复议。

参考案例

水产品公司诉国家某局行政复议案

北京市高级人民法院经审查认为：本案中，原某市某局于2017年2月3日作出处理决定，并于3月2日更正其处理决定中法律救济途径的告知后，水产品公司已于复议申请期限内向被告知的复议机关之一——某市人民政府申请行政复议。

但因某市人民政府认为其并非适格复议机关，作出不予受理决定，遂产生确定复议机关之行政争议，此后经法院裁判，水产品公司依法院裁判申请复议未果再行起诉、上诉，均系围绕该争议进行，直至依法院生效裁判向国家某局提出本案行政复议申请。

此过程中，水产品公司按照税务处理决定中法律救济途径的告知初始申请复议并未超过法定期限，其因非可归责于自身的确定复议机关之争议，及后续机构变革等因素，于障碍消除后，及时向国家某局申请复议，应属正当理由。

申请人选择复议机关，受阻后提起诉讼寻求救济，并依生效判决确定的复议机关再次申请，系属正当法律救济途径的选择权利。

【案号】北京市高级人民法院（2021）京行终5310号

第二十八条 司法行政部门的管辖

> 对履行行政复议机构职责的地方人民政府司法行政部门的行政行为不服的，可以向本级人民政府申请行政复议，也可以向上一级司法行政部门申请行政复议。

参考案例

牧业公司诉某县人民政府行政行为违法案

最高人民法院经审查认为：本案涉及行政诉讼和行政复议如何互相衔接的问题。自由选择模式下的行政复议与行政诉讼的衔接问题，体现了司法最终原则。在自由选择模式下，相对人对救济途径有自由选择的权利，体现在行政复议与行政诉讼两种救济方式自由选择，还体现在相对人既提起诉讼又申请行政复议，且同时立案的，由相对人自由选择救济途径。但这种自由选择权受到一定的限制，即在相对人申请复议期间内，又提起行政诉讼的情况下，司法审查必须后置于行政机关内部监督，体现司法最终原则。一方面，能够充分发挥行政复议制度的优势；另一方面，相对人在复议后仍可选择诉讼维护其权利。本案中，牧业公司提起本案诉讼请求确认强制拆除行为违法。因被诉强制拆除行为的依据是梨树县政府作出的决定，而牧业公司在向一审法院提起本案行政诉讼之前，已针对上述决定向吉林省四平市人民政府申请行政复议，故牧业公司提起本案诉讼系属于申请行政复议期限内又提起诉讼的情形，一审法院裁定不予立案，二审法院予以维持，并无不当。

【案号】最高人民法院（2019）最高法行申9661号

第二十九条 行政复议和行政诉讼的选择

> 公民、法人或者其他组织申请行政复议，行政复议机关已经依法受理的，在行政复议期间不得向人民法院提起行政诉讼。
>
> 公民、法人或者其他组织向人民法院提起行政诉讼，人民法院已经依法受理的，不得申请行政复议。

第三章 行政复议受理

第三十条 受理条件

行政复议机关收到行政复议申请后,应当在五日内进行审查。对符合下列规定的,行政复议机关应当予以受理:

(一)有明确的申请人和符合本法规定的被申请人;

(二)申请人与被申请行政复议的行政行为有利害关系;

(三)有具体的行政复议请求和理由;

(四)在法定申请期限内提出;

(五)属于本法规定的行政复议范围;

(六)属于本机关的管辖范围;

(七)行政复议机关未受理过该申请人就同一行政行为提出的行政复议申请,并且人民法院未受理过该申请人就同一行政行为提起的行政诉讼。

对不符合前款规定的行政复议申请,行政复议机关应当在审查期限内决定不予受理并说明理由;不属于本

> 机关管辖的,还应当在不予受理决定中告知申请人有管辖权的行政复议机关。
>
> 行政复议申请的审查期限届满,行政复议机关未作出不予受理决定的,审查期限届满之日起视为受理。

1. 适格主体 【《行政复议法》第三十条第一款第一项】

◖ 参考案例

李某诉某县人民政府不履行法定职责案

最高人民法院经审查认为:原告起诉时,基于初步证据确定具体、特定、可识别的行政机关,即可视为"有明确的被告",至于起诉状载明的被告是否正确、是否适格,则是人民法院需要进一步审查确定的问题。一般而言,除非被告明显不适格,否则人民法院不宜在起诉阶段即以此为由裁定不予立案或者驳回原告的起诉。本案中,李某虽以某县人民政府、某土资源局、某城乡规划局、某住房和城乡建设局、某交通运输局五个行政主体为被告诉至一审法院,但均明确、具体,且五名被告中,既包含当时组织实施征地的某县人民政府,也包含涉案综合服务楼的所有权人某交通运输局以及负责交通综合楼平移工作的某住房和城乡建设局和其他相关部门。在五被告并非明显均不具有原告所主张的排除妨害义务的情况下，原审法院未予释明，直接以李某起诉的被告不明确为由，裁定不予立案，属适用法律错误，本院予以指正。

【案号】最高人民法院（2019）最高法行申6854号

某商务宾馆诉某区人民政府确认征收补偿协议无效案

最高人民法院经审查认为：在房屋征收补偿案件中，通常而言，补偿的对象是被征收人，即房屋的所有权人，承租人与征收补偿行为不具有利害关系，因而不能成为行政诉讼的适格原告。但如果承租人在租赁的房屋上有难以分割的添附，且以其所承租房屋依法进行经营活动，那么在该房屋被征收时，对于承租人提出的室内装修、机器设备搬迁、停产停业等损失，依法应予考虑，此时承租人与征收补偿行为之间应视为具有利害关系，可以作为原告提起诉讼。本案中，某商务宾馆在承租种业公司的房屋后，为实现经营目的进行了装饰装修及改造，增设了必要的家电及附属设施等。涉案房屋被征收时，租赁期限尚未届满。因此，承租人虽然不是被征收人，但对于其完成的室内装饰装修和改扩建项目的价值、经营用的设备等的搬迁费用、停产停业损失等，依法有权获得合理补偿。一审法院正是循此逻辑作出专门分析后认可了某商务宾馆对于涉案《征收补偿协议》的诉权和原告主体资格，在这一点上于法有据，并无不当。二审法院在评析征收活动时未能考虑承租人的相关利益，有关某商务宾馆与种业公司已就房屋拆除后合同终止以及拆迁补偿问题曾作出过约定、《承诺书》载明事项以及某商务宾馆并非征收补偿对象之推定,缺乏充分的法律和事实依据,不足以完全否定行政机关在组织征收活动中对于作为实际经营者依法应获得的行政补偿权益,确有不当。

【案号】最高人民法院(2019)最高法行申13115号

矸石厂诉某县人民政府行政决定案

最高人民法院经审查认为:修改后的《行政诉讼法》将"具体行政行为"的概念修改为"行政行为",目的是引入行政不作为、事实行为以及以行政协议为标志的双方行政行为,使《行政诉讼法》的适用范围具有更大的包容性。但除此之外,通常意义上的行政行为,仍需具有单方性、个别性和法效性等特征。单方性强调的是,法律效果系基于行政机关单方意思表示;个别性强调的是,行为的对象必须是特定之人和具体事件;法效性强调的则是,行为直接对外发生法律效果。所谓直接,是指法律效果必须直接对相对人发生,亦即行政行为一旦作成,即导致法律关系的发生、变更、消灭。所谓对外,是指行政行为对行政主体之外的人发生法律效果,行政机关之间或行政机关内部的意见交换等行政内部行为因欠缺对外性而不具有可诉性。从本案被诉《方案》来看,尽管其中包括"对未按期自行清理拆除的不合法洗煤厂、煤矸石加工厂和煤泥晾晒厂……依法取缔、关闭、吊销相关证照"等涉及权利义务的内容,从而具备单方性、个别性的某些特征,但《方案》同时还强调,政府将组织有关部门,按照部门职权进行,并明确了镇政府、供电公司、县国土部门、县市场监管部门、县环保部门、县信访局、县公安局等机关应当履行的具体职责。因而,《方案》并不具备直接、对外发生法律效果的特点,在性质上属于某县人民政府向各乡镇人民政府、县直有关单位下发的内部工作安排,其法律效果还须通过有关职能部门依职权针对特定相对人作出相应处理决定加以实现。根据原审查明的事实,《方案》作出前,某环境保护局已针对再审申请人分别作出责令立即停止生产并处罚款的行政处罚决定。《方案》作出后,某国土资源局已发出告知函,要求包括再审申请人在内的相关企业、个体工商户拆除地面永久性建筑物、构筑物;某镇人民政府、某市场监督管理局亦作出了依法取缔、不予赔偿、限期办理企业注销登记等决定。因此,对当事人权利义务直接产生影响的应当是相关职能部门作出的行政行为,被诉《方案》对再审申请人的权利义务并不产生实际影响,不具有可诉性,原审法院据此裁定驳回再审申请人的起诉并无不当。

孤立地看,一个行为的可诉性并不成疑,但如果这个行为只是多阶段行政行为当中的一个阶段,就只能认定最后阶段直接对外生效的那个行为为可诉的行政行为。所谓多阶段行政行为,是指行政机关作出行政行为,须有其他行政机关批准、附和、参与方能完成之情形。各行政机关之间，既可能是平行关系，也可能是垂直关系。后者一般如下级机关的行政行为须经上级机关批准才能对外生效，或者上级机关指示其下级机关对外作出发生法律效果的行政行为。在存在复数行政行为的情况下，只有直接对外发生法律效果的那个行为才是可诉的行政行为，其他阶段的行政行为只是行政机关的内部程序。本案中，虽然存在某县人民政府的《方案》，但在其法律效果系通过有关职能部门依职权针对特定相对人作出相应处理决定加以实现的情况下，《方案》就属不可诉的行政机关的内部工作安排。

将当事人一方或双方为复数的诉讼进行合并审理，在诉讼法上称为共同诉讼。法律设置共同诉讼的目的在于节省法院与当事人的时间与劳动，而且也可以避免出现不同法院作出的裁判相互抵触的情形。通常情况下，复数当事人无论是针对同一行政行为提起诉讼，还是针对同类行政行为提起诉讼，只要具备以下程序上的要件，人民法院就应当准许合并审理：第一，各诉讼的诉讼标的可以适用同一程序；第二，受诉法院对各诉讼标的具有管辖权；第三，没有其他专属管辖的规定，且没有禁止合并审理的规定。本案中，各再审申请人的第二项诉讼请求是"确认某县人民政府强拆众原告厂房设施的行为违法"，据此，其所针对的是同类行政行为，在符合各项程序要件的情况下，一审法院准许合并审理，符合法律规定，也符合诉讼经济。二审法院认为,"对涉案 14 家企业厂房设施的拆除非同一行政行为,上诉人作为共同原告提起诉讼不符合法律规定,故各上诉人对各自厂房设施被强制拆除的行为可分别另案提起诉讼",不符合《行政诉讼法》规定的精神。

【案号】最高人民法院(2017)最高法行申 295 号

刘某诉某县人民政府行政强制案

最高人民法院经审查认为:在行政诉讼中,被告适格包括两个层面的含义。一是形式上适格,也就是《行政诉讼法》第四十九条第二项规定的"有明确的被告",以及第二十六条规定的关于适格被告的各款规定。形式上适格属于法定起诉条件的范畴,不符合这些规定的,应当裁定不予立案或者在立案后裁定驳回起诉。二是实质性适格,它是指被诉的行政机关作出了被诉的那个行政行为,并且该机关在此范围内能对案涉标的进行处分。实质性适格问题相对复杂,通常需要通过实体审理查明,如果通过实体审理确实不构成实质性适格,则以理由不具备为由判决驳回原告的诉讼请求。当然,也不排除在特别明显地不具备实质性适格的情况下,在进入实体审理之前即以起诉不符合法定条件为由裁定驳回起诉。本案中,再审申请人以某县人民政府为被告提起诉讼,要求确认庆云县政府行政强制行为违法并请求行政赔偿,由于"有明确的被告",原告也提供了一些初步的事实证据,原审法院认定再审申请人提起本案诉讼符合法定条件并予以受理,不仅较好地保护了原告的诉权，也提供了通过言辞审理进一步查清案件事实的机会。在经过开庭审理之后，原审法院认为再审申请人所提供的证据和证人证言并不能足以证明庆云县政府实质性适格，亦即并不能足以证明被诉行政强制行为系由庆云县政府实施。而且，通过证人证言、被告答辩、第三人陈述意见的相互印证，特别是通过再审申请人在庭审中的自认，能够认定被诉行政强制行为系庆云县政府组织、第三人渤海路街道办实施，在此情况下，再审申请人对庆云县政府的指控显然缺乏事实根据，原审法院判决驳回其诉讼请求符合法律规定。

【案号】最高人民法院（2016）最高法行申2907号

2. 利害关系 【《行政复议法》第三十条第一款第二项】

◐ 参考案例

刘某诉某市人民政府行政复议案

最高人民法院经审查认为：本案的争议焦点是如何理解《行政诉讼法》规定的"利害关系"暨如何认定原告主体资格问题。

显然，"有利害关系的公民、法人或者其他组织"，不能扩大理解为所有直接或者间接受行政行为影响的公民、法人或者其他组织；所谓"利害关系"仍应限于法律上的利害关系，不宜包括反射性利益受到影响的公民、法人或者其他组织。同时，行政诉讼乃公法上之诉讼，上述法律上的利害关系，一般也仅指公法上的利害关系；除特殊情形或法律另有规定，一般不包括私法上的利害关系。因而，债务人夫妻的离婚登记行为、债务人的非抵押房屋转移登记行为、抵押人的公司股东变更登记行为，虽有可能影响民事债权人或者抵押权人债权或抵押权的实现，债权人或者抵押权人因而与上述行政登记行为有了一定的利害关系，但因此种利害关系并非公法上的利害关系，也就不宜承认债权人或者抵押权人在行政诉讼中的原告主体资格。上述债权人的普通债权和抵押权人的抵押权等民事权益，首先应考虑选择民事诉讼途径解决。申言之，只有主观公权利，即公法领域权利和利益，受到行政行为影响，存在受到损害的可能性的当事人，才与行政行为具有法律上的利害关系，才形成了行政法上权利义务关系，才具有原告主体资格（原告适格），才有资格提起行政诉讼。

公法（行政法）上利害关系的判断，同样较为复杂。原告主体资格问题与司法体制、法治状况和公民意识等因素密切相关，且判断是否具备原告主体资格的标准多重，并呈逐渐扩大和与时俱进之态势。其中，保护规范理论或者说保护规范标准，将法律规范保护的权益与请求权基础相结合，具有较强的实践指导价值。即以行政机关作出行政行为时所依据的行政实体法和所适用的行政实体法律规范体系，是否要求行政机关考虑、尊重和保护原告诉请保护的权利或法律上的利益（以下统称权益），作为判断是否存在公法上利害关系的重要标准。实践中，对行政实体法某一法条或者数个法条保护的权益范围的界定，不宜单纯以法条规定的文义为限，以免孤立、割裂地"只见树木不见森林"，而应坚持从整体进行判断，强调"适用一个法条，就是在运用整部法典"。在依据法条判断是否具有利害关系存有歧义时，可参酌整个行政实体法律规范体系、行政实体法的立法宗旨以及作出被诉行政行为的目的、内容和性质进行判断，以便能够承认更多的值得保护且需要保护的利益，属于法律保护的利益，从而认可当事人与行政行为存在法律上的利害关系，并承认其原告主体资格，以更大程度地监督行政机关依法行政。但需要强调的是，个案中对法律上利害关系，尤其是行政法上利害关系或者说行政法上权利义务关系的扩张解释，仍不得不兼顾司法体制、司法能力和司法资源的限制；将行政实体规范未明确需要保护、但又的确值得保护且需要保护的权益，扩张解释为法律上保护的权益，仍应限定于通过语义解释法、体系解释法、历史解释法、立法意图解释法和法理解释法等法律解释方法能够扩张的范围为宜。

将当事人是否具有法律保护的权益，作为判断当事人是否具有原告主体资格的重要标准，与行政行为合法性审查原则也相互契合。法院对行政行为合法性的评判，除依据行政诉讼法等行政基本法外,更要依据行政机关所主管的行政实体法;在实体问题上的判断,更多的是依据行政实体法律、法规、规章甚至规范性文件。如果原告诉请保护的权益,并不是行政机关作出行政行为时需要考虑和保护的法律上的权益,即使法院认可其原告主体资格,但在对行政行为合法性进行实体审查时,仍然不会将行政机关未考虑原告诉请保护权益之情形,作为认定行政行为违法的标准。也即,即使当事人所主张的权益客观存在,也可能会间接受到行政行为的影响,但因不属于行政实体法保护的权益,故并不会得到实体裁判支持,原告最终仍然只能承担不利的后果。申言之,即使法院认可其原告主体资格,受理其起诉,因其所诉请保护的权益并不会在诉讼中得到保护和尊重,其起诉也就丧失了必要性,不具备诉的利益;因而不承认其原告主体资格,也并不会侵犯其任何权益。对于仅具有反射性利益,而非法律上权益的当事人而言,也不能以被诉行政行为被作否定性评价后,可能会间接有利于保护其所主张的权益为由取得原告主体资格。申言之,当事人民法上的权益或者习惯法上的权益,只有在有关行政法律规范对其加以保护的情形下,才能成为行政法上保护的权益,才能形成行政法上的利害关系,才能取得原告主体资格,才能请求司法保护该权益。否则,上述相关权益,只宜通过民事诉讼或者针对直接对其设定权利义务的行政行为提起行政诉讼等方式来保护。而且,对行政行为合法性的评价，主要依据行为作出时的事实和法律状态，一般不受事后变化了的事实和法律规定的影响；因而当事人主张的权益，应当是行政机关作出行政行为时已经存在和需要考虑的权益，原则上对于事后形成的权益或者已经消失的权益，当事人无权提起诉讼，除非存在因行政法律关系存续而事后受到影响等特殊情形或者法律有特殊规定。

将当事人是否具有法律保护的权益，作为判断当事人是否具有原告主体资格的重要标准，与现行公益诉讼的立法和实践相一致。行政诉讼的立法宗旨，体现了权利保护和权力监督的统一性。适格原告的起诉，既在主观上维护了自身合法权益，又在客观上维护了法律秩序，监督依法行政，有利于法治国家建设，从而体现出主观为自己，客观为他人的样态。因而，通过适度扩大原告主体资格、坚持合法性全面审查、严格审查标准等，可以在一定程度上弥合行政诉讼主、客观诉讼的争议。但行政诉讼虽有一定的公益性，却显然不能将原告主体资格范围无限扩大，将行政诉讼变相成为公益诉讼。现行行政诉讼法在确定原告主体资格问题上，总体坚持主观诉讼而非客观诉讼理念，行政诉讼首要以救济原告权利为目的，因此有权提起诉讼的原告，一般宜限定为主张保护其主观公权利而非主张保护其反射性利益的当事人。即使是在消费者权益保护、环境污染、公共服务等领域，部分原告提起的诉讼，客观上具备一定程度公益诉讼特点，呈现自益为形式而公益为目的的特征；但在原告主体资格上，一般仍然限于提起自益形式的公益诉讼，仍然坚持原告本人需要提供证据证明其存在与普通公众不同的独特的权益，且该种权益受行政实体法律规范所保护，并存在为被诉行政行为侵害的可能性；法律明确规定其属于可以直接提起公益诉讼的主体除外。因而，在行政机关不依法处理投诉举报事项等行政不作为引发的诉讼中，认可因自己法律上的权益受侵害而投诉举报的当事人的原告主体资格，就比认可因公共利益受损而投诉举报的当事人的原告主体资格，更具有正当性。

【案号】最高人民法院（2017）最高法行申169号

臧某诉某县人民政府土地行政登记案

最高人民法院经审查认为：一审法院是以没有利害关系从而不具备原告资格为由驳回其起诉的。因而，原告资格问题就成为本案的核心问题。行政诉讼的原告资格关系到什么样的人有权提起行政诉讼并启动对行政行为的司法审查。因而，原告资格问题实质上也是诉权问题。通说认为，诉权概念的产生有其历史背景，当时是为了拒绝这样一种观点：行政诉讼是一种客观合法性审查。客观合法性审查事实上会导致个人可以主张他人的权利乃至民众的权利，会把行政诉讼变成一种民众诉讼。但行政诉讼制度之发端，终究是为了对每一个其自身权利受到侵害的个人提供法律保护。通常情况下，行政行为的相对人总是有诉权的，因为一个不利行政行为给他造成的权利侵害之可能显而易见。因而，有人把行政相对人称为"明显的当事人"。但是，可能受到行政行为侵害的绝不仅仅限于直接相对人。为了保证直接相对人以外的公民、法人或者其他组织的诉权，而又不使这种诉权的行使"失控"，法律才限定了一个"利害关系"的标准。所谓"利害关系"，也就是有可能受到行政行为的不利影响。具体要考虑以下三个要素：是否存在一项权利；该权利是否属于原告的主观权利；该权利是否可能受到了被诉行政行为的侵害。

【案号】最高人民法院（2016）最高法行申2560号

崔某诉某消防支队行政撤销案

天津市第二中级人民法院经审查认为：本案所涉《建设工程消防验收意见书》系被上诉人针对上诉人所住小区庭院一期工程所作出，上诉人系该《建设工程消防验收意见书》涉及范围内的住户，该意见书对其权利义务产生了实际影响，上诉人与被诉意见书具有利害关系，具有本案原告主体资格。原审认为涉诉行政行为属于对涉及业主共有利益的行政行为提起的诉讼，适用《最高人民法院关于适用〈中华人民共和国行政诉讼法〉的解释》第十八条的规定裁定驳回起诉，属于适用法律不当，应予撤销。

【案号】天津市第二中级人民法院（2018）津02行终265号

能源仓储公司诉某部门行政复议决定案

最高人民法院经审查认为：《行政诉讼法》第二十五条第一款规定，行政行为的相对人以及其他与行政行为有利害关系的公民、法人或者其他组织，有权提起诉讼。所谓"有利害关系"，是指起诉人有初步证据可以证明，行政行为有可能对其合法权益造成损害或不利影响。本案中，能源仓储公司作为相邻权人，认为液体化工码头与该公司码头距离仅有63.87米，小于《海港总平面设计规范》《装卸油品码头防火设计规范》规定的150米要求，以及《海港总体设计规范》规定的200米要求，交通部签发的涉案港口保安证有可能对其码头安全生产造成不利影响。能源仓储公司与被诉港口保安证具有利害关系。一审、二审判决认为交通部签发本案港口保安证，在保安方面与能源仓储公司并无利害关系不妥，本院予以指正。

【案号】最高人民法院（2020）最高法行申3140号

盛某等诉某县人民政府林权行政登记案

最高人民法院经审查认为：原告诉讼主体资格实质上涉及的是人民法院启动对被诉行政行为进行合法性审查的条件。依照《行政诉讼法》的规定，公民、法人或其他组织提起行政诉讼需主张其合法权益受到被诉行政行为的侵犯，人民法院随之以该主张为起点，客观地审查其是否确实与被诉行政行为有利害关系。经审查之后，只有那些确实与被诉行政行为有利害关系的公民、法人或其他组织才被认可具有原告诉讼主体资格。通常认为，与被诉行政行为有利害关系是指被诉行政行为对公民、法人或其他组织的合法权益已经或将会产生实际影响。若进一步精确审查利害关系的形成，则基于上述条款，因袭司法实践积累，可从三个呈阶梯型的要件着手：一是合法权益范围要件，即提起诉讼的公民、法人或其他组织诉请保护的属于一种合法权益，这种合法权益可规定于民事法律等私法，亦可规定于行政法律等公法；二是合法权益个别化要件，即提起诉讼的公民、法人或其他组织享有这种合法权益，并不仅仅是一种间接的反射利益；三是合法权益受损害要件，即这种合法权益受到或将会受到被诉行政行为的损害。对这三个要件的审查，宜依次逐级进行。

【案号】最高人民法院（2020）最高法行再36号

房地产公司诉某市人民政府强制拆除房屋案

最高人民法院经审查认为：起诉人提起行政诉讼时有义务举证证明其与被诉行为有利害关系。但此种证明责任仅应是初步的、表面成立的；无须起诉人在起诉阶段即要提供确切证据证明确实存在合法权益以及合法权益被侵犯，更不能以起诉人的权益可能并不合法等实体理由否定起诉人提起诉讼的权利，起诉人是否与被诉行政行为存在利害关系，或者说是否存在某项权益在立案阶段难以判断的，可以登记立案待案件审理阶段再作判断，而不应迳行裁定不予立案或驳回起诉。

【案号】最高人民法院（2019）最高法行再104号

苏某、刘某诉某部门驳回行政复议申请案

最高人民法院经审查认为： 应当指出的是，申请人与被申请复议的行政行为有"利害关系"，是其具有申请人资格、复议机关受理其申请的法定条件之一。这一标准与《行政诉讼法》第二十五条第一款规定的行政诉讼原告资格法定条件完全一致。《最高人民法院关于适用〈中华人民共和国行政诉讼法〉的解释》第十二条第五项规定，为维护自身合法权益向行政机关投诉，具有处理投诉事项法定职责的行政机关作出或者未作出处理的，举报人不服提起行政诉讼的，具有原告资格。举报人为维护自身合法权益而举报相关违法行为人，要求行政机关查处，对行政机关就举报事项作出的处理或者不作为行为不服申请行政复议的，具有复议申请人资格。所以，"为维护自身合法权益"，是判断举报人与相关行政行为有无"利害关系"的核心标准。本案中，苏某、刘某二人是执行案件的被执行人、被评估资产的所有权人，苏某、刘某二人对作出评估报告的资产评估机构、资产评估专业人员的行为进行举报投诉，显然是为了维护自身合法权益。

【案号】最高人民法院（2020）最高法行申10852号

3. 请求具体 【《行政复议法》第三十条第一款第三项】

● 参考案例

某合作社诉某市人民政府行政复议案

重庆市高级人民法院经审查认为：当事人复议请求的具体明确是复议机关进行行政复议审查的前提，该复议请求既明确了复议机关的审理对象，同时也是复议双方争执的焦点所在。当事人如果把分属于不同法律关系的复议请求不加区分地、笼统地在一个案件中予以提起，复议机关将无法进行审查。所谓"具体的复议请求"，一般指复议请求应当有具体针对某一行政行为指向的意思表示，即复议请求所指向的对象是明确特定的行政作为或不作为，它的目的在于当事人必须能够指出行政复议案件所具体针对的相关事实与希望达成的结果。具体而言，复议当事人的申请内容应载明具体案件中所争议事件（该争议事件当然属于行政法上争议），当事人就何事项提起行政复议，以及就何事项所产生行政复议，当事人提出的复议请求内容必须清楚达到令人足够辨识的程度，复议请求不得毫无可确定的内涵，否则被申请人亦无从进行适当答辩，将使行政复议审查漫无边际，不利于当事人实体权益及时救济，也将导致行政资源极大浪费。只有当复议申请人的诉请能够使复议机关判断其指向了一个特定的行政行为时，此时才能视为"有具体的复议请求"。本案中，某合作社提起的行政复议申请内容，从整体来看包含数个行政行为之多，并未确定地指向被申请人某管理委员会的具体特定某个行政作为或不作为，上述复议请求中数个行政行为分属于不同的法律关系，属于复议请求不规范情形。复议机关鉴于此对某合作社作出补正告知，要求予以规范复议请求内容，但某合作社补正申请仅凭自己认知理解进行少数文字修改，仍不能达到明确具体足以辨识的规范程度，复议机关已经尽到相应的释明义务。在此情况下，某市人民政府以某合作社的复议请求不具体、不规范为由，复议决定不予受理某合作社的复议申请并无不当。

【案号】重庆市高级人民法院（2020）渝行终447号

张某诉某区人民政府拆除行为案

最高人民法院经审查认为：当事人提起行政诉讼的法定条件之一，就是其诉讼请求应当明确、具体，以便于人民法院审理。人民法院如认为当事人的诉讼请求不明确，应当向当事人进行释明，对当事人拒不接受释明的，人民法院可以裁定不予立案或者驳回起诉。但需要注意的是，在现阶段由于部分行政诉讼当事人的法律知识和诉讼能力的不足，导致其不能准确和规范地表达诉讼请求。此时，人民法院应当结合起诉状内容，对当事人的实质诉求予以判断归纳并给予当事人适当的引导和释明，而不能因为当事人的表达不规范、不准确，仅凭起诉状上的文字表述，就认定当事人的诉讼请求不明确、不具体，继而裁定不予立案或者驳回起诉。

【案号】最高人民法院（2019）最高法行申12727号

李某诉某县人民政府房屋强拆案

最高人民法院经审查认为：在行政诉讼中，被告适格包含两个层面的含义。一是形式上适格，亦即《行政诉讼法》第四十九条第二项规定的"有明确的被告"。所谓"有明确的被告"，是指起诉状指向了具体的、特定的被诉行政机关。但"明确"不代表"正确"，因此被告适格的第二层含义则是实质性适格，也就是《行政诉讼法》第二十六条第一款规定的"公民、法人或者其他组织直接向人民法院提起诉讼的，作出行政行为的行政机关是被告"。根据《行政诉讼法》第四十九条第三项的规定，提起诉讼应当"有具体的诉讼请求和事实根据"，这里的"事实根据"就包括被告"作出行政行为"的相关事实根据。就本案而言，李某以某县人民政府对其房屋实施了强制拆除行为为由，以某县人民政府为被告提起本次诉讼，被告虽然是明确的，但并不符合实质性适格的要求。根据原审法院查明的事实，某县人民政府提交的行政处罚决定书、行政执法执行决定书、执行公告等证据已证明系某城市管理行政执法局对再审申请人的房屋具体实施了拆除行为，且某城市管理行政执法局作为政府工作部门是独立的行政主体，亦具有为其行为独立承担法律责任的能力。在此情况下，再审申请人仍坚持以某县人民政府为被告进行诉讼，显然不具有《行政诉讼法》第四十九条第三项要求的"事实根据"。在原审法院予以释明的情况下，再审申请人仍拒绝变更被告，一审法院裁定驳回起诉、二审法院裁定驳回上诉，并无不当。

【案号】最高人民法院（2017）最高法行申366号

杨某诉某区人民政府房屋行政强制案

最高人民法院经审查认为：根据《行政诉讼法》第四十九条的规定，提起行政诉讼应当"有具体的诉讼请求和事实根据"。通常认为，所谓"事实根据"，是指一种"原因事实"，也就是能使诉讼标的特定化或者能被识别所需的最低限度的事实。通俗地说，是指至少能够证明所争议的行政法上的权利义务关系客观存在。例如，如果请求撤销一个行政决定，就要附具该行政决定；如果起诉一个事实行为，则要初步证明是被告实施了所指控的事实行为。再审申请人提起本案诉讼，系指控再审被申请人某区人民政府、某镇人民政府对其房屋共同实施了强制拆除的行政行为，故本案的被诉行政行为是实施强制拆除房屋的事实行为。

【案号】最高人民法院（2016）最高法行申2301号

刘某诉某管理委员会认拆除房屋违法案

最高人民法院经审查认为：《行政诉讼法》第三十四条规定，被告对作出的行政行为负有举证责任。同时，第四十九条规定，原告提起行政诉讼，应当有具体的诉讼请求和事实根据。综合上述规定不难看出，行政诉讼以被告对其所作行政行为的合法性承担证明责任为原则，但在起诉阶段，原告需要对"诉讼请求"有"事实根据"承担证明责任。这里的"事实根据"与"诉讼请求"相对应，是指原告应当证明其所提诉讼请求具有通过诉讼程序加以保护的必要，或者说其与被告之间以诉讼请求为表现形式的争议形成了具有司法保护价值的实质争议。本案原审过程中，再审申请人提交的《集体土地使用证》《某产业园区管委会关于印发〈合村并城工作实施方案〉的通知》以及河南省郑州市中级法院民事判决书等证据，能够证实某管理委员会和某办事处确有可能组织实施了被诉拆除行为，且确有可能对再审申请人的合法权益造成损害。本案中，二审法院以案件举证责任分配错误，再审申请人未提供某办事处实施拆除行为的最基本线索为由，判决驳回诉讼请求，适用法律错误，依法应予纠正。

【案号】最高人民法院（2018）最高法行申 9209 号

4. 期限合法 【《行政复议法》第三十条第一款第四项】

● 参考案例

某食品厂诉某区人民政府行政复议案

最高人民法院经审查认为：复议机关受理行政复议申

请的条件之一就是在法定申请期限内提出,对不符合规定的行政复议申请,则应当决定不予受理。也就是说,复议机关受理超出法定期限的复议申请并作出相应复议决定的行为,不符合法律规定。但是,对于上述情况需要具体问题具体分析。一方面,如果复议机关受理超出法定期限的复议申请,并作出维持原行政行为的复议决定,其实质是对当事人就原行政行为不服所提出申诉的重复处理行为,对申请人的权利义务不会产生实际影响。申请人对复议决定提起行政诉讼,人民法院应当裁定不予立案或者驳回起诉。但另一方面,如果复议机关受理超出法定期限的复议申请后,认为原行政行为存在认定事实或适用法律错误,或者认为出现了足以推翻原行政行为的新证据,进而作出撤销或废止原行政行为的复议决定,对该复议决定就应视为行政机关自行纠错的行为,人民法院对此应当予以尊重并可以对该纠错行为进行实体审查。本案中,某区人民政府受理臧某等就《承诺书》提起的行政复议申请,虽然该复议已超过法定的申请期限,但某区人民政府经审查认为,该《承诺书》违反法律规定,剥夺了臧某等作为被征收人的主体资格,并以此为由决定撤销《承诺书》。该行政复议行为属于行政机关的自行纠错,不属于应当撤销的情形。因此,某食品厂对行政机关的自行纠错行为不服,提起行政诉讼,法院应当受理并进行实体审查。

【案号】 最高人民法院(2018)最高法行申 4561 号

刘某诉某镇人民政府不履行法定职责案

最高人民法院经审查认为： 对刘某向某区人民政府提交的《依法补偿（赔偿）和安置申请》，某镇人民政府、某区人民政府通过作出信访事项处理意见书、信访事项复查意见的方式，已作出答复、处理。刘某提起本案诉讼，请求确认某区人民政府和某镇人民政府不履行补偿（赔偿）安置职责的行为违法，并判令某区人民政府和某镇人民政府对刘某进行补偿（赔偿）和安置。本案系履行职责之诉，起诉期限应当从某区人民政府和某镇人民政府作出答复之日起计算。某镇人民政府和某区人民政府分别作出信访事项处理意见书和信访事项复查意见，系以处理信访事项的形式对刘某的申请进行了答复，该处理结论对刘某的权利义务有实际影响，因此，本案应当以信访事项复查意见书的作出时间即2018年1月31日作为起诉期限的起算时点。刘某于2018年7月9日提起诉讼，未超过起诉期限。一审、二审法院认为刘某最迟于2004年即已知晓其土地被征收、房屋被拆除，并以此为由认定其起诉超过起诉期限，属于适用法律错误，应当予以纠正。

【案号】最高人民法院（2020）最高法行再22号

针织厂诉某市人民政府税务行政复议案

浙江省高级人民法院经审查认为： 上诉人针织厂申请行政复议的事项是某地税稽处〔2015〕1号《税务处理决定书》，该决定书系2015年1月4日某地税局稽查局针对纺织品公司作出，2015年1月12日某地税局稽查局通过《某商报》公告送达上述决定书的对象也为纺织品公司。由于纺织品公司未能及时履行某地税稽处〔2015〕1号《税务处理决定书》所涉义务，涉嫌触犯《刑法》之规定，某地税局稽查局据此于2015年3月16日才依法将其移送至某公安局处理，某公安局对该案进行立案侦查后，于2015年8月3日以涉嫌逃税罪为由对上诉人针织厂的法定代表人实施刑事拘留。至此，上诉人与涉案某地税稽处〔2015〕1号《税务处理决定书》才存在法律上的利害关系。故上诉人于2015年9月8日提起行政复议申请，并未超过行政复议法规定的法定申请期限。

【案号】浙江省高级人民法院（2016）浙行终894号

5. 受理范围 【《行政复议法》第三十条第一款第五项】

● 参考案例

孔某诉某市人民政府驳回行政复议申请行为案

最高人民法院经审查认为：申请行政复议，被申请行政复议的行政行为应当属于《行政复议法》规定的行政复议范围，否则复议申请不符合法定的受理条件。参照《最高人民法院关于适用〈中华人民共和国行政诉讼法〉的解释》的规定，驳回当事人对行政行为提起申诉的重复处理行为，不属于行政复议和行政诉讼的受案范围。本案中，孔某等于2016年3月29日向某国土资源局举报某镇人民政府与某村委会联合非法征地行为，实质是对征收某村部分土地过程中，某镇人民政府与某村委会配合土地管理部门对涉案地块进行征收活动的行政行为不服提出的申诉，土地管理部门对孔某等人申诉上访事项作出的驳回其申诉的重复处理行为，对孔某的权利义务不产生实际影响，不属于行政复议的受案范围。复议决定驳回孔某的行政复议申请，处理结果并无不当。

本案中，孔某等于2016年3月29日举报某镇人民政府与某村委会联合非法征地违法，是对某镇人民政府和某村委会违法征收行政行为不服，向某国土资源局提出的申诉行为，不是对公民、法人或者其他组织的行政违法行为的举报，某市人民政府以孔某承包权已经丧失、不具有行政复议申请人资格为由驳回其复议申请，而不是以不属于行政复议受案范围为由驳回其复议申请，驳回复议申请的理由确有不妥，本院予以指正。

【案号】最高人民法院（2019）最高法行申3602号

黄某诉某区人民政府行政复议案

最高人民法院经审查认为：本案为黄某以某区公安分局不履行刑事立案法定职责为由申请行政复议。但是，《最高人民法院关于适用〈中华人民共和国行政诉讼法〉的解释》第一条第二款第一项规定，公安、国家安全等机关依照《刑事诉讼法》的明确授权实施的行为，不属于人民法院行政诉讼的受案范围。同样地，也不属于行政复议受案范围。本案中，黄某认为其就住房被强制拆除一事请求刑事立案，但某区公安分局未作处理构成行政不作为，以此为由申请行政复议，实质上是对公安机关依照《刑事诉讼法》的明确授权实施的行为提起行政复议，不属于行政复议的受案范围。黄某如对公安机关不予刑事立案的行为不服的，可以在法定期限内依照上述规定寻求救济。

【案号】最高人民法院（2019）最高法行申4522号

6. 有权管辖 【《行政复议法》第三十条第一款第六项】

● 参考案例

王某诉某市人民政府行政复议案

最高人民法院经审查认为：对县级以上地方人民政府依法设立的派出机关的具体行政行为不服的，向设立该派出机关的人民政府申请行政复议。本案中，王某系不服某街道办事处作出的政府信息公开答复，应当向设立某街道办事处的某区人民政府申请行政复议，而不应当向某市人民政府申请行政复议。某市人民政府针对王某的行政复议申请，以不属于本机关管辖之理由，作出不予受理的行政复议决定,并无不当。

【案号】最高人民法院(2020)最高法行申6167号

7. 不重复受理 【《行政复议法》第三十条第一款第七项】

◐ 参考案例

李某诉某区人民政府确认征收补偿协议无效案

最高人民法院经审查认为:当事人就已经提起诉讼的事项在诉讼过程中或者裁判生效后再次起诉,同时具有下列情形的,构成重复起诉:(1)后诉与前诉的当事人相同;(2)后诉与前诉的诉讼标的相同;(3)后诉与前诉的诉讼请求相同,或者后诉的诉讼请求被前诉裁判所包含。构成重复起诉的条件较为严格,需要同时满足以上三个特征。人民法院在审查案件是否构成重复起诉时需要对本案与前案的相关要素予以逐项核查,以保障当事人在各个诉讼中的不同诉讼利益和权利。具体到本案中,第一,本诉和前诉的当事人并不完全相同。本案的被告是某区人民政府,而2015年小民初字第01886号民事案件中是以某街道办事处为被告。第二,本诉和前诉的诉讼标的及诉讼请求也不完全重合。本案诉讼标的涉及某街道办事处与再审申请人于2014年8月4日签订的协议及2014年8月5日签订的023号协议。而在民事案件的判决中,仅针对某街道办事处与再审申请人于 2014 年 8 月 5 日签订的 023 号协议判决驳回再审申请人的诉讼请求。因此，本诉与前诉的当事人、诉讼标的及诉讼请求均不完全相同，且本诉的诉讼请求也不能被前诉裁判所包含。一审、二审认为本案属于重复起诉，认定有所不当，应予纠正。

【案号】 最高人民法院（2018）最高法行申 7524 号

郑某诉某省人民政府行政复议案

最高人民法院经审查认为： 在法律、法规并没有规定复议前置的情况下，对于行政复议和行政诉讼实行自由选择主义。所谓自由选择，是指公民、法人或者其他组织可以先向行政机关申请复议，对复议决定不服的，再向人民法院提起诉讼；也可以不经复议直接向人民法院提起诉讼。但是，自由选择并不意味着可以同时选择复议和诉讼，因为复议和诉讼这两种救济机制不能同时进行。自由选择也不能违背司法最终处理原则，在已经选择直接向人民法院提起诉讼的情况下，不能转而申请行政复议。所谓已经选择直接向人民法院提起诉讼，包括提起诉讼之后的任何阶段，既包括人民法院已经作出裁判，也包括人民法院已经立案但尚未作出裁判。只要案件已经系属于人民法院，就不允许再就同一争议申请行政复议。

本案中，再审申请人郑某的诉讼请求是判令某省人民政府依法受理其提出的行政复议申请。但某市人民政府作出的《关于郑某行政裁决申请的答复》，已由郑某提起行政诉讼，且已经河南省高级人民法院（2016）豫行终2686号行政裁定审理终结。在人民法院已经作出生效裁判的情况下，针对同一个原行政行为申请行政复议，或者请求人民法院判令行政复议机关受理其复议申请，都有违自由选择主义和司法最终处理原则的宗旨，且为生效裁判的既判力所不允许。

【案号】 最高人民法院（2018）最高法行申1577号

张某诉某省人民政府行政复议案

最高人民法院经审查认为： 张某因不服某省人民政府作出的《某省建设用地审批意见书》而申请行政复议，某省人民政府以已另案对该审批意见书作出浙政复〔2017〕411号行政复议决定为由，告知张某不予重复处理。我国《行政复议法》及其实施条例并未明确规定行政复议决定对同一行政行为评判后，其他当事人不得针对该行为另行申请行政复议。复议机关基于复议结论一致性和便捷性考虑，可以告知在先作出的行政复议决定的效力及于之后针对同一行政行为申请复议的其他当事人，故某省人民政府以受生效复议决定羁束为由对张某的复议申请不予受理不当。同时，其他当事人在接受该行政复议决定效力约束的情况下，如果该复议决定没有受人民法院作出的生效裁判的羁束，仍然可以提起行政诉讼。一审、二审法院对此问题认识不清，应予指正。

【案号】 最高人民法院（2019）最高法行申14299号

罗某诉某市人民政府行政复议案

最高人民法院经审查认为： 我国实行的是一级复议制度，法律并没有规定对行政复议决定不服还可以向其上一级行政机关再次申请行政复议，而且法律已经明确规定复议机关在法定期限内未作出复议决定的，当事人的权利救济途径是起诉原行政行为或起诉复议机关不作为。本案中，罗某因不服某镇人民政府的强拆行为，向某区人民政府申请行政复议，某区人民政府也已经受理了该行政复议申请，但是某区人民政府未在法定期限内作出复议决定，此时罗某可以通过向人民法院提起行政诉讼的方式维护其权利，而不是再向某市人民政府申请行政复议。罗某以某区人民政府未在法定期限内作出复议决定为由，向某市人民政府再次申请行政复议，显然违反了我国的一级复议制度。对于明显违反一级复议制度的申请，行政复议机关可以在口头释明之后不作处理；申请人对此不服提起行政诉讼的，人民法院可以不予立案，或者在立案之后裁定驳回起诉。因此，某市人民政府不予受理罗某的行政复议申请，一审、二审法院裁定驳回罗某的起诉，并无不当。

【案号】最高人民法院（2018）最高法行申 2816 号

许某诉某区人民政府行政复议案

安徽省阜阳市中级人民法院经审查认为：《最高人民法院关于适用〈中华人民共和国行政诉讼法〉的解释》第五十八条规定，法律、法规未规定行政复议为提起行政诉讼必经程序，公民、法人或者其他组织向复议机关申请行政复议后，又经复议机关同意撤回复议申请，在法定起诉期限内对原行政行为提起诉讼的，人民法院应当依法立案。由此可见，对于无须复议前置的行政复议，申请人撤回行政复议后，不能再以同一事实和理由申请行政复议，但是在诉讼期内可以提起行政诉讼。行政诉讼撤诉后不能再以同一事实和理由提起行政诉讼，但是行政诉讼撤诉后能否在法定期限内提起行政复议，法律并未明确规定。既然法律并未禁止行政诉讼撤诉后再次提起行政复议，那么根据《行政复议法》的规定，对于没有经过复议的具体行政行为，只要在复议期间内，仍然可以申请行政复议，即使是基于跟行政诉讼同一事实和理由。本案中，因某管理委员会未在法定期限内对许某申请的政府信息作出答复，许某遂以某管理委员会不履行法定职责提起行政诉讼。因其他原因，在诉讼过程中，许某经传票传唤，没有到庭参加诉讼，被按照撤诉处理。其实体权利没有得到审查和评判。后许某基于同一事实向某区人民政府提出复议申请，而某区人民政府认为其已向人民法院提起诉讼，不得申请行政复议显然不当。

【案号】安徽省阜阳市中级人民法院（2020）皖12行初267号行政判决书

8. 受理审查 【《行政复议法》第三十条第二款】

● 参考案例

杨某诉某省人民政府行政复议案

最高人民法院经审查认为：行政复议和行政诉讼并称行政争讼制度，它们不仅共享重要的适法条件和法律标准，而且也服务于共同的目标：对行政行为的合法性进行审查，并且解决行政争议。申请行政复议和提起行政诉讼是法律赋予公民、法人或者其他组织的权利，他们既可以选择行政复议，也可以选择行政诉讼，还可以在选择行政复议之后再行提起行政诉讼，除非法律规定行政复议决定为最终裁决。再审申请人杨某就是先选择行政复议，对行政复议决定不服又提起了本案诉讼。但再审申请人的问题在于，他在提起行政诉讼之前，针对同一事由连续申请了三级行政复议——先是就某区司法局所作答复意见向某市司法局申请复议；然后就某市司法局所作行政复议决定向某市人民政府申请复议；再就某市人民政府所作行政复议决定向本案再审被申请人某省人民政府申请复议。这种主张权利的方式显然违反了国家对于行政复议和行政诉讼衔接的制度安排。法律并没有规定对行政复议决定不服还可以向其上一级行政机关再次申请行政复议。由此可知，我国实行的是一级复议制度。对于明显违反，甚至是一再违反一级复议制度的申请，行政复议机关可以在口头释明之后不作任何处理；申请人对此不服提起行政诉讼的，人民法院可以不予立案，或者在立案之后裁定驳回起诉。本案中，某省人民政府仍然正式作出不予受理的复议申请决定，这种不厌其烦的耐心和依法行政的意识值得钦佩。原审法院判决驳回申请人的诉讼请求，亦是对被申请人合法处置的正当支持。但是，这种支持显然还不够到位。对于一个毫无事实根据和法律依据的指控，即使最终判决被告胜诉，也是对被告的不公平，因为将他们传唤到法院应诉本身已经使他们承受了不应承受的花费和压力。固然，从救济权利、监督权力的制度功能出发，行政诉讼可以适度向原告倾斜，以求得他们与公权力机关的实质平衡，但在任何一个发达的司法制度中，以牺牲被告的利益为代价考虑原告的利益，都是有失公允的。因此，本院认为，对于此类明显违反行政复议制度、明显具有任性恣意色彩的反复申请，即使行政复议机关予以拒绝，也不应因形式上的"不作为"而将其拖进一个没有意义的诉讼游戏当中。鉴于本案已经实际走完诉讼程序，一审、二审法院经实体审理后亦未支持再审申请人的诉讼请求，本案便没有必要通过审判监督程序提起再审后再行裁定驳回起诉。但本院所阐述的法律原则，可以供将来处理同类起诉时参考。

【案号】最高人民法院（2016）最高法行申 2976 号

9. 推定受理 【《行政复议法》第三十条第三款】

● 参考案例

鞋业工贸公司诉某市人民政府行政复议案

最高人民法院经审查认为：

一、关于某市人民政府作出5号复议决定行为的性质

2015年8月5日，某市人民政府作出行复〔2015〕5号行政复议决定（以下简称5号复议决定），认为某区人民政府颁发相关《集体土地使用证》的具体行政行为明显不当，撤销某区人民政府颁发的《集体土地使用证》；责令某区人民政府在相关基层组织提供真实材料后，依法定程序重新办理登记手续。

行政机关受理当事人的复议申请不能采取意思自治原则，应当受到法律规定的申请条件的约束，其效力应当接受司法审查。复议机关受理不符合申请条件的复议申请并作出相应复议决定的行为，不符合法律规定。当然，对此情况也要进行区分并作出不同的处理。如果复议机关对于不符合申请条件的复议申请予以受理，并作出维持原行政行为的复议决定，实质上是当事人对原行政行为申诉的重复处理行为，对申请人的权利义务不会产生实际影响。申请人对复议决定提起行政诉讼，人民法院应当裁定不予立

案或者驳回起诉。如果复议机关受理不符合申请条件的复议申请后,认为原行政行为根据的事实或法律状态发生变化,或者出现了足以推翻原行政行为的新证据,进而作出复议决定自行撤销或废止原行政行为,此时就属于行政机关自行纠错的行为,人民法院应当予以尊重并可以对该纠错行为进行实体审查。当然,行政机关采用这种纠错方式必须做到足够的审慎。

某市人民政府对不符合申请条件的复议申请予以受理并作出撤销案涉集体土地使用证的决定,实质上属于自行纠错的行为。

二、关于某市人民政府作出5号复议决定是否符合法定程序

根据国务院发布的国发〔2004〕10号《全面推进依法行政实施纲要》,行政行为应当遵守程序正当原则,作出对当事人不利行政行为的,应当听取其意见。据此,行政机关在作出对行政相对人产生不利影响、可能减损其权益的行政决定之前,应当告知行政相对人并听取其意见,否则将构成程序违法。尽管《行政复议法》规定利害关系人"可以"作为第三人参加行政复议,但是根据程序正当原则,如果该复议决定可能对利害关系人造成不利后果的,则复议机关应当将利害关系人列为第三人,并听取利害关系人的意见。本案中,某市人民政府未通知申请人作为第三人参加复议,即作出撤销颁证行为的复议决定,违反程序正当原则。

三、关于案涉集体土地使用证颁证行为的合法性

自我纠错的价值在于减少或者避免行政争议的产生，尽早结束行政行为效力的不确定状态，维护行政法律关系的稳定，增强公众对行政机关的认同和信赖。在目前缺少法律明确规定的情况下，行政机关可以采取的自我纠错方式主要有撤销、补正、改变原行政行为、确认违法等方式。从严格依法行政的角度而言，对于所有有瑕疵的行政行为，都可以通过撤销的方式予以纠正。但是从行政效率和效益的角度考虑，基于保护行政相对人的信赖利益和减少行政争议产生的考量，行政机关应当采取足够审慎的态度，只有在该行政行为的瑕疵足以影响到实质处理结果时，才采用撤销的方式进行纠错。对于行为仅存在轻微瑕疵但并不影响实质处理结果且对利害关系人权利不产生实际影响的，或者通过补正等事后补救方式可以"治愈"的瑕疵，或者撤销行政行为可能会给国家利益、社会公共利益造成重大损失的，则应当考虑采取其他方式进行纠错。

某市人民政府简单地作出撤销案涉集体土地使用证的决定，要求某区人民政府待某村委会补齐相关材料后重新办理登记手续，不利于已形成的案涉土地权属关系问题的解决，反而使案涉土地处于权属不确定的状态，很容易出现新的矛盾和冲突。某市人民政府作出的5号复议决定程序违法、适用法律错误，应予纠正。

【案号】最高人民法院（2019）最高法行再3号

第三十一条 申请材料补正

行政复议申请材料不齐全或者表述不清楚,无法判断行政复议申请是否符合本法第三十条第一款规定的,行政复议机关应当自收到申请之日起五日内书面通知申请人补正。补正通知应当一次性载明需要补正的事项。

申请人应当自收到补正通知之日起十日内提交补正材料。有正当理由不能按期补正的,行政复议机关可以延长合理的补正期限。无正当理由逾期不补正的,视为申请人放弃行政复议申请,并记录在案。

行政复议机关收到补正材料后,依照本法第三十条的规定处理。

参考案例

袁某诉某市人民政府行政复议案

最高人民法院经审查认为: 某市人民政府根据《行政复议法》的规定,对袁某的复议申请重新进行复议审查后,认为袁某的三项复议请求属于不同的法律关系,要求袁某对其复议请求予以明确,实质系要求袁某对其申请材料进行补正,并未违反《行政复议法》的相关规定。某市人民政府于2018年1月4日作出某政复告字〔2018〕1号行政复议告知书并向袁某邮寄送达,袁某于2018年1月13日收到后,无正当理由未在该通知书指定的补正期限内进行补正,一审、二审法院认定自2018年1月4日至17日的补正期间不应计入作出行政复议决定的六十日期限，符合法律规定。

【案号】最高人民法院（2019）最高法行申 13867 号

李某诉某管理委员会不履行行政复议法定职责案

最高人民法院经审查认为： 本案李某提交的行政复议申请即便为复印件也并不违反法律法规的规定。某管理委员会认为李某邮寄的《行政复议申请书》为复印件，无法确认其真实性、合法性以及是否是其本人的真实意思表示，在经电话联系能够确认李某提出行政复议申请的真实性的情况下，仍要求李某尽快补寄《行政复议申请书》原件，不仅加重了申请人的义务，亦与法律法规的规定不符。某管理委员会在收到李某的行政复议申请后，未作出行政复议决定或者告知李某向其他有关行政复议机关提出申请，而是在受理之后未作出任何答复，显属不当。一审、二审判决以李某行政复议申请为复印件，未提交书面补正材料，应视为其放弃行政复议申请为由，判决驳回李某的诉讼请求，适用法律法规错误，应予纠正。

【案号】最高人民法院（2018）最高法行申 412 号

范某诉某省人民政府不履行行政复议法定职责案

最高人民法院经审查认为： 申请人书面申请行政复议的，应当在行政复议申请书中载明申请人的基本情况，一般包括住址和联系电话等通信方式，以便被申请人与其联系沟通以及邮寄复议文书。若申请人提供的通信方式不准确,导致复议文书未能被申请人实际接受的,根据公平原则,由此产生的不利后果应由申请人承担。在《行政复议法》及其相关法律规定未对此种情形作出具体规定的情形下,可以借鉴《最高人民法院关于以法院专递方式邮寄送达民事诉讼文书的若干规定》第十一条第一款的规定,即:"因受送达人自己提供或者确认的送达地址不准确、拒不提供送达地址、送达地址变更未及时告知人民法院、受送达人本人或者受送达人指定的代收人拒绝签收,导致诉讼文书未能被受送达人实际接收的,文书退回之日视为送达之日。"本案中,原审法院根据邮寄单据和网上查询邮政特快专递详单等证据认定某省人民政府根据范某提交的行政复议申请书中所留地址、电话向其邮寄《补正行政复议申请通知书》,邮政机构连续三次投递因收件人名址有误未能妥投并将邮寄退回,证据充分,范某的再审理由不能成立。根据上述事实,涉案《补正行政复议申请通知书》应当视为已经向范某送达,范某主张河北省政府不履行行政复议职责不能成立。

【案号】最高人民法院(2019)最高法行申4395号

黄某等诉某市人民政府不履行行政复议法定职责案

最高人民法院经审查认为:行政机关收到行政复议申请后,决定不予受理的,应书面告知申请人,若逾期不作决定,亦未书面告知,申请人提起履行行政复议职责之诉的,人民法院应当予以受理。本案中,某市人民政府收到黄某等人的复议申请后要求其补正申请材料，黄某等人补正后将《行政复议申请补正说明书》邮寄给某市人民政府，但某市人民政府收到补正说明后，未依法作出处理。黄某等人提起本案履行行政复议法定职责之诉，一审、二审法院未对某市人民政府的上述复议行为进行审查，而直接对黄某等的复议申请内容进行审查认定，属于适用法律错误，应当予以纠正。

【案号】最高人民法院（2020）最高法行再18号

王某诉某部门行政复议决定案

北京市高级人民法院认为：补正申请材料所用时间不计入行政复议审理期限。根据本案查明事实，2020年6月25日至27日属于国家法定节假日，2020年7月13日中国证监会负责行政复议的机构收到王某提交的补正材料。据此，一审法院有关某部门作出被诉复议决定并未超过法定期限的认定正确，王某有关被诉复议决定超期的上诉理由，本院不予支持。

【案号】北京市高级人民法院（2019）京行终1902号

杨某诉某区人民政府不履行行政复议法定职责案

最高人民法院经审查认为：申请人可以通过书面方式申请行政复议，一般情况下，应当将申请直接邮寄给行政复议机关负责法制工作的机构，当然法律并未排除将申请直接邮寄给行政机关的法定代表人，如果申请人将行政复议申请邮寄给行政机关法定代表人，其提交的行政复议申请符合形式要件，且属于该行政机关复议受理范围，行政机关也应当依法转交给其法制机构办理。根据原审查明的事实，本案中，杨某向某区人民政府副区长邮寄信件，其提交的信件信封上写明"内附：检举信、证据目录"，某区人民政府收到该信件后将信件转至信访部门。虽然其陈述内有行政复议申请书，但是从相关证据来看，不能证明其信件中包含符合法定形式要求的行政复议申请书，仅能看出其邮寄的是举报材料，故某区人民政府将其信件转交信访部门处理，并无不当。因信访行为不属于人民法院行政诉讼受案范围，故原审裁定驳回杨某起诉亦无不当。

【案号】最高人民法院（2019）最高法行申7142号

王某诉某区人民政府不履行法定职责案

最高人民法院经审查认为： 本案中，王某主张其行政复议申请书已被某区人民政府签收，并提供了邮寄单跟踪记录截图，其与官网记录的数据一致，可以证明邮件已经被投递给某区人民政府的事实。某区人民政府则主张未收到王某的行政复议申请书，提交了物流公司某市分公司出具的《情况说明》。一般而言，快递查询电子系统作为邮政部门面向公众开放的信息查询系统具有公示性，某区人民政府提交的《情况说明》无法否定邮寄单跟踪记录截图与物流官方网记录信息的真实性，故对某区人民政府关于其未收到王某递交的行政复议申请书的主张不予采信。某区人民政府收到王某行政复议申请后，未依法履行行政复议职责，构成行政不作为。

【案号】最高人民法院（2019）最高法行申 3467 号

郑某诉某区人民政府不履行法定职责案

北京市第四中级人民法院认为：被告某区人民政府是依法履行行政复议职责的行政复议机关，其负责法制工作的机构只是具体办理行政复议事项的部门，原告以"某区人民政府负责人"为收件人邮寄信件，应视为向某区人民政府邮寄信件。被告认可收发室已签收原告邮寄的信件，其虽主张负责法制工作的机构没有收到该信件，且对信件所附内容有异议，但是被告有关代收快件及文件分类管理的事项属于其内部管理事项，信件没有流转到具体办理行政复议事项的部门所可能产生的不利后果，不应由原告承担。故信件内容是否是行政复议申请，应该由被告举证证明。现被告没有证据证明其主张，以上情况应视为原告通过邮寄方式向石景山区政府提出了行政复议申请，故对被告的主张，本院不予采信。

【案号】北京市第四中级人民法院（2018）京 04 行初 520 号

张某诉某区人民政府履行土地确权法定职责案

贵州省高级人民法院经审查认为：某区人民政府提供的邮政底单以及张某提供的邮政投递详单上显示签收处一为"办公室"，一为"单位收发章"，均表明邮件系已妥投状态。依据"举重明轻"解释原则，参照《最高人民法院关于以法院专递方式邮寄送达民事诉讼文书的若干规定》第九条第三项"有下列情形之一的,即为送达……(三)受送达人是法人或者其他组织,其法人的法定代表人、该组织的主要负责人或者办公室、收发室、值班室的工作人员签收的"之规定,无论是"单位收发章"签收,还是"办公室"签收,均可视为某区人民政府已收到该申请。

【案号】贵州省高级人民法院(2019)黔行终914号

吴某诉某市人民政府土地行政复议案

贵州省高级人民法院认为: 对于申请材料不齐全或者表述不清楚的,复议机关可结合案件实际情况,确定是否通知申请人进行补正,其目的在于通过复议机关通知补正的程序,申请人进一步补全材料或修正表述,避免因举证能力不足或表述不清而造成审查上的困难,既有利于保障申请人的复议权利,亦有利于复议机关的进一步审查处理。本案中,申请人提出的"复议请求"针对的行政主体实施的行政行为与"事实和理由"针对的行政主体及实施的行政行为并不完全一致,复议机关如认为申请人表述不清楚,结合其提交的材料,亦存在审查识别困难的情形下,可通知申请人补正,后根据申请人的补正情况依法作出处理。然而,本案复议机关经审查认为申请人系对某镇人民政府的行政行为不服,与申请人提交的行政复议申请书中"被申请人"和"复议请求"均不一致,未通知申请人进行补正,迳行作出案涉不予受理决定。此种情形下,申请人的复议申请权未得到充分保障，复议机关违反了正当程序原则。

关于复议机关通知补正的范围，法律法规未作明确规定，应由复议机关结合案件审查情况予以具体明确。本案中，复议机关如认为申请人系对某镇人民政府的行政行为不服，鉴于复议机关可能作出不予受理决定，对申请人的复议权利影响较大，应书面通知申请人补正相关材料、对其"复议请求"和"事实与理由"进一步统一和明确，并告知其无正当理由不予补正的法律后果等，以达到审查认定的事实清楚明确的标准。

【案号】贵州省高级人民法院（2020）黔行终118号

第三十二条 部分案件的复核处理

> 对当场作出或者依据电子技术监控设备记录的违法事实作出的行政处罚决定不服申请行政复议的，可以通过作出行政处罚决定的行政机关提交行政复议申请。
>
> 行政机关收到行政复议申请后，应当及时处理；认为需要维持行政处罚决定的，应当自收到行政复议申请之日起五日内转送行政复议机关。

● 解读

有些常委会组成人员、单位、地方、专家和社会公众建议，增加行政复议申请便民举措，更好地体现行政复议便民为民的制度优势。宪法和法律委员会经研究，建议增加以下规定：一是行政机关通过互联网渠道送达行政行为决定的，应当同时提供提交行政复议申请书的互联网渠道。二是强化行政复议前置情形的告知义务，行政机关在作出行政行为时，应当告知公民、法人或者其他组织先向行政复议机关申请行政复议。三是对当场作出或者依据电子技术监控设备记录的违法事实作出的行政处罚决定不服申请行政复议的，可以通过作出行政处罚决定的行政机关提交行政复议申请。行政机关收到行政复议申请后，应当及时处理；认为需要维持行政处罚决定的，应当自收到行政复议申请之日起五日内转送行政复议机关。①

【关联规定】

中华人民共和国行政处罚法（2021年1月22日）

第四十一条　行政机关依照法律、行政法规规定利用电子技术监控设备收集、固定违法事实的，应当经过法制和技术审核，确保电子技术监控设备符合标准、设置合理、标志明显，设置地点应当向社会公布。

电子技术监控设备记录违法事实应当真实、清晰、完整、准确。行政机关应当审核记录内容是否符合要求；未经审核或者经审核不符合要求的，不得作为行政处罚的证据。

---

① 《全国人民代表大会宪法和法律委员会关于〈中华人民共和国行政复议法（修订草案）〉审议结果的报告》，载中国人大网，http://www.npc.gov.cn/npc/c30834/202309/ca398b28ab6040d9bfc3d7c02d0dbde7.shtml，2023年9月4日访问。

行政机关应当及时告知当事人违法事实，并采取信息化手段或者其他措施，为当事人查询、陈述和申辩提供便利。不得限制或者变相限制当事人享有的陈述权、申辩权。

第五十一条 违法事实确凿并有法定依据，对公民处以二百元以下、对法人或者其他组织处以三千元以下罚款或者警告的行政处罚的，可以当场作出行政处罚决定。法律另有规定的，从其规定。

第五十二条 执法人员当场作出行政处罚决定的，应当向当事人出示执法证件，填写预定格式、编有号码的行政处罚决定书，并当场交付当事人。当事人拒绝签收的，应当在行政处罚决定书上注明。

前款规定的行政处罚决定书应当载明当事人的违法行为，行政处罚的种类和依据、罚款数额、时间、地点，申请行政复议、提起行政诉讼的途径和期限以及行政机关名称，并由执法人员签名或者盖章。

执法人员当场作出的行政处罚决定，应当报所属行政机关备案。

第三十三条 程序性驳回

行政复议机关受理行政复议申请后，发现该行政复议申请不符合本法第三十条第一款规定的，应当决定驳回申请并说明理由。

● 参考案例

王某诉某市国土资源和规划局
征收土地补偿安置方案公告行为案

湖北省武汉市中级人民法院经审查认为：本案中，被上诉人某市国土资源和规划局某分局于2014年8月4日发布《征收土地补偿安置方案公告》，自该公告期满之日起即视为送达，上诉人于2018年9月才向某市国土资源和规划局申请行政复议，超过了上述法律规定的复议申请期限。同时，上诉人于2019年1月才向法院起诉，超过了上述法定的起诉期限。在复议期限、起诉期限已经明显超过的情况下，尽管被上诉人某市国土资源和规划局受理了上诉人的复议申请，以超期作出程序违法为由作出了确认违法的行政复议决定，并告知上诉人有权在收到该决定之日起15日内向人民法院起诉，但从维护起诉期限制度从而维护行政法律关系的稳定性出发，不应认为因超过起诉期限而已经丧失了的诉权可以通过行政复议的方式重新取得。

"无诉则无判"，诉乃发动审判权的前提。然而，并不是只要诉具备了法定形式并符合法定程序，人民法院就必须进行实体审理。根据审判权的应有之义，结合立法精神以及司法实践可知，诉最终能否获得审理判决还要取决于诉的内容，即当事人的请求是否足以具有利用国家审判制度加以解决的实际价值和必要性。就本案而言，王某的丈夫已于 2012 年分别与某村民委员会、拆迁工程公司签订《房屋拆迁补偿安置协议书》和《某村集体土地征用安置补偿协议》，上诉人再次提起本诉缺乏诉的利益，从而缺乏启动司法程序进入实体审理的必要性。

【案号】湖北省武汉市中级人民法院（2019）鄂01行终632号

某经济合作社诉某市人民政府行政复议案

最高人民法院经审查认为：本案的争议焦点是在复议机关以复议申请不符合受理条件为由作出驳回复议申请决定的情况下，相对人能否对原行政行为和驳回复议申请决定分别提起行政诉讼。行政复议和行政诉讼作为法定救济途径，不是并行关系，而是相互衔接的关系，换言之，若已选择先复议后诉讼的救济方式，则应当等待复议机关作出决定，对该决定不服的，再提起行政诉讼；若优先选择诉讼的救济方式，根据司法最终原则，则相对人不能再选择复议救济程序。原行政行为经复议机关以复议申请不符合受理条件为由驳回的，作出原行政行为的行政机关和复议机关不是共同被告，由于复议机关对原行政行为并未进行实质审查，法院不能对原行政行为和以复议申请不符合受理条件为由驳回的复议决定一并进行审理。因为，如果相对人同时起诉原行政行为和以不符合受理条件为由驳回的复议决定，在法院判决撤销复议决定的情况下，则存在复议机关启动程序对原行政行为进行审查的情形，这种情形的实质就是法院和复议机关针对原行政行为同时进行审查,违反法律规定的关于复议和诉讼相互衔接的制度设计。因此,相对人选择起诉该复议决定,由人民法院裁决是否应当责令复议机关启动复议程序对原行政行为进行实质审查,或选择起诉原行政行为,由人民法院审查原行政行为的合法性,而不能既起诉以不符合受理条件为由作出的驳回复议申请决定,又起诉原行政行为。综上所述,复议与诉讼相互衔接的制度设计,既充分保障了行政相对人的合法权益,也有效避免了两种救济途径之间重复审查和结果上的相互矛盾。

【案号】最高人民法院(2018)最高法行申6714号

杨某诉某市人民政府行政复议案

最高人民法院经审查认为: 本案的主要争议焦点是杨某在提出行政复议申请时提交的证据材料需要达到何种证明标准,复议机关才能认可其行政复议申请资格。公民、法人或者其他组织向行政机关提出行政复议申请时,应当提供其符合《行政复议法》规定的申请条件相应的证据材料。申请人在此阶段承担的是初步证明责任,只要申请人提供的证据材料有可能证明其相关申请条件的事实存在,行政行为有可能侵害其合法权益,复议机关就应先将案件受理,待进入审理阶段后再进行进一步审查。如果受理行政复议申请后,发现该行政复议申请不符合行政复议法和本条例规定的受理条件的,应当决定驳回行政复议申请。

杨某根据某市人民政府《补正行政复议申请通知书》的要求，提交了用以证明村集体拒绝出具权属证明的录音资料，以及用以证明其土地权属和全村村民承包的口粮地均未发放土地使用权证的本村村民签字证明，并附有村民身份信息及联系电话。杨某作为一名普通村民，已经完成了初步举证责任；在此情形下，某市人民政府未经进一步的审查迳行作出被诉《不予受理行政复议申请决定书》，违反法律规定。

【案号】最高人民法院（2018）最高法行申6353号

第三十四条 复议前置等情形的诉讼衔接

> 法律、行政法规规定应当先向行政复议机关申请行政复议、对行政复议决定不服再向人民法院提起行政诉讼的，行政复议机关决定不予受理、驳回申请或者受理后超过行政复议期限不作答复的，公民、法人或者其他组织可以自收到决定书之日起或者行政复议期限届满之日起十五日内，依法向人民法院提起行政诉讼。

● 参考案例

钟某诉某县人民政府行政补偿案

最高人民法院经审查认为：行政复议和行政诉讼是两条不同的法律救济途径。在不是法律、法规规定的复议前置案件中，如果复议机关作出不予受理或程序驳回复议申请的行政复议决定，申请人要么选择直接起诉原行政行为，要么选择起诉复议机关的不予受理或程序驳回复议申请的行政复议决定。但是，不能对不受理或程序驳回复议申请的行政复议决定和原行政行为同时提起行政诉讼。理由是，行政复议程序和行政诉讼程序是两个具有承接关系的救济程序，当事人选择起诉复议机关的不受理或程序驳回复议申请行为，实质是选择行政复议救济程序。在复议机关作出复议决定之前，人民法院对相关行政争议无管辖权；相反，如果当事人选择起诉原行政行为，实质是放弃行政复议程序救济，如果允许原告同时对复议机关的不予受理或程序驳回复议申请行为提起诉讼，人民法院将无法既判决复议机关限期对原行政行为作出实体复议决定，同时又由自己对原行政行为的合法性进行实体审理并作出判决。

还应当指出的是，属于行政诉讼受案范围的案件，当事人可以申请先行复议。行政补偿决定属于行政诉讼的受案范围，当事人既可以直接对行政补偿决定提起行政诉讼，也可以直接申请行政复议。不服行政补偿决定，属于行政复议的受案范围。

【案号】最高人民法院（2018）最高法行申1102号

第三十五条 对行政复议受理的监督

公民、法人或者其他组织依法提出行政复议申请，行政复议机关无正当理由不予受理、驳回申请或者受理后超过行政复议期限不作答复的,申请人有权向上级行政机关反映,上级行政机关应当责令其纠正;必要时,上级行政复议机关可以直接受理。

第四章　行政复议审理

第一节　一般规定

第三十六条　审理程序及要求

> 行政复议机关受理行政复议申请后，依照本法适用普通程序或者简易程序进行审理。行政复议机构应当指定行政复议人员负责办理行政复议案件。
>
> 行政复议人员对办理行政复议案件过程中知悉的国家秘密、商业秘密和个人隐私，应当予以保密。

【关联规定】

中华人民共和国行政复议法（2023年9月1日）

第五十四条　适用简易程序审理的行政复议案件，行政复议机构应当自受理行政复议申请之日起三日内，将行政复议申请书副本或者行政复议申请笔录复印件发送被申请人。被申请人应当自收到行政复议申请书副本或者行政复议申请笔录复印件之日起五日内，提出书面答复，并提交作出行政行为的证据、依据和其他有关材料。

适用简易程序审理的行政复议案件，可以书面审理。

第五十五条 适用简易程序审理的行政复议案件，行政复议机构认为不宜适用简易程序的，经行政复议机构的负责人批准，可以转为普通程序审理。

第三十七条　审理依据

行政复议机关依照法律、法规、规章审理行政复议案件。

行政复议机关审理民族自治地方的行政复议案件，同时依照该民族自治地方的自治条例和单行条例。

参考案例

投资开发公司诉某市人民政府闲置土地案

最高人民法院经审查认为：最高人民法院《关于审理行政案件适用法律规范问题的座谈会纪要》第三条规定，行政相对人的行为发生在新法施行以前，具体行政行为作出在新法施行以后，人民法院审查具体行政行为的合法性时，实体问题适用旧法规定，程序问题适用新法规定，但适用新法对保护行政相对人的合法权益更为有利的、按照具体行政行为的性质应当适用新法的实体规定的情形除外。本案收回土地决定作出时间在《某省闲置土地认定和处置规定》发布之后，如果适用该规定第六条对保护行政相对人的合法权益更为有利的，可以参照上述座谈会纪要进行适用。

【案号】最高人民法院（2020）最高法行再113号

【关联规定】

最高人民法院关于审理行政案件适用法律规范问题的座谈会纪要（2004年5月18日）

第三十八条 提级审理

> 上级行政复议机关根据需要，可以审理下级行政复议机关管辖的行政复议案件。
>
> 下级行政复议机关对其管辖的行政复议案件，认为需要由上级行政复议机关审理的，可以报请上级行政复议机关决定。

解读

有些常委会组成人员、单位、地方、专家和社会公众建议，进一步完善行政复议管辖制度和审理程序的上下互通渠道。宪法和法律委员会经研究，建议增加以下规定：一是对履行行政复议机构职责的地方人民政府司法行政部门的行政行为不服的，可以向本级人民政府申请行政复议，也可以向上一级司法行政部门申请行政复议。二是上级行政复议机关根据需要，可以审理下级行政复议机关管辖的行政复议案件。下级行政复议机关对其管辖的行政复议案件，认为需要由上级行政复议机关审理的，可以报请上级行政复议机关决定。①

第三十九条　中止情形

行政复议期间有下列情形之一的,行政复议中止:

(一)作为申请人的公民死亡,其近亲属尚未确定是否参加行政复议;

(二)作为申请人的公民丧失参加行政复议的行为能力,尚未确定法定代理人参加行政复议;

(三)作为申请人的公民下落不明;

(四)作为申请人的法人或者其他组织终止,尚未确定权利义务承受人;

(五)申请人、被申请人因不可抗力或者其他正当理由,不能参加行政复议;

(六)依照本法规定进行调解、和解,申请人和被申请人同意中止;

(七)行政复议案件涉及的法律适用问题需要有权机关作出解释或者确认;

---

① 《全国人民代表大会宪法和法律委员会关于〈中华人民共和国行政复议法(修订草案)〉审议结果的报告》,载中国人大网,http://www.npc.gov.cn/npc/c30834/202309/ca398b28ab6040d9bfc3d7c02d0dbde7.shtml,2023年9月4日访问。

（八）行政复议案件审理需要以其他案件的审理结果为依据，而其他案件尚未审结；

（九）有本法第五十六条或者第五十七条规定的情形；

（十）需要中止行政复议的其他情形。

行政复议中止的原因消除后，应当及时恢复行政复议案件的审理。

行政复议机关中止、恢复行政复议案件的审理，应当书面告知当事人。

● 参考案例

李某诉某省人民政府行政复议案

最高人民法院经审查认为： 签订转让合同是转让土地使用权的必要条件之一。无论是行政机关对土地使用权转让行为进行审批，还是进行复议审查，均需审查转让方与受让方所签的转让合同。合同当事人对《宅基地转让协议书》的效力与应否履行发生争议的，一般应当通过提起民事诉讼或者申请仲裁机构仲裁认定，行政机关在审查过程中一般不宜对合同是否有效直接作出认定。但在《宅基地转让协议书》未经人民法院或者仲裁机构认定无效的情况下，某省人民政府可以推定《宅基地转让协议书》有效，并以此为前提，审查判断某市人民政府将涉案土地划拨给李某的合法性。例如，某省人民政府不对《宅基地转让协议书》效力进行推定，也可以暂时中止复议程序，限期当事人在法定期限内先行通过提起民事诉讼或者申请仲裁的方式对《宅基地转让协议书》的效力进行认定。但某省人民政府既不推定《宅基地转让协议书》有效，又未中止复议程序，而是在68号复议决定书中直接认定王某与李某之间的划拨土地转让行为违法，实际上否认了《宅基地转让协议书》的效力，超越了法定职权，应予纠正。

【案号】最高人民法院（2019）最高法行再184号

王某诉某省人民政府不履行法定职责案

最高人民法院经审查认为： 诉讼请求固然应当具体特定，但从诉讼经济原则出发，法律并不排除请求的合并，也就是说，同一原告可以在一个诉讼程序中向同一被告提出数个诉讼请求。至于合并的形态，则包括单纯合并、预备性合并、重叠性合并以及选择性合并等。《最高人民法院关于适用〈中华人民共和国行政诉讼法〉的解释》第六十八条虽然分项列举各类诉讼请求，但这并不能理解为各类诉讼请求不能在一个案件中合并提出。只要各类诉讼请求相互关联，不相互矛盾，就应当予以准许。至于本案，虽然再审申请人的诉讼请求有两项，即撤销《中止行政复议通知书》、判令作出行政复议决定，但并不属于典型的请求合并，而应当视其为一个请求的整体，也就是请求判令再审被申请人履行作出行政复议决定的法定职责。所谓履行法定职责之诉，一般包括两种类型，一种是"不作为之诉"，也就是行政机关既没有拒绝，也没有作出被申请的行政行为；另一种是"否定决定之诉"，也就是行政机关已经通过否定性决定拒绝作出行政行为。在否定决定之诉中，原告的诉讼请求尽管通常也包括撤销拒绝决定，但从根本上看，针对的并不是拒绝决定本身，而是要求行政机关履行某一种法定职责。因此，这种诉讼虽然看似会有两个诉讼请求，但在性质上应当属于一个履行法定职责之诉，尽管人民法院通常也会在判决履行法定职责时首先作出一个撤销拒绝决定的判决。

两审法院还认为，《中止行政复议通知书》属于处理行政复议过程中针对程序性事项作出处理的告知行为，也即过程性行政行为或者程序性行政行为，不具有终局性，对当事人权利义务未产生实际影响，因此不具有可诉性。本院赞同这一观点。通常情况下，中止行政复议的决定因为属于一个过程性和中间性行为，不应当在行政复议程序尚未终了、行政复议机关尚未作出最终决定的情况下单独寻求司法审查，行政复议申请人可以在最终起诉行政复议决定时一并主张程序违法。但是，旷日持久地中止行政复议程序，必然会对行政复议申请人的权利保护造成延宕，甚至还会影响其进一步请求司法救济，因此也不宜一概否定中止行政复议决定的可诉性，应当根据案件具体情况作出判断。例如，根本不存在一个中止行政复议的法定情形，或者中止的期限异乎寻常地长久。就本案而言，行政复议程序的中止已经超过两年，再审申请人的焦急等待之情可想而知。为此，尽管严格按照法律规定来讲本案并不符合起诉条件，但合议庭已经积极协调行政复议机关，希望能够尽快重启复议程序，早日作出复议决定。鉴于案件近期有望恢复审理，本院决定不对本案提起再审。

【案号】最高人民法院（2017）最高法行申7760号

第四十条 对无正当理由中止的监督

> 行政复议期间，行政复议机关无正当理由中止行政复议的，上级行政机关应当责令其恢复审理。

■ 参考案例

陈某等诉某省人民政府对中止的行政复议恢复审理案

最高人民法院经审查认为：从某省人民政府在涉案复议过程的具体行为方式看，在接到陈某等于2011年提交的复议申请后，某省人民政府于2011年7月18日作出《行政复议中止通知书》，但直至陈某等提起本案诉讼并由法院在2015年11月9日受理本案的四年期间里，针对陈某等又向某省人民政府提交恢复行政复议审理的请求书，某省人民政府既未恢复复议程序，也未进行合理释明，更未作出复议结论，而是采取了不置可否、不予答复的方式，侵害了复议申请人的复议请求权，由此引发了本案的行政诉讼。

因此，构成怠于履行法定职责的行政不作为。虽然单一的中止复议行为通常不构成不履行法定职责，但本案中再审被申请人不履行法定职责的情形，是由中止复议行为、复议中止后至今尚未终结的事实状态、复议中止后至今未作合理释明等多个事实要素共同构成。可见，不履行法定职责的违法行为与中止复议行为的构成要件并不相同，不宜将不履行法定职责的违法行为等同于中止复议行为，进而也不宜将确认不履行法定职责违法的诉讼请求，等同于撤销中止复议行为的诉讼请求。陈某等在一审起诉时明确表明其诉讼请求为请求判决确认某省人民政府不履行法定职责违法，而不是请求撤销中止复议行为。二审法院将陈某等一审时的诉讼请求等同于撤销中止复议行为，并据此作出二审判决，存在对当事人诉讼请求定性不当。

此外，一审法院认为某省人民政府行政复议程序依法中止，至今尚未终结，对陈某等的权利义务不产生实际影响，这一认定难以成立。某省人民政府作为行政复议机关，负有监督被申请人依法行政、保障申请人合法权益、依法在法定期限内作出行政复议决定的法定职责。某省人民政府于2011年7月18日作出《行政复议中止通知书》，中止复议审理后，至今尚未作出复议决定，虽然法律没有明确规定中止期限，但某省人民政府未作释明将中止期限延续至今，明显超过了合理的期限，造成陈某等获得法律救济的复议请求权不能在合理的期限内得以实现，已经对陈某等的合法权益产生了实际影响，陈某等的复议请求权应当得到复议机关的尊重和保障。

【案号】最高人民法院（2017）最高法行申3680号

郭某等诉某省人民政府行政复议案

陕西省高级人民法院审理认为：

（1）关于及时作出复议决定是否属于复议机关的法定职责问题。法定职责是指行政主体依照法律、行政法规、地方性法规、自治条例和单行条例以及规章的规定或授权进行与其职权范围一致的某些行政管理活动，以实现行政主体具体行政管理职能所应承担的法定职责内容和责任义务。在法定期限内作出复议决定是复议机关在行政复议程序中应当履行的法定职责。未在法定期限内作出复议决定属于复议机关不履行法定职责的行为。

（2）关于未及时作出复议决定是否可诉问题。未及时作出复议决定存在逾期作出复议决定和怠于作出复议决定两种表现形式。逾期作出复议决定指的是复议机关作出复议决定但违反了复议审理期限，属于程序性违法。怠于作出复议决定是指一直未作出复议决定、无正当理由不作出复议决定等一系列不作为行为，怠于作出复议决定与逾期作出复议决定的最大区别在于是否最终作出了复议决定。关于上述两种行为的审查问题，《最高人民法院关于适用〈中华人民共和国行政诉讼法〉的解释》第五十六条第二款针对的是复议机关最终作出了复议决定但属于逾期作出，该合法性审查属于事后审查,而对未作出复议决定的审查,即对怠于作出复议决定行为的审查属于事中审查,可能存在司法审查过早干预行政机关复议程序的可能,因而人民法院一直采取审慎处理的态度,对怠于作出复议决定的行为提起的诉讼一般会裁定驳回起诉。但是,《最高人民法院关于适用〈中华人民共和国行政诉讼法〉的解释》第五十六条第二款规定的目的在于要求复议机关对复议申请人的复议申请及时作出复议决定,防止复议申请人的合法权益因"久拖不决"而扩大复议申请人的损害。行政复议中止的原因消除后,应当及时恢复行政复议案件的审理。这是对未及时作出复议决定的否定性评价。为切实保护当事人的合法权益、防止复议机关怠于履行复议职责,故将其纳入行政诉讼的受案范围,符合行政复议及行政诉讼的立法宗旨。

(3) 确认怠于履行复议职责违法是否等同于对中止复议行为合法性审查的问题。复议机关在复议程序中可以依法中止复议程序,待中止事由消失后恢复复议程序。通常情况下,复议中止行为仅是复议程序中的过程性行为,并非最终对外发生法律效力的行为,不会对当事人的权利义务产生实际影响,最终发生法律效力和产生实际影响的行为系中止事由消失后复议机关作出的行政复议决定。因此,复议机关中止复议程序的行为通常不被认为属于行政诉讼应当受理的"行政行为"的范畴。虽然单一的复议中止行为通常不构成怠于履行复议职责,但该未履职行为是由受理复议申请后中止复议审理、中止事由消除后不及时恢复复议审理、恢复审理后不及时作出复议决定等多个事实状态组成。可见，怠于履行复议职责行为与中止复议行为的构成要件并不相同，不能将当事人所诉的怠于履行复议职责行为违法等同于对中止复议行为不服，因而，对要求履行复议法定职责的诉讼应区别于直接针对复议中止行为提起的诉讼。复议机关在中止事由消除后不及时恢复复议程序，在实际上会对当事人进一步寻求司法救济产生非正常的阻断，势必会对当事人的合法权益造成不法的侵害，特别是在复议中止时间已极为不合理的情况下，中止行为必将对复议申请人的合法权利的保护造成延宕。因此，为有效保护复议申请人的合法权利，复议申请人对怠于履行复议职责的行为依法提起诉讼。

由此可见，及时作出复议决定属于复议机关应当履行的法定职责、复议申请人不服复议机关未作出复议决定的行为提起的诉讼，不能断然认为不属于行政诉讼的受案范围。具体到本案，经查，某省人民政府于2018年5月25日受理郭某等的复议申请后，于2018年8月16日，以案情复杂需要协调化解为由，作出中止行政复议决定。2019年1月2日，郭某等因案件协调无果不愿意再协调，向某省人民政府提出恢复审理的申请，但某省人民政府一直未恢复审理。2019年7月郭某等提起本案诉讼直至本案二审的近一年时间里，某省人民政府迟迟未作出复议决定，该期限已经超过合理的限度，已构成怠于履行法定职责的行政不作为，但对怠于履职的行为如何评判，需在案件进入实体审理后查明未恢复的原因才能作出判断。

【案号】 陕西省高级人民法院（2020）陕行终284号

梅某诉某部门中止行政复议通知案

最高人民法院经审查认为： 本案被诉行政行为系某部门于2016年12月22日作出的某复中字〔2016〕1号中止行政复议通知书。复议机关在复议程序中可以依法中止复议程序，待中止事由消失后继续复议程序。一般而言，该中止行为仅是复议程序中的过程性行为，并非最终对外发生法律效力的行为，也不会对当事人的权利义务产生实际影响，最终发生法律效力和产生实际影响的行为系中止事由消失后复议机关作出的行政复议决定。因此，复议机关中止复议程序的行为一般不属于行政诉讼应当受理的"行政行为"的范畴，除非该中止行为直接设定了当事人的权利义务，或者实际上剥夺了当事人依法寻求救济的权利。本案中，某部门作出的中止行政复议通知，并没有增加梅某的义务负担，未减损其权利，也没有损害其寻求救济的权利。事实上，某部门针对梅某的复议申请已作出行政复议决定，如梅某对该行政复议决定不服，则可以依法提起行政诉讼。梅某针对某部门作出的中止行政复议通知提起行政诉讼，不符合法律规定的起诉条件。

【案号】 最高人民法院（2018）最高法行申6244号

第四十一条 终止情形

行政复议期间有下列情形之一的,行政复议机关决定终止行政复议:

(一)申请人撤回行政复议申请,行政复议机构准予撤回;

(二)作为申请人的公民死亡,没有近亲属或者其近亲属放弃行政复议权利;

(三)作为申请人的法人或者其他组织终止,没有权利义务承受人或者其权利义务承受人放弃行政复议权利;

(四)申请人对行政拘留或者限制人身自由的行政强制措施不服申请行政复议后,因同一违法行为涉嫌犯罪,被采取刑事强制措施;

(五)依照本法第三十九条第一款第一项、第二项、第四项的规定中止行政复议满六十日,行政复议中止的原因仍未消除。

● 参考案例

王某与某市人民政府终止行政复议决定案

贵州省高级人民法院经审查认为:一方面,因行政复议终止决定可节约行政复议资源;另一方面,该决定并未对申请人权利产生实质影响,故终止决定并无不当。另外,即使如上诉人所称"超过法定时间作出复议决定",但一方面系为了做协调工作,另一方面即使超期,也属于程序瑕疵，并不影响实体的合法性，故上诉人所提该上诉理由，本院不予采纳。

【案号】贵州省高级人民法院（2014）黔高行终字第38号

第四十二条 行政行为停止执行情形

行政复议期间行政行为不停止执行；但是有下列情形之一的，应当停止执行：

（一）被申请人认为需要停止执行；

（二）行政复议机关认为需要停止执行；

（三）申请人、第三人申请停止执行，行政复议机关认为其要求合理，决定停止执行；

（四）法律、法规、规章规定停止执行的其他情形。

● 参考案例

乳业公司诉某县工商行政管理局行政强制执行案

安徽省安庆市中级人民法院经审查认为：本案中，原某县工商行政管理局于2013年11月5日对上诉人作出行政处罚决定，告知上诉人自接到处罚决定之日起十五日内缴纳罚款。到期不缴纳罚款，将依据《行政处罚法》的规定，每日按罚款数额的3%计算加处罚款。上诉人不服，先后提起行政复议、行政诉讼。一审法院判决维持某县工商行政管理局作出的行政处罚决定。2014年8月7日本院作出（2014）某行终字第00054号行政判决，驳回上诉，维持原判，该判决为终审判决。据此，在上诉人知道本院的终审判决内容后，仍不履行缴纳罚款义务的，被上诉人可按法律规定对上诉人每日按罚款数额的3%计算加处罚款。本案中被上诉人认为行政复议、行政诉讼期间不停止行政处罚的执行，在行政复议、行政诉讼期间应当计算加处罚款，并于2014年8月28日发出催告书要求上诉人支付加处罚款7万元，该行政行为证据不足，不符合上述规定。上诉人要求予以撤销的上诉理由成立。

【案号】安徽省安庆市中级人民法院（2015）宜行终字第00038号

胡某诉某管理委员会行政强制案

最高人民法院经审查认为：《行政强制法》第四十四条规定，对违法的建筑物、构筑物、设施等需要强制拆除的，应当由行政机关予以公告，限期当事人自行拆除。当事人在法定期限内不申请行政复议或者提起行政诉讼，又不拆除的，行政机关可以依法强制拆除。根据上述规定，在复议、诉讼法定期限内，应当停止执行强制拆除违法建筑物、构筑物、设施等。本案中，某管理委员会于2015年1月21日作出1号《强制拆除决定书》后，当日便强制拆除了案涉房屋，该强制拆除案涉房屋行为尚在当事人提起行政复议或者提起行政诉讼的法定期限之内，违反了上述法律规定。一审、二审判决据此确认某管理委员会强制拆除案涉房屋违法正确，本院予以支持。

【案号】最高人民法院（2019）最高法行再228号

【关联规定】

中华人民共和国行政处罚法（2021 年 1 月 22 日）

第七十三条　当事人对行政处罚决定不服，申请行政复议或者提起行政诉讼的，行政处罚不停止执行，法律另有规定的除外。

当事人对限制人身自由的行政处罚决定不服，申请行政复议或者提起行政诉讼的，可以向作出决定的机关提出暂缓执行申请。符合法律规定情形的，应当暂缓执行。

当事人申请行政复议或者提起行政诉讼的，加处罚款的数额在行政复议或者行政诉讼期间不予计算。

第二节　行政复议证据

第四十三条　行政复议证据种类

行政复议证据包括：

（一）书证；

（二）物证；

（三）视听资料；

（四）电子数据；

（五）证人证言；

（六）当事人的陈述；

（七）鉴定意见；

(八)勘验笔录、现场笔录。

以上证据经行政复议机构审查属实,才能作为认定行政复议案件事实的根据。

● 参考案例

獭兔繁育场诉某县人民政府确认伪造证据行为违法案

最高人民法院经审查认为:一般而言,证据是认定事实的依据,事实是作出行政决定或者司法裁判的基础,当事人对行政机关作出的行政决定或者人民法院作出的判决、裁定中关于证据的认定有异议,应当通过对该行政决定或者判决、裁定申请救济来实现,而非专门针对相关证据举证、认证行为寻求救济,也就是说,对证据的认定是通过对外生效的法律文书产生法律效果的,对证据相关问题的异议也需通过对生效法律文书的异议实现。因此,本案再审申请人认为再审被申请人伪造证据而导致其补偿权益受损,应通过对相关司法裁判进行救济或者提起诉讼请求再审被申请人依法履行征收补偿职责,而不能提起行政诉讼请求确认伪造证据行为违法。

【案号】最高人民法院(2020)最高法行申12301号

李某诉某市人民政府行政复议案

最高人民法院经审查认为:行政行为一经作出即具有公定力和存续力,否定一个行政行为的效力,需有确凿的证据。书证是行政诉讼证据的一种,在各类证据中占有突出地位。一般来说,书证所证明的事实内容比较明确,具有较强的稳定性,可以作为证明待证事实的直接证据。正因如此,书证的采用通常适用"最佳证据规则"或称"原始文书规则",依此规则,证据的提供者应当提供原始材料,如果提出非原始材料,则必须提供充足理由。《最高人民法院关于行政诉讼证据若干问题的规定》第十条对于提供书证的要求,就体现了这一原则。诚然,无法与原件核对无误的书证也不是均不能作为证据使用,我国法律之所以采用"原始文书规则",初衷在于确保书证本身的真实性及其与案件的关联性。诉讼过程中,如果一方出示的书证并非原件,但各方对该书证的真实性没有异议,或是该复制件的形成年代久远,又或该证据能够与其他证据相互印证,则并非一概不予采纳。就本案而言,再审申请人提供的协议书复印件内容并未得到各方当事人认可,且与涉案国有土地使用权证档案中的其他材料不能相互印证。因此,一审和二审法院认定某市人民政府作出的行政复议决定证据不足,从而判决撤销该复议决定,并无不当。

【案号】最高人民法院(2017)最高法行申7107号

魏某、齐某诉某市人民政府行政赔偿案

最高人民法院经审查认为: 某市人民政府在未取得征地批复、未发布征地公告的情况下,认定魏某、齐某栽种的紫叶稠李属于抢栽抢种,并予以强制清除,缺乏事实和

法律依据，某市人民政府违法强制清除造成魏某、齐某的财产损失，应当依法赔偿。评估所作出的530号《评估报告》违反评估程序，评估结论缺乏基本的事实根据，属于提供虚假证明材料，妨碍人民法院审理案件的行为，根据《行政诉讼法》的规定，对嘉某评估所及其主要负责人、直接责任人员应当处以罚款。

【案号】最高人民法院（2015）最高法行监字第1921号

王某诉某省人民政府履行行政复议法定职责案

最高人民法院经审查认为：再审申请人在一审、二审及再审程序中一再提出，某省人民政府作为复议机关应当责令被申请人提供鉴材，并将鉴材不能提供的责任认为属于某省人民政府未依法履行复议职责，这是对于行政复议机关法定职责的误解。行政复议程序作为解决争议的法定救济途径，具有"准司法"的性质，在行政复议程序中的举证责任应由复议申请人或被申请人承担，若复议案件当事人未尽举证责任，则承担相应的不利后果，相当于行政诉讼程序中的举证责任。根据一审、二审法院查明的事实，某省人民政府已经进行了委托鉴定，因复议被申请人土地征收部门无法提供笔迹鉴定所需的鉴材《征地调查结果确认表》，致使鉴定程序无法进行。土地征收部门不提供鉴材的后果，则是其承担相应的不利后果。事实上，在本案二审审理期间，某省人民政府作出了复议决定，确认了征地行为违法。该复议决定从根本上否定了征地行为的合法性，再审申请人提起行政复议的目的已经达到，其合法权益得到应有的保护。在此情况下，再责令行政复议机关完成一个根本不属于自身职责范围且客观上无法完成的笔迹鉴定工作，既没有法律依据也多此一举。

【案号】最高人民法院（2017）最高法行申3470号

第四十四条 举证责任分配

> 被申请人对其作出的行政行为的合法性、适当性负有举证责任。
>
> 有下列情形之一的，申请人应当提供证据：
>
> （一）认为被申请人不履行法定职责的，提供曾经要求被申请人履行法定职责的证据，但是被申请人应当依职权主动履行法定职责或者申请人因正当理由不能提供的除外；
>
> （二）提出行政赔偿请求的，提供受行政行为侵害而造成损害的证据，但是因被申请人原因导致申请人无法举证的，由被申请人承担举证责任；
>
> （三）法律、法规规定需要申请人提供证据的其他情形。

● 参考案例

王某诉某区人民政府行政赔偿案

最高人民法院经审查认为：一般认为，被告对被诉行政行为合法性承担举证责任,是行政诉讼的特点;但与被告行政机关对被诉行政行为合法性承担举证责任的规定有所不同,行政赔偿诉讼中原告对行政行为造成其损失事实的举证责任,法律规范作了特别规定。在行政赔偿诉讼中,原告应当就行政行为是否造成损失、具体损失数(金)额多少承担举证责任。需要强调的是,上述原告就损失金额承担的举证责任,是法律预先规定的而非由法官酌定的,是固定不变的而非可转移的,是客观的举证责任而非主观的举证责任,是结果意义的举证责任而非行为意义的举证责任,是说服法官相信待证事实已达到高度可能性的责任而非推进诉讼进行的责任。易言之,只要原告所提供的证据不能证明其有关遭受损失及损失金额的主张,且对方又不认可其有关损失金额的主张,法院经调查核实后仍无法准确认定,有关损失金额的案件事实处于真伪不明的状态时,原告将因举证不能或者未能完全履行举证责任而承担其主张得不到法院支持的不利后果。当然,《行政诉讼法》及相关司法解释,基于证据的可得性、当事人提供证据的便利性以及对违反法定程序的行政机关的惩戒性,对于因被告违法行政而造成原告举证困难的情形作出了特殊规定。《行政诉讼法》第三十八条第二款规定,在行政赔偿、补偿的案件中,原告应当对行政行为造成的损害提供证据。因被告的原因导致原告无法举证的,由被告承担举证责任。而此法律规定,也正是王某申请再审的主要理由之一。但此条规定的举证责任,与前述原告的举证责任仍有较大区别:两种举证责任在证明目的、证明对象(待证事实)、不利后果等方面仍存在较大区别,特别是在是否存在损失及损失金额的认定等方面可能存在根本性分歧。因而,不能将《行政诉讼法》第三十八条第二款规定的"由被告承担举证责任",扩大理解为由被告对原告主张的存在损失及损失金额多少承担举证责任,更不能进一步认为该举证责任属于结果意义上的举证责任;否则将违反"否定之人无须举证"这一基本证据法则,也将让主张消极事实的被告,在案件审理中难以履行相应的举证责任。在此种情形下,行政诉讼中的原告和被告,对是否存在损失以及损失金额问题的举证责任,仍宜根据《行政诉讼法》《最高人民法院关于适用〈中华人民共和国民事诉讼法〉的解释》的相关规定,分别承担相应的举证责任和证明责任,并在此基础上科学、合理地确定并分配被告行政机关的举证责任。申言之,当事人对自己提出的诉讼请求所依据的事实或者反驳对方诉讼请求所依据的事实,应当提供证据加以证明;当事人未能提供证据或者证据不足以证明其事实主张的,由负有举证证明责任的当事人承担不利的后果;主张法律关系存在的当事人,应当对产生该法律关系的基本事实承担举证证明责任;主张法律关系变更、消灭或者权利受到妨害的当事人,应当对该法律关系变更、消灭或者权利受到妨害的基本事实承担举证证明责任。

当然，因被告行政机关违反正当程序，不依法公证或者制作证据清单，给原告履行举证责任造成困难的，人民法院可以在原告已就损失金额提供证据初步证明的基础上，适当降低证明标准，或者通过推定等方式，依法作出对被告不利的认定。在被诉行政行为确已给原告造成损失，但原被告双方又无法证明具体损失数额的情况下，法庭可以结合国家赔偿价值取向、举证目的、证明对象的实际情况等，对全案证据进行综合审查，并遵循法官职业道德，运用逻辑推理和生活经验，进行全面、客观和公正地分析判断，依法对损失金额予以认定。

【案号】 最高人民法院（2017）最高法行申 26 号

杨某诉某市场监督管理局驳回行政复议案

北京市第一中级人民法院经审查认为：当事人应当依法申请行政复议。本案中，杨某在明知全国"12315"平台分设"我要投诉"和"我要举报"两个独立入口、知悉通过不同入口提交申请的事项及后果的情况下，通过"我要举报"入口填写申请，应当认为其系对违反市场监管法律法规行为的举报，而非对经营者侵犯其合法权益的投诉。杨某以某区市场监督管理局未依法处理其投诉为由向某市场监督管理局申请行政复议，但其未能举证证明其已经向某区市场监督管理局提出了符合要求的投诉申请之事实，不符合行政复议的受理条件。

【案号】 北京市第一中级人民法院（2021）京01行终230号

王某诉某市人民政府行政复议决定案

最高人民法院经审查认为：法谚云"法律不保护权利上的睡眠者"。所以，过于迟延地请求法律救济将不受到法律的保护。但有些情况下，过早地请求法律救济，同样不被法律所允许。就行政诉讼来说，通常都是针对一个行政处理提起诉讼，这就存在一个起诉时机问题。按照成熟原则，行政程序必须发展到适宜由法院处理的阶段才算成熟，才能允许进行司法审查。起诉行政机关不履行法定职责就是如此。行政机关履行法定职责通常需要一个过程，因此有些法律、法规对行政机关履行职责的期限作出了专门规定。法律、法规对行政机关履行职责的期限未作专门规定的，《行政诉讼法》第四十七条则统一设置了两个月的期限。如果行政机关超过法定期限未履行职责，公民、法人或者其他组织即可以提起诉讼；反之，如果法定履行职责的期限未届满就提起诉讼，就属于起诉时机不成熟，人民法院应当不予立案或者裁定驳回起诉。当然，如果行政机关在履行职责期限之内就作出拒绝决定，则不受履行职责期限的限制，公民、法人或者其他组织可以即时针对拒绝决定提起诉讼。

针对行政机关不履行法定职责申请行政复议，也是如此。本案中，再审申请人王某于2013年10月28日向某市城市管理行政执法局电话举报，要求该局履行查处违法建设的法定职责。因法律、法规并未就查处违法建设的履行职责期限作出规定，再审申请人最早可在某市城市管理行政执法局接到其履行职责申请满60日后，方可申请复议。法律规定的"紧急情况"，通常强调的是时间紧迫、事项重大，而且错过了这个时间就不可逆转或者损失不可弥补的情形。例如，考试的紧迫性、人身救助需要、参加有时间限制的活动等。本案中，某市城市管理行政执法局接到再审申请人举报后，已经进行了现场勘查、对相关人员调查询问，并作出了停工通知。即使施工队罔顾停工通知强行施工甚至造成财产受损，也可以通过赔偿等途径获得相应的弥补，尚难达到情况紧急不可逆转的情形。

【案号】最高人民法院（2017）最高法行申307号

第四十五条 行政复议机关调查取证

行政复议机关有权向有关单位和个人调查取证，查阅、复制、调取有关文件和资料，向有关人员进行询问。

调查取证时，行政复议人员不得少于两人，并应当出示行政复议工作证件。

被调查取证的单位和个人应当积极配合行政复议人员的工作，不得拒绝或者阻挠。

● 参考案例

食品厂诉某市人民政府不履行法定职责案

最高人民法院经审查认为：本院对再审申请人的再审

申请决定立案审查后,曾赴案发地查勘现场,并就地举行听证。

一、民事合同与行政协议

一个协议,到底是属于行政协议,还是属于民事合同,有时的确较难判断。但通常认为,协议的属性应由协议本身客观判断,协议当事人的主观意思并不能作为判断标准。认定行政协议的客观标准应当包括以下三个方面:第一,协议的一方当事人是行政机关;第二,协议的内容涉及行政法上的权利义务;第三,协议的目的是实现公共利益或者行政管理目标。本案中,《委托协议》的乙方某市人民政府和某镇人民政府均属行政机关;协议所约定的乙方和丙方的义务——"征地及征地手续的办理""土地权属登记、发证""搬迁""与被搬迁者签订相关补偿协议""组织地表设施及附属物拆除""搬迁新址选择、规划设计、迁建组织工作"等,均属行政职权范畴;协议的目的——"治理重大地质灾害""实现安全生产",显然也具有公共利益性质。

二、合同相对性与第三人效力

固然,民事合同原则上仅具有相对效力,其权利义务关系仅可约束合同双方当事人。行政协议既采民事合同之形式,合同相对性原则亦应遵循。但行政协议之所以属于"行政",自有其不同于民事合同之处。当行政协议属于补充或者替代诸如征收拆迁这样的单方高权行为,当行政协议具有针对诸如竞争者、邻人等第三方的效力,则不应简单地以合同相对性原则排除合法权益受到行政协议影响的第三方寻求法律救济。本案中，再审申请人尽管不是《委托协议》的当事人，却是《委托协议》约定的"整体搬迁重建"范围内的利害关系人。《委托协议》既然约定了再审被申请人的搬迁安置义务，则应当赋予搬迁安置的对象寻求法律救济的权利。行政协议的功能是为了丰富行政机关的行政手段，增进行政相对方的合作与信任，扩大解决问题的弹性余地，如果法律、法规没有作相反规定，行政机关原则上有权以协议方式活动，却不能通过协议方式扩大法定的活动空间，使之成为规避依法行政的特殊领地，更不能借此减损行政管理相对人的合法权益与救济权利。

三、请求权基础

本案是一个履行职责之诉。要求行政机关履行职责应当有请求权基础，也就是行政机关具备当事人所申请履行的特定职责。这个请求权基础，有可能来自一个行政协议的约定，但更多情况下是来自法律、法规、规章的规定。事实上，某市人民政府、某镇人民政府与某铁矿签订《委托协议》以及据此实施的一系列地表房屋搬迁补偿安置行为，就是履行上述条例规定职责的具体行动。因此，即使不存在该《委托协议》，依据《地质灾害防治条例》等法律、法规规定，再审申请人也具有提起履行职责之诉的请求权基础。原审法院仅仅基于合同相对性原则就否定行政机关的法定职责，属于认定事实的主要证据不足。

【案号】最高人民法院（2017）最高法行再 72 号

第四十六条 被申请人收集和补充证据限制

> 行政复议期间，被申请人不得自行向申请人和其他有关单位或者个人收集证据；自行收集的证据不作为认定行政行为合法性、适当性的依据。
>
> 行政复议期间，申请人或者第三人提出被申请行政复议的行政行为作出时没有提出的理由或者证据的，经行政复议机构同意，被申请人可以补充证据。

● 参考案例

崔某诉某县人民政府行政允诺案

江苏省高级人民法院经审查认为：本案一审判决驳回上诉人崔某诉讼请求的主要根据是某县发展和改革委员会在一审期间作出的《招商引资条款解释》，该解释将本县新增固定资产投入定义为，仅指某县原有企业，追加投入，扩大产能。二审法院认为，该解释不能作为认定被上诉人某县人民政府行为合法的依据。主要理由是：（1）《招商引资条款解释》系对被上诉人业已作出的招商引资文件所作的行政解释，在本案中仅作为判定行政行为是否合法的证据使用，其关联性、合法性、真实性理应受到司法审查；（2）《招商引资条款解释》是在某县人民政府收到一审法院送达的起诉状副本后自行收集的证据,根据最高人民法院《关于行政诉讼证据若干问题的规定》第六十条第一项的规定,该证据不能作为认定被诉具体行政行为合法的依据;(3)我国统计指标中所称的新增固定资产是指通过投资活动所形成的新的固定资产价值,包括已经建成投入生产或交付使用的工程价值和达到规定资产标准的设备、器具的价值及有关应摊入的费用。从文义解释上看,《关于印发某县招商引资优惠政策的通知》(以下简称《23号通知》)中的本县新增固定资产投入,应当理解为新增的方式不仅包括该县原有企业的扩大投入,也包括新企业的建成投产。申言之,如《23号通知》在颁布时需对本县新增固定资产投入作出特别规定,则应当在制定文件之初即予以公开明示,以避免他人陷入误解。《论语·为政》言明,言而无信,不知其可。本案中某县人民政府所属工作部门某县发展和改革委员会,在某县人民政府涉诉之后,再对《23号通知》中所作出的承诺进行限缩性解释,有为某县人民政府推卸应负义务之嫌疑。某县人民政府以此为由,拒绝履行允诺义务,在一定程度上构成了对优益权的滥用,有悖于诚实信用原则。故对某县发展和改革委员会作出的《招商引资条款解释》,不予采信。

【案号】江苏省高级人民法院(2016)苏行终字第90号

张某诉某市人民政府行政复议案

最高人民法院经审查认为: 按行政案件的一般证据规

则举证责任由被告即行政机关承担，被告因不提供或无正当理由逾期提供证据而败诉，是被告违反证据规则的法律制裁，但当被诉行政行为涉及第三人合法权益时，为保护第三人在被告不举证情况下的合法权益，《行政诉讼法》第三十四条第二款增加了第三人的举证权利。因此，被告不举证或逾期举证，人民法院则不能简单地判决被告败诉，复议机关也不能简单地决定撤销原行政行为。本案中，凌源市政府未能在行政复议程序中提交证明颁发涉案林权证合法性的林权登记档案等证据材料，但涉案林权证的所有权权利人系东庄组，不考虑东庄组提交的证据，未对发证行为合法性进行全面审查的情况下，只因凌源市政府未能提供相关证据而认定发证行为无证据、依据并予以撤销，有违基本法理。

【案号】最高人民法院（2020）最高法行申154号

第四十七条 申请人等查阅、复制权利

行政复议期间，申请人、第三人及其委托代理人可以按照规定查阅、复制被申请人提出的书面答复、作出行政行为的证据、依据和其他有关材料，除涉及国家秘密、商业秘密、个人隐私或者可能危及国家安全、公共安全、社会稳定的情形外，行政复议机构应当同意。

● 参考案例

康某诉某省公安厅行政复议案

河北省石家庄市中级人民法院经审查认为：对明显不符合行政复议范围的申请，行政机关可以口头或书面告知复议申请人其申请不属于行政复议范围，当事人因此而提起行政诉讼的，不属于人民法院行政诉讼的受案范围，人民法院可以迳行裁定不予立案。

本案中，上诉人康某因向某市公安局申请查阅行政复议卷宗被拒而向某省公安厅提出行政复议申请，某市公安局拒绝康某阅卷申请的行为，明显不属于行政复议的范围。因为《行政复议法》对查阅行政复议卷宗有明确规定，当事人应当按此规定办理。被上诉人某省公安厅书面告知康某其申请不属于行政复议范围，康某因此提起行政诉讼，不属于人民法院行政诉讼受案范围，其起诉应予驳回。

【案号】河北省石家庄市中级人民法院（2019）冀01行终95号

第三节 普通程序

第四十八条 被申请人书面答复

行政复议机构应当自行政复议申请受理之日起七日内，将行政复议申请书副本或者行政复议申请笔录复印

> 件发送被申请人。被申请人应当自收到行政复议申请书副本或者行政复议申请笔录复印件之日起十日内，提出书面答复，并提交作出行政行为的证据、依据和其他有关材料。

● 参考案例

实业公司诉某省人民政府行政复议案

最高人民法院经审查认为：根据《行政诉讼法》第四十条的规定，人民法院有权向有关行政机关以及其他组织、公民调取证据。从上述规定可以看出，并非只要被告超过举证期限，就必然产生视为被诉行政行为没有证据的法律后果。对于被告因不可抗力或者客观上不能控制的其他正当事由，不能在前款规定的期限内提供证据的，人民法院应当依法准许被告逾期举证；对于案件涉及国家利益、公共利益或者他人合法权益的事实认定，或者涉及依职权追加当事人、中止诉讼、终结诉讼、回避等程序性事项的，即便被告逾期举证不存在"不可抗力或者客观上不能控制的其他正当事由"，人民法院为了查清事实，仍然可以依职权向包括被告行政机关在内的人员调查取证。设定被告举证期限，目的是督促被告及时履行举证义务，防止被告在法庭上搞证据突袭，影响原告质证和辩论权利的公平行使，从而更加有利于查明案件的事实真相。设定被告举证期限，绝不是要掩盖事实真相，造成人民法院事实认定有误的结果。行政诉讼中，对于被告逾期举证的，人民法院必须查明是否存在被告因不可抗力或者客观上不能控制的其他正当事由逾期举证的情形。即便是因行政机关工作人员的故意或重大过失导致被告逾期举证，如果案件涉及国家利益、公共利益或者他人合法权益的事实认定，或者涉及依职权追加当事人、中止诉讼、终结诉讼、回避等程序性事项，人民法院也应当依法向被告行政机关或者其他知情人员调取证据，从而查明案件事实。对于故意或重大过失造成逾期举证的行政机关工作人员，人民法院可以依照《行政诉讼法》追究责任。本案中，二审仅仅以某市人民政府逾期举证为由，不予采信78号《征缴土地闲置费决定书》已经依法送达的相关证据材料，证据采信不符合前述规定，确有不妥，本院予以指正。

【案号】最高人民法院（2019）最高法行申7705号

杨某诉某部门行政复议案

长沙铁路运输法院经审查认为： 本案复议机关某部门在诉讼中仅提交了原告复议申请书和复议决定书的邮寄信息查询单，不能证明某部门在复议中依据《行政复议法》规定履行了法定程序。但因某省市场监督管理局在本案开庭后提交了该局《行政复议答复书》及邮寄凭证，可以证实某部门在复议中履行了法定程序，且复议结论并不违反法律规定，判决撤销对当事人没有救济意义，相反会增加各方诉累，浪费行政资源，导致程序空转，综合考虑以上因素，本院在此予以指出，并要求某部门今后改正。

【案号】长沙铁路运输法院（2020）湘8601行初55号

第四十九条 听取意见程序

> 适用普通程序审理的行政复议案件，行政复议机构应当当面或者通过互联网、电话等方式听取当事人的意见，并将听取的意见记录在案。因当事人原因不能听取意见的，可以书面审理。

● 参考案例

彭某诉某区人民政府工伤行政复议案

浙江省宁波市中级人民法院经审理认为：随着社会民主进程的进一步推进，行政程序中正当程序原则得以进一步深化。正当程序原则的基本含义是：行政机关实施行政行为，可能影响公民、法人或者其他组织合法权益的，应当在作出行政行为之前向当事人和利害关系人告知事实，并说明理由，听取公民、法人或者其他组织的意见。行政机关应当告知公民、法人和其他组织享有陈述意见的权利，并为公民、法人和其他组织提供陈述事实、表达意见的机会。行政复议制度，作为一种争讼制度，一种权利救济制度，应当贯彻正当程序原则。行政复议原则上采取书面审查办法，在书面审查办法不足以保护行政相对人的合法权益时，应当听取行政相对人（利害关系人）的意见。行政复议机关拟作出对利害关系人产生不利影响的行政复议决定，应当通知利害关系人参加行政复议，行使复议权利。行政复议机关未履行通知义务，属于程序违法。自由裁量行为是指法律规范授权行政主体在符合立法目的和法律原则前提下，自主采取相应措施，并作出裁断的行为。行政自由裁量的边界是体现立法目的和法律原则的法律规范，某区人民政府认为，是否通知彭某参加行政复议，并听取意见是其自由裁量的范围，该主张是对自由裁量权的扩大理解。

【案号】浙江省宁波市中级人民法院（2006）甬行终字第78号

刘某诉某县人民政府行政复议决定案

最高人民法院经审查认为：行政行为对公民、法人或者其他组织的权利、义务可能产生不利影响的，行政机关应当对其重要程序性权利给予有效的保障，如告知和听取意见，以及对其所提出的事实、理由和证据依法作出认定和处理。行政行为存在对当事人依法享有的重要程序性权利产生实质损害情形的，法院应当依照《行政诉讼法》判决撤销。本案中，在刘某对行政复议申请期限问题明确提出异议的情况下，某县人民政府未就此问题作出说明和认定，属于对当事人的重要程序性权利产生实质损害的情形，被诉行政复议决定程序不具有合法性，依法应予撤销。

【案号】最高人民法院（2018）最高法行申8562号

第五十条 听证情形和人员组成

审理重大、疑难、复杂的行政复议案件，行政复议机构应当组织听证。

行政复议机构认为有必要听证，或者申请人请求听证的，行政复议机构可以组织听证。

听证由一名行政复议人员任主持人，两名以上行政复议人员任听证员，一名记录员制作听证笔录。

● 解读

有些常委会组成人员、部门、单位、地方、基层立法联系点、专家和社会公众建议，完善行政复议审理程序和决定体系，充分保障申请人合法权益。宪法和法律委员会经研究，建议作以下修改：一是明确行政复议机关、行政复议机构在调查取证、约谈和移送违法线索等环节中的职责。二是规定行政复议机构适用一般程序审理行政复议案件，应当听取当事人的意见；因当事人原因不能听取意见的，可以采取书面审查的办法。三是对于申请人无正当理由拒不参加听证，将"可以按照撤回行政复议申请处理"修改为"视为放弃听证权利"。四是增加规定"事实不清、证据不足，经行政复议机关调查取证后查清事实和证据"的，行政复议机关决定变更该行政行为。五是将行政复议期间有关"十日"的规定明确为工作日。①

● 参考案例

叶某诉某区人民政府不履行法定职责案

北京市高级人民法院经审查认为：本案中，叶某主张在复议案件审理过程中，向某区人民政府提交《要求听证申请书》，但某区人民政府未对其提出的听证申请给予答复，侵害了其合法权益，故就此提起本案诉讼。在复议案件审理程序中是否采取听证的方式，以及对申请人、第三人提出听证申请如何处理，而是属于行政复议程序整体框架下的、不具有独立性的程序环节，该程序环节行为不是行政复议法所规定的具体行政行为，属于对公民、法人或者其他组织权利义务不产生实际影响的行为。针对该程序环节的法律救济，可以和针对行政复议机关作出的具体行政行为的法律救济同时采取，而不允许单独对程序环节行为提起救济，以防止因程序环节行为的争议拖延甚至阻碍行政复议实体决定的作出，严重损耗行政效能。故，本案叶某诉请的事项，不属于人民法院行政诉讼的受案范围。

【案号】北京市高级人民法院（2020）京行终3444号

---

① 《全国人民代表大会宪法和法律委员会关于〈中华人民共和国行政复议法（修订草案）〉修改情况的汇报》，载中国人大网，http://www.npc.gov.cn/npc/c2/c30834/202309/t20230901_431416.html，2023年9月13日访问。

王某诉某部门行政复议决定案

北京市高级人民法院经审查认为：所谓听证，是行政机关在作出影响行政相对人权益的行政决定时，应当听取当事人的陈述、申辩和质证，并根据经双方质证、核实的材料作出行政决定的一种制度。一般而言，行政机关在作出对当事人权益有重大不利影响的拒绝性处理时，应当以适当方式听取当事人的陈述、申辩。具体到本案中，虽然因案情复杂某部门进行了延期且王某向某部门提出听证申请，但是，某部门综合衡量案情后认为仅凭书面审理即可以作出决定，故并未进行听证，其行为并不违反上述法律及行政法规的规定，一审法院对此予以尊重。且与作出对当事人权益有重大不利影响的拒绝性处理相反，本案某部门作为复议机关作出的恰恰是对王某极为有利的处理决定，认为"并无必要"采取听证的方式审理，并无不妥。

【案号】北京市高级人民法院（2019）京行终9238号

某银行诉某省人民政府行政复议案

最高人民法院经审查认为：作为行政相对人的公民、法人或者其他组织，在行政处罚程序或者行政处理程序中均具有知情权、参与权及申辩权，但是因具体的行政程序不同，当事人的知情内容、参与程度及陈述申辩事由也均不相同。在无偿收回国有建设用地的处罚程序中，当事人是围绕着涉案土地是否闲置、闲置的原因可否归责于政府或不可抗力、闲置土地的查处程序是否合法及是否予以无偿收回等事项进行陈述申辩。而在无偿收回国有划拨用地的处理程序中，当事人则围绕着涉案土地是否属于划拨用地、收回决定是否符合公共利益、行政审批程序是否合法、是否应予以安置补偿，以及安置补偿的标准是否公平合理等事项进行陈述申辩。因此，某省人民政府虽然在复议审查期间组织了听证会，听取某银行针对无偿收地行政处罚的陈述申辩，但其迳行适用无偿收地行政处理决定的法律依据作出48号复议决定，剥夺了某银行关于无偿收地行政处理决定的知情权、参与权和申辩权，违反了程序正当原则。

【案号】最高人民法院（2020）最高法行申4439号

曹某诉某镇人民政府房屋拆迁案

最高人民法院经审查认为：《国务院办公厅关于加强和改进行政应诉工作的意见》明确要求，行政机关要依法履行出庭应诉职责，被诉行政机关负责人要带头履行行政应诉职责，积极出庭应诉，不能出庭的，应当委托相应的工作人员出庭，不得仅委托律师出庭；对涉及重大公共利益、社会高度关注或者可能引发群体性事件等案件，被诉行政机关负责人应当出庭。本案中，某市人民政府负责人未出庭应诉，亦未向本院提交情况说明该机关主要负责人不能出庭应诉是否有正当理由，同时亦未委托相应的工作人员出庭，仅委托一名律师出庭。对于某市人民政府既无负责人出庭应诉，也不委托相应的工作人员出庭的行为，应当由任免机关或者监察机关依照《行政诉讼法》《行政机关公务员处分条例》等规定，对相关责任人员严肃处理。

【案号】最高人民法院（2019）最高法行再 11 号

【关联规定】
最高人民法院关于行政机关负责人出庭应诉若干问题的规定（2020 年 6 月 23 日）

第五十一条　听证程序和要求

行政复议机构组织听证的，应当于举行听证的五日前将听证的时间、地点和拟听证事项书面通知当事人。

申请人无正当理由拒不参加听证的，视为放弃听证权利。

被申请人的负责人应当参加听证。不能参加的，应当说明理由并委托相应的工作人员参加听证。

第五十二条　行政复议委员会组成和职责

县级以上各级人民政府应当建立相关政府部门、专家、学者等参与的行政复议委员会，为办理行政复议案件提供咨询意见，并就行政复议工作中的重大事项和共性问题研究提出意见。行政复议委员会的组成和开展工作的具体办法，由国务院行政复议机构制定。

审理行政复议案件涉及下列情形之一的，行政复议机构应当提请行政复议委员会提出咨询意见：

（一）案情重大、疑难、复杂；

（二）专业性、技术性较强；

（三）本法第二十四条第二款规定的行政复议案件；

（四）行政复议机构认为有必要。

行政复议机构应当记录行政复议委员会的咨询意见。

◐ 解读

立法中，有些常委委员、部门、单位、地方、基层立法联系点、专家和社会公众建议，进一步明确行政复议委员会的定位、提请行政复议委员会咨询的情形以及咨询意见的作用。宪法和法律委员会经研究，建议作以下修改：一是增加规定，行政复议委员会就行政复议工作中的重大事项和共性问题进行研究，提出意见和建议。二是明确行政复议机构审理案情重大、疑难、复杂等行政复议案件，应当提请行政复议委员会提出咨询意见。三是增加规定，行政复议机构审理申请人对省、自治区、直辖市人民政府作出的行政行为不服的行政复议案件，应当提请行政复议委员会提出咨询意见。四是增加规定，提请行政复议委员会咨询的案件，行政复议机关应当将咨询意见作为作出行政复议决定的重要参考依据。①

---

① 《全国人民代表大会宪法和法律委员会关于〈中华人民共和国行政复议法（修订草案）〉修改情况的汇报》，载中国人大网，http://www.npc.gov.cn/npc/c30834/202309/77e2a2947bce4d329b81b644b401472b.shtml，2023年9月5日访问。

立法中，有些常委委员、单位、地方、专家和社会公众建议，进一步加强行政复议履职保障，完善行政复议工作有关要求。宪法和法律委员会经研究，建议增加以下规定：一是行政复议机关应当支持和保障行政复议机构依法履行职责。二是行政复议机构应当指定行政复议人员负责办理行政复议案件。三是行政复议人员对办理行政复议案件过程中知悉的国家秘密、商业秘密和个人隐私，应当予以保密。四是行政复议委员会的组成和开展工作的具体办法，由国务院行政复议机构制定。[①]

第四节　简易程序

第五十三条　简易程序适用情形

行政复议机关审理下列行政复议案件，认为事实清楚、权利义务关系明确、争议不大的，可以适用简易程序：

（一）被申请行政复议的行政行为是当场作出；

（二）被申请行政复议的行政行为是警告或者通报批评；

[①]《全国人民代表大会宪法和法律委员会关于〈中华人民共和国行政复议法（修订草案）〉审议结果的报告》，载中国人大网，http://www.npc.gov.cn/npc/c30834/202309/ca398b28ab6040d9bfc3d7c02d0dbde7.shtml，2023年9月5日访问。

(三）案件涉及款额三千元以下；

（四）属于政府信息公开案件。

除前款规定以外的行政复议案件，当事人各方同意适用简易程序的，可以适用简易程序。

【关联规定】

最高人民法院关于适用《中华人民共和国行政诉讼法》的解释（2018年2月6日）

第一百零二条　行政诉讼法第八十二条规定的行政案件中的"事实清楚"，是指当事人对争议的事实陈述基本一致，并能提供相应的证据，无须人民法院调查收集证据即可查明事实；"权利义务关系明确"，是指行政法律关系中权利和义务能够明确区分；"争议不大"，是指当事人对行政行为的合法性、责任承担等没有实质分歧。

第一百零三条　适用简易程序审理的行政案件，人民法院可以用口头通知、电话、短信、传真、电子邮件等简便方式传唤当事人、通知证人、送达裁判文书以外的诉讼文书。

以简便方式送达的开庭通知，未经当事人确认或者没有其他证据证明当事人已经收到的，人民法院不得缺席判决。

第一百零四条　适用简易程序案件的举证期限由人民法院确定，也可以由当事人协商一致并经人民法院准许，但不得超过十五日。被告要求书面答辩的，人民法院可以确定合理的答辩期间。

人民法院应当将举证期限和开庭日期告知双方当事人，并向当事人说明逾期举证以及拒不到庭的法律后果，由双方当事人在笔录和开庭传票的送达回证上签名或者捺印。

当事人双方均表示同意立即开庭或者缩短举证期限、答辩期间的，人民法院可以立即开庭审理或者确定近期开庭。

第五十四条　简易程序书面答复

适用简易程序审理的行政复议案件，行政复议机构应当自受理行政复议申请之日起三日内，将行政复议申请书副本或者行政复议申请笔录复印件发送被申请人。被申请人应当自收到行政复议申请书副本或者行政复议申请笔录复印件之日起五日内，提出书面答复，并提交作出行政行为的证据、依据和其他有关材料。

适用简易程序审理的行政复议案件，可以书面审理。

【关联规定】

中华人民共和国行政复议法（2023年9月1日）

第四十五条　行政复议机关有权向有关单位和个人调查取证，查阅、复制、调取有关文件和资料，向有关人员进行询问。

调查取证时，行政复议人员不得少于两人，并应当出示行政复议工作证件。

被调查取证的单位和个人应当积极配合行政复议人员的工作，不得拒绝或者阻挠。

第五十五条 简易程序向普通程序转换

适用简易程序审理的行政复议案件，行政复议机构认为不宜适用简易程序的，经行政复议机构的负责人批准，可以转为普通程序审理。

参考案例

瞿某诉某区人力资源和社会保障局工伤确认案

重庆市第一中级人民法院经审查认为：《行政诉讼法》第八十四条规定，人民法院在审理过程中，发现案件不宜适用简易程序的，裁定转为普通程序。《最高人民法院关于适用〈中华人民共和国行政诉讼法〉的解释》第一百零五条规定，人民法院发现案情复杂，需要转为普通程序审理的，应当在审理期限届满前作出裁定并将合议庭组成人员及相关事项书面通知双方当事人。本案是在一审程序中先适用简易程序进行审理，后转为普通程序继续审理的案件。但从一审案卷材料来看，一审法院并未在审理期限届满前就本案作出简易程序转为普通程序的裁定书，亦未就本案合议庭组成人员及相关事项书面通知双方当事人。综上，一审法院审判程序严重违反法定程序。

【案号】重庆市第一中级人民法院（2018）渝01行终370号

第五节 行政复议附带审查

第五十六条 规范性文件审查处理

申请人依照本法第十三条的规定提出对有关规范性文件的附带审查申请，行政复议机关有权处理的，应当在三十日内依法处理；无权处理的，应当在七日内转送有权处理的行政机关依法处理。

参考案例

周某诉某市人民政府行政复议案

最高人民法院经审查认为：周某向本院申请再审，核心主张是二审法院以某县人民政府于2017年3月17日发布的《公告》为据作出判决违法。《公告》在法律属性上属于行政机关制定的规范性文件。制定规范性文件是行政机关行使行政职权的一种行政活动方式，其目的是实现特定的行政管理目标。可制定规范性文件的行政机关和行政层级多样，包括国务院部门、地方各级人民政府及其工作部门和乡、镇人民政府。行政机关为有效应对纷繁复杂的行政管理事项，制定规范性文件不拘泥于定时，制定的规范性文件亦是林林总总。对处于行政机关外部的公民、法人或其他组织而言，及时、全面、准确地掌握规范性文件并非易事。尽管规范性文件在严格意义上并非证据，但《行政诉讼法》证据专章中关于被告对作出的行政行为负有举证责任的规定将规范性文件与证据相提并论。由于行政机关需承担提供作出行政行为所依据的规范性文件的责任，对于规范性文件是否真实、是否与案件存在关联等问题的审查而言，《行政诉讼法》及《最高人民法院关于行政诉讼证据若干问题的规定》规定的一些基本规则亦应参照适用。二审判决未显示制定《公告》的主体即某县人民政府参加本案诉讼，亦未显示某县人民政府出具函件说明《公告》确系其制定及制定《公告》的相关情况，更未显示《公告》在法庭上出示及听取当事人意见的情况。因此，二审法院迳行以《公告》为据认定某县人民政府于2012年为周某颁发的《农村土地承包经营权证》和《农村集体荒地承包经营权证》已经作废，主要证据不足，依法应予纠正。

【案号】最高人民法院（2019）最高法行申8329号

徐某诉某县人民政府社会医疗保险事业处不予报销医疗费用案[①]

徐某的丈夫刘某患肺癌晚期并发脑转移，于2014年4

[①] 《行政诉讼附带审查规范性文件典型案例》，载最高人民法院网站，https：//www.court.gov.cn/zixun/xiangqing/125871.html，2023年8月23日访问。

月入住某医院治疗，2014年7月8日因医治无效去世。在某医院住院治疗期间，产生医疗费用共105014.48元。2014年7月21日，徐某申请某县社会医疗保险事业处给予办理新农合医疗费用报销。某县社会医疗保险事业处于2015年1月12日作出《某县社会医疗保险事业处关于对申请人徐某合作医疗报销申请的书面答复》（以下简称《书面答复》），依据某县卫生局、某县财政局某卫字〔2014〕2号《2014年某县新型农村合作医疗管理工作实施办法》的规定，认为刘某就诊的医疗机构不属于政府举办的医疗机构，决定不予报销。徐某起诉请求人民法院撤销某县社会医疗保险事业处作出的《书面答复》，同时，对某县社会医疗保险事业处所依据规范性文件的合法性进行审查。

山东省日照市中级人民法院二审认为，案涉实施办法第五条第二款规定"参合农民到市外就医，必须到政府举办的公立医疗机构"，该款规定对行政相对人的权利作出了限缩性规定，不符合上位法规范性文件的相关规定，不能作为认定行政行为合法的依据，《书面答复》应予撤销。对于徐某的新型农村合作医疗费用依据上位规范性文件的规定应否报销，需由某县社会医疗保险事业处重新审查并作出处理。据此，二审法院撤销一审法院判决；撤销某县社会医疗保险事业处作出的《书面答复》；并责令某县社会医疗保险事业处于判决生效之日起60日内对徐某的申请重新审查并作出处理。

第五十七条 行政行为依据审查处理

行政复议机关在对被申请人作出的行政行为进行审查时,认为其依据不合法,本机关有权处理的,应当在三十日内依法处理;无权处理的,应当在七日内转送有权处理的国家机关依法处理。

● 参考案例

赵某诉某市人民政府不履行行政复议法定职责案

浙江省高级人民法院经审查认为:本案系因赵某认为某市人民政府不履行交通行政复议法定职责提起的诉讼。本案中,由于赵某一并申请审查限速50公里/小时的依据,系由某市公路路政管理支队与某市公安局交通警察支队共同制作的某公支〔2006〕8号《关于调整和完善新56省道(瑞东线)公路交通限速标准的通知》,依法属于《行政复议法》"县级以上地方各级人民政府及其工作部门的规定"事项。但根据该法规定,复议机关转送处理的事项应以自己"无权处理"为前提,但某市人民政府并未提供其之所以无权处理的证据或者依据,且其所转送的某公支〔2006〕8号《关于调整和完善新56省道(瑞东线)公路交通限速标准的通知》,实系某1市公安局交通警察大队对被上诉人作出100205××××号公安交通管理简易程序处罚决定书的依据,对该处罚依据合法性的审查本就属于上诉人行政复议的法定职责。此外,尽管该法规定了可以转送处理的程序,但同时明确了"无权处理的,应当在七日内按照法定程序转送有权处理的行政机关依法处理,有权处理的行政机关应当在六十日内依法处理"的要求。故2009年10月11日提出行政复议申请,直至同年12月7日才予转送,且至今仍未作出行政复议决定,显然不符合上述法律规定的行政复议程序。

【案号】浙江省高级人民法院(2016)浙行终1437号

第五十八条 附带审查处理程序

行政复议机关依照本法第五十六条、第五十七条的规定有权处理有关规范性文件或者依据的,行政复议机构应当自行政复议中止之日起三日内,书面通知规范性文件或者依据的制定机关就相关条款的合法性提出书面答复。制定机关应当自收到书面通知之日起十日内提交书面答复及相关材料。

行政复议机构认为必要时,可以要求规范性文件或者依据的制定机关当面说明理由,制定机关应当配合。

● 参考案例

章某诉某区人民政府行政管理案

最高人民法院经审查认为: 本案中,再审申请人章某就是在对某街道办事处扣缴养老保险统筹基金的行为提起诉讼时,一并请求对该扣缴行为所依据的规范性文件某政〔2010〕16号文件的合法性进行审查。

根据《最高人民法院关于适用〈中华人民共和国行政诉讼法〉的解释》第一百四十八条第二款的规定,"有下列情形之一的,属于行政诉讼法第六十四条规定的'规范性文件不合法':(一)超越制定机关的法定职权或者超越法律、法规、规章的授权范围的;(二)与法律、法规、规章等上位法的规定相抵触的;(三)没有法律、法规、规章依据,违法增加公民、法人和其他组织义务或者减损公民、法人和其他组织合法权益的;(四)未履行法定批准程序、公开发布程序,严重违反制定程序的;(五)其他违反法律、法规以及规章规定的情形。"根据上述规定,对规范性文件合法性的审查,主要集中在职权依据、文件内容和制定程序等方面。一审和二审法院正是围绕这几个方面对某政〔2010〕16号文件的合法性进行了审查,认为该文件符合法律规定,其中由村委会提取部分土地补偿款作为被征地农民养老保险统筹基金的条款符合《土地管理法》及其他行政法规的规定。

人民法院审查针对规范性文件合法性的再审申请,根据再审理由和案件实际情况,可以针对规范性文件合法性的所有方面进行审查,也可以主要针对再审申请人质疑的方面进行审查。本案中,再审申请人对某政〔2010〕16号文件的合法性提出质疑的主要理由,是"某政〔2010〕16号文件的制定无法律依据,违法无效。某1市人民政府制定的某1政〔2007〕123号文件才是合法有效的规范性文件"。在此情况下，本院的审查也主要集中于某政〔2010〕16号文件是否违反某1政〔2007〕123号文件的规定。

《最高人民法院关于适用〈中华人民共和国行政诉讼法〉的解释》第一百四十七条第一款规定，人民法院在对规范性文件审查过程中，发现规范性文件可能不合法的，应当听取规范性文件制定机关的意见。这里所说的"规范性文件制定机关"，既包括被请求审查的规范性文件的制定机关，也包括更高等级的规范性文件的制定机关。因此，本院专门举行听证会，邀请某政〔2010〕16号文件的制定机关某区人民政府以及某1政〔2007〕123号文件的制定机关某1市人民政府到庭发表意见。经审查查明，某区人民政府制定的某政〔2010〕16号文件中关于提取部分土地补偿费的规定是解决养老保险资金的筹集问题，而某1市人民政府制定的某1政〔2007〕123号文件第九项是解决养老保险金的发放问题，并非针对资金的筹集问题。某1市人民政府在听证程序中也说明，两个规范性文件解决的不是同一事项，不存在冲突问题，再审申请人关于违反上位法规定的再审理由，是对规范性文件的错误理解。对此本院认为，人民法院在审查规范性文件是否存在"与法律、法规、规章等上位法的规定相抵触"的情形时，应当注意听取上位法制定机关的意见。在上位法制定机关对规范性文件的合法性予以认可，并且不存在与更上一级法律、法规、规章等上位法的规定相抵触的情况下，应当尊重上级机关的意见。并且，所谓下位法与上位法相抵触，必须是针对同一事项或对象。在不是针对同一事项或对象时，不能适用上位法优于下位法的规则。据此，对于再审申请人的该项再审理由，本院不予采纳。

【案号】最高人民法院（2018）最高法行申 3312 号

第五十九条　附带审查处理结果

> 行政复议机关依照本法第五十六条、第五十七条的规定有权处理有关规范性文件或者依据，认为相关条款合法的，在行政复议决定书中一并告知；认为相关条款超越权限或者违反上位法的，决定停止该条款的执行，并责令制定机关予以纠正。

● 参考案例

郑某诉某市人民政府土地行政批准案[①]

郑某与其父母郑某兴、张某香同户，均系某市某街道某村村民。1997 年 8 月，郑某兴户在个人建设用地补办申请中将郑某列为在册人口。2013 年 3 月，郑某兴因拆迁复建提交个人建房用地申请时，在册人口中无郑某。某市人民政府根据《某市个人建房用地管理办法》以及《某市工

---

① 《行政诉讼附带审查规范性文件典型案例》，载最高人民法院网站，https://www.court.gov.cn/zixun/xiangqing/125871.html，2023 年 8 月 23 日访问。

业城二期用地范围房屋迁建补偿安置办法》之规定，认为郑某虽系郑某兴之女，其户口登记在郑某兴名下，但业已出嫁，属于应迁未迁人口，遂于2014年7月确认郑某兴户有效人口为2人，并审批同意郑某兴的个人建房用地申请。郑某不服诉至法院，请求判令撤销某市人民政府的审批行为；附带审查上述两个规范性文件并确认不合法。

浙江省台州市黄岩区人民法院一审认为，郑某兴申请建造住宅用地的申报材料，虽由所在村委会统一上报，并经乡（镇）人民政府审核，某市政府作为批准机关，对申报材料的真实性、村集体讨论通过并予以公布的程序合法性等仍负有审查职责。某市政府在作出被诉审批行为时，未对村委会上报的某市个人建房用地审批表中村委会的公布程序等相关事实进行认真审查，属于认定事实不清，证据不足，程序违法，应当予以撤销。《用地管理办法》与《补偿安置办法》系某市政府制定的规范性文件。该文件的相关规定，不适用于郑某。据此，判决撤销某市政府2014年7月25日作出的某政个许字〔2014〕585号《某市个人建房用地审批表》中同意郑某兴户新建房屋的审批行为，责令某市人民政府在判决生效之日起六十日内对郑某兴户的建房用地重新作出审批。郑某和某市人民政府不服均提起上诉。浙江省台州市中级人民法院二审认为，《用地管理办法》与《补偿安置办法》相关规定不作为认定被诉审批行为合法的依据，一审法院认为对郑某不适用的表述有所不当，予以指正。二审判决驳回上诉、维持原判。其后，人民法院向某市人民政府发送司法建议，该人民政府及时启动了相关规范性文件的修订工作，并表示将加强规范性文件制定的审查工作。

修改后的《行政诉讼法》赋予公民、法人和其他组织在对行政行为提起诉讼时，认为所依据的规范性文件不合法时，可附带请求法院审查该文件合法性的权利。本案中，某市人民政府制定的两个涉案规范性文件，将"应迁出未迁出的人口"及"已经出嫁的妇女及其子女"排除在申请个人建房用地和安置人口之外，显然与《妇女权益保障法》等上位法规定精神不符。

第六十条 接受转送机关的职责

> 依照本法第五十六条、第五十七条的规定接受转送的行政机关、国家机关应当自收到转送之日起六十日内，将处理意见回复转送的行政复议机关。

● 参考案例

物业公司诉某市住房和城乡建设管理委员会行政许可案[①]

2015年7月2日，原某市住房保障和房屋管理局受理

[①] 《行政诉讼附带审查规范性文件典型案例》，载最高人民法院网站，https://www.court.gov.cn/zixun/xiangqing/125871.html，2023年8月23日访问。

物业公司向其提出的新设立物业服务企业资质核定申请。后原某市住房保障和房屋管理局认定物业公司的申请不符合有关规定,继而于同年7月9日作出不予批准决定。物业公司不服提起行政诉讼,请求撤销原某市住房保障和房屋管理局2015年7月9日作出的《不予批准决定书》;对原某市房屋土地资源管理局制定的某房地资物〔2007〕69号《新设立物业资质通知》进行附带审查。

一审法院认为,原某市房屋土地资源管理局作为物业服务企业资质的主管机关,根据上位法规定制定《新设立物业资质通知》,对《物业服务企业资质管理办法》中专职人员的认定标准进行了解释和细化规定,与《行政许可法》《物业管理条例》等法律法规的规定不相冲突,制定主体、制定目的、制定过程符合规范,并无明显违法情形。结合该通知第一条的规定和相关证据,物业公司聘用的相关专业人员社保缴纳记录仅持续一个月,显然不符合物业服务企业中专业人员的专职性要求,进而不符合专职人员的人数要求。据此,法院判决驳回物业公司的诉讼请求。物业公司不服上诉,二审驳回上诉,维持原判。

根据《行政许可法》的规定,法律法规已经设定行政许可的,下级行政机关可以依法通过制定规范性文件的方式明确许可所具备的条件。行政相对人对该规范性文件提起附带审查的,法院围绕该规范性文件与法律法规的规定是否存在冲突,制定主体、制定目的、制定过程是否符合规范,是否明显违法等情形进行审查。规范性文件不存在违法情形的,应当在判决理由中予以认可,并在该案中进行适用。本案中,人民法院通过判决明确了国家对从事物业管理活动的企业实行资质管理的制度,物业服务企业中从事物业管理的人员应当根据有关规定取得职业资格证书,且满足相应的人数标准。同时明确为了更好地提供物业管理服务,物业管理人员除具备职业资质外,还应当具备服务的稳定性。原某市房屋土地资源管理局作为物业服务企业资质的主管机关,根据上位法规定制定《新设立物业资质通知》,对《物业服务企业资质管理办法》中专职人员的认定标准进行了解释和细化规定,与《行政许可法》《物业管理条例》等法律法规的规定不相冲突。

第五章　行政复议决定

第六十一条　行政复议决定程序

行政复议机关依照本法审理行政复议案件，由行政复议机构对行政行为进行审查，提出意见，经行政复议机关的负责人同意或者集体讨论通过后，以行政复议机关的名义作出行政复议决定。

经过听证的行政复议案件，行政复议机关应当根据听证笔录、审查认定的事实和证据，依照本法作出行政复议决定。

提请行政复议委员会提出咨询意见的行政复议案件，行政复议机关应当将咨询意见作为作出行政复议决定的重要参考依据。

第六十二条　行政复议审理期限

适用普通程序审理的行政复议案件，行政复议机关应当自受理申请之日起六十日内作出行政复议决定；但是法律规定的行政复议期限少于六十日的除外。情况复杂,不能在规定期限内作出行政复议决定的,经行政复议机构的负责人批准,可以适当延长,并书面告知当事人;但是延长期限最多不得超过三十日。

适用简易程序审理的行政复议案件,行政复议机关应当自受理申请之日起三十日内作出行政复议决定。

参考案例

贾某诉某部门履行行政复议法定职责案

北京市高级人民法院经审查认为:本案中,某部门已于2020年1月20日签收贾某针对18号答复提出的行政复议(履职)申请书,至贾某提起本案诉讼之日(2020年3月31日),某部门仍未作出处理,属于未履行行政复议职责的情形。因此,某部门应当在法定期限内针对贾某于2020年1月18日提出的行政复议(履职)申请作出处理。贾某关于某部门在法定复议期限内未履行行政复议职责的诉讼主张于法有据,一审法院予以支持,并无不当。

【案号】北京市高级人民法院(2020)京行终7876号

况某诉某县人民政府履行法定职责案

河南省漯河市中级人民法院经审查认为:就本案而言,被告某县人民政府于2016年8月15日受理原告况某的行政复议申请,于2016年10月9日作出行政复议决定,并未超过法定的行政复议审理期限。但被告某县人民政府作出行政复议决定后应当及时向行政复议申请人送达行政复议决定，其在原告况某提起本案诉讼后，在本院审理期间，于2016年11月18日才向原告况某送达，不符合《行政复议法》第四条规定的及时、便民原则，应当确认其未及时向原告送达的行为违法。

【案号】河南省漯河市中级人民法院（2016）豫11行初89号

石油公司诉某省人民政府行政复议案

山西省高级人民法院经审查认为：行政复议机构审理行政复议案件，应当由2名以上行政复议人员参加。被申请人应当自收到申请书副本或者申请笔录复印件之日起十日内，提出书面答复，并提交当初作出具体行政行为的证据、依据和其他有关材料。行政复议机关负责法制工作的机构应当对被申请人作出的具体行政行为进行审查，提出意见，经行政复议机关的负责人同意或者集体讨论通过后，作出行政复议决定。因情况复杂，不能在规定期限内作出行政复议决定的，经行政复议机关的负责人批准，可以适当延长，并告知申请人和被申请人。本案中，被上诉人某省人民政府并未提交相应证据证明其复议程序符合上述规定，上诉人关于该项上诉主张依法能够成立，本院予以支持。

【案号】山西省高级人民法院（2020）晋行终598号

第六十三条 变更决定

行政行为有下列情形之一的，行政复议机关决定变更该行政行为：

（一）事实清楚，证据确凿，适用依据正确，程序合法，但是内容不适当；

（二）事实清楚，证据确凿，程序合法，但是未正确适用依据；

（三）事实不清、证据不足，经行政复议机关查清事实和证据。

行政复议机关不得作出对申请人更为不利的变更决定，但是第三人提出相反请求的除外。

● 解读

立法中，有些常委委员、单位、地方、专家和社会公众建议，调整优化行政复议决定体系，突出行政复议实质性化解行政争议的制度特点。宪法和法律委员会经研究，建议按照先变更、撤销或者部分撤销，后维持、驳回请求的顺序，对行政复议决定有关条文顺序进行调整。[1]

---

[1] 《全国人民代表大会宪法和法律委员会关于〈中华人民共和国行政复议法（修订草案）〉审议结果的报告》，载中国人大网，http://www.npc.gov.cn/npc/c2/c30834/202309/t20230901_431411.html，2023年9月13日访问。

◐ 参考案例

肖某诉某市人民政府行政复议决定案

最高人民法院经审查认为：《行政复议法》规定了行政复议禁止不利变更原则。因为复议申请人申请行政复议，是为了撤销对己不利的行政行为。如果行政复议机关在审查行政行为是否合法或适当的过程中，作出对复议申请人较原裁决更为不利的决定，那么就会违背复议申请人提起行政救济的本意。行政复议禁止不利变更原则体现了"申辩不加重"的本意，即要求行政复议机关不得因当事人申辩而加重处罚。但是行政复议禁止不利变更原则的适用也存在例外情形。在行政处罚案件中，排除禁止不利变更原则适用包括但不限于以下情形：一是被侵害人及被处罚人同为复议申请人。此类情形中被侵害人、被处罚人会明示请求撤销处罚决定；二是被侵害人或被处罚人申请了行政复议，另一方作为第三人在复议程序中存在有意识的默示申请撤销处罚决定的行为。本案中，肖某因不服某分局对王某所作的处罚决定而申请复议，被处罚人王某系复议程序中的第三人。王某虽然并非复议申请人，但其在复议程序中明确主张未殴打肖某、肖某存在做伪证等情形，因此可以认定王某并不认可某分局作出的处罚决定，且已提出申辩，符合默示申请撤销处罚决定的要件。在此情形下，某市人民政府经审理后，决定撤销处罚决定，并未违反禁止不利变更原则。

【案号】最高人民法院（2019）最高法行申 4324 号

置业公司诉某区人民政府行政协议案

最高人民法院经审查认为：本案二审法院的裁判思路为双方《补充协议（一）》无效，故按照合同无效的处理原则，置业公司应将土地归还，某区人民政府退还收取的土地费用。本院认为，某区人民政府和置业公司双方除签订上述《补充协议（一）》外，之前还于 2006 年 10 月 18 日签订了《合同书》，该《合同书》第三条明确，某区人民政府同意将涉案土地出让给置业公司，该宗地为工业用地，使用年限为 40 年。后某区人民政府相关部门签订国有土地使用权出让合同并与置业公司签订土地转让协议，为其办理了涉案土地的工业用地使用权证，即双方《合同书》约定内容已经实际部分履行。本案并无证据显示置业公司取得的工业用地使用权证无效或应撤销，基于政府颁证行为的确定力和公定力，应推定置业公司已经实际取得涉案土地的工业用地使用权，至于是否足额缴纳土地出让金并非本案予以解决的问题。在双方《合同书》内容已经部分履行且置业公司已经实际取得工业用地使用权的情况下，二审法院未对双方《合同书》和置业公司工业用地使用权证的效力作出认定，径行依照合同无效的处理原则，对置业公司享有使用权的工业用地予以处置，责令归还，应属不当。

该案系因某区人民政府没有按照双方协议约定如期为置业公司办理土地变性而引起的纠纷，置业公司也是在拥有涉案工业用地使用权的前提下提起的本案诉讼，但原审法院的处理却让其丧失诉前本已享有的工业用地使用权，起诉反而得到了比不起诉更为不利的后果，原审法院的处理超出了置业公司的诉讼请求。

【案号】最高人民法院（2018）最高法行申 3619 号

第六十四条 撤销或者部分撤销、责令重作

行政行为有下列情形之一的，行政复议机关决定撤销或者部分撤销该行政行为，并可以责令被申请人在一定期限内重新作出行政行为：

（一）主要事实不清、证据不足；

（二）违反法定程序；

（三）适用的依据不合法；

（四）超越职权或者滥用职权。

行政复议机关责令被申请人重新作出行政行为的，被申请人不得以同一事实和理由作出与被申请行政复议的行政行为相同或者基本相同的行政行为，但是行政复议机关以违反法定程序为由决定撤销或者部分撤销的除外。

● 参考案例

王某诉某区人民政府行政复议决定案

北京市第四中级人民法院经审查认为：本案中，某市公安局某分局作出的行政处罚决定适用了《治安管理处罚法》第四十三条第一款规定，依据该条款处罚，拘留的上限为 10 日，罚款的上限为 500 元，行政处罚决定最终给予原告的处罚为拘留 7 日，并处罚款 200 元。而被诉决定书在本机关认为部分指出某市公安局某分局认定原告具有结伙殴打他人情节，应适用而未适用的是《治安管理处罚法》第四十三条第二款第一项规定，依据该条款处罚，拘留的下限为 10 日，上限为 15 日；罚款的下限为 500 元，上限为 1000 元。显然，原行政处罚决定适用法律确有错误，但是依据被诉决定书指向的应适用法律条款对原告进行处罚，将导致原告在申请行政复议之后，处罚结果有所加重。禁止不利变更原则既包括复议机关不得直接作出对申请人更为不利的复议决定，也包括复议机关不得以撤销等方式间接导致对申请人更为不利的结果。尽管被告没有在被诉决定书中直接变更原行政行为，也没有在作出撤销决定的同时，要求某市公安局某分局重新作出行政处罚决定，然而该行政处罚系殴打他人事件引起，某市公安局某分局必然会重新作出行政处罚决定，而重作的决定必将导致对原告更为不利的后果。

【案号】北京市第四中级人民法院（2017）京04行初789号

乔某诉某县人民政府不履行法定职责案

最高人民法院经审查认为： 在要求行政机关作出特定行为的给付类复议案件中，复议机关责令被申请人作出申请人所要求的行政行为，即对被申请人不作为行为的否定性评价，并进一步实现了申请人要求给付特定行政行为的复议目的。因此，责令被申请人作出特定行为的复议决定，本身就包含对不作为行为违法性的确认，而无须再专门作出确认不作为行为违法的复议决定。

【案号】最高人民法院（2017）最高法行申7059号

史某诉某县公安局行政处罚案

河南省高级人民法院再审认为： 本次处罚决定是某县公安局撤销其前两次处罚决定之后第三次作出的处罚决定。该处罚决定虽然在事实认定、主要理由及处理结果上与前两次处罚决定相同，但前两次处罚决定是因程序或文字瑕疵而被撤销，不涉及实体问题。本次行政处罚决定不存在违反行政诉讼法规定问题。

【案号】河南省高级人民法院（2019）豫行再138号

房地产开发公司诉某市人民政府行政复议案

最高人民法院经审查认为： 本案中，房地产开发公司请求撤销某市人民政府复议决定的同时要求确认《成交确认书》的效力，根据上述法律之规定，法院判决撤销复议决定时，可以根据案件情况决定是否责令复议机关重新作出复议决定或对原行政行为效力进行确认，此为法院自由裁量空间。但不可否认的是，原审法院仅判决撤销复议决定，若某市人民政府此后不再履行复议职责，必然导致行政法律关系的不确定状态，进而引发新的争议、循环诉讼。本着实质性化解行政争议的原则，法院应当尽量判决到位，以消除新争议产生的可能性。但考虑再审申请人某公司已经对房地产开发公司与某分局签订的《成交确认书》提起了撤销之诉，案涉法律关系的不确定状态可以通过另案诉讼得到解决，本案无进行再审之必要。

【案号】 最高人民法院（2020）最高法行申278号

某村民小组诉某县人民政府行政复议案

最高人民法院经审查认为： 人民法院判决被告重新作出行政行为的，被告不得以同一事实和理由作出与原行政行为基本相同的行政行为。所谓"同一事实和理由"是指行政机关重新作出的行政行为依据的主要证据、事实和理由，与被撤销的行政行为所依据的主要证据、事实和理由基本相同，从而造成重新作出的行政行为直接与人民法院的生效判决认定的事实和理由相抵触的情形。如果生效判决仅仅是以事实不清、主要证据不足为由撤销原行政行为，行政机关重新作出行政行为时，依据新的证据，补充认定相关事实，完善决定理由，重新作出与原行政行为处理结果相同的行政行为，不属于以"同一事实和理由"作出与原行政行为基本相同行政行为的情形。

【案号】最高人民法院（2019）最高法行再 115 号

置业公司诉某税务局税收管理行政决定案

湖北省武汉市中级人民法院经审查认为：原《行政复议法》第二十八条有两款规定，其中第一款有四项条文，规定的情形与处理结果均不相同。武汉市税务局作出涉案复议决定应当针对该案情况援引对应条款。其仅援引第二十八条，属适用法律错误。原审法院因此撤销该复议决定并无不当。

【案号】湖北省武汉市中级人民法院（2021）鄂 01 行终 148 号

科技公司诉某部门行政复议案

北京市第一中级人民法院经审查认为：本案中，被告于 2018 年 2 月 14 日作出被诉处罚决定，同年 3 月 2 日原告签收被处罚决定书。其中，法定节假日应予扣除。但至原告签收时，亦已超出上述法律规定的送达期限。被告在庭审中主张其于同年 2 月 27 日曾电话通知原告到被告处领取被诉处罚决定书，但被告向法院提交该电话记录证据的时间已经超过举证期限，且电话通知亦不属于法定送达程序或法定送达形式。在此情况下，被告延迟送达被诉处罚决定的行为，虽对原告权利未产生实际影响，但仍构成程序轻微违法。

被告收到原告提出的行政复议申请后，依法履行了行政复议职责，并无不当。但被诉处罚决定送达程序存在轻微违法情形，被诉复议决定对于被诉处罚决定的合法性作出的认定存在错误，故本院依法应予撤销。

【案号】北京市第一中级人民法院（2018）京01行初835号

第六十五条　确认违法

行政行为有下列情形之一的，行政复议机关不撤销该行政行为，但是确认该行政行为违法：

（一）依法应予撤销，但是撤销会给国家利益、社会公共利益造成重大损害；

（二）程序轻微违法，但是对申请人权利不产生实际影响。

行政行为有下列情形之一，不需要撤销或者责令履行的，行政复议机关确认该行政行为违法：

（一）行政行为违法，但是不具有可撤销内容；

（二）被申请人改变原违法行政行为，申请人仍要求撤销或者确认该行政行为违法；

（三）被申请人不履行或者拖延履行法定职责，责令履行没有意义。

1. 国家公益 【《行政复议法》第六十五条第一款第一项】

☛ 参考案例

殷某诉某市公安局行政复议案

北京市高级人民法院经审查认为：某市公安局所作《行政处罚决定书》认定事实清楚，证据充分，办案程序合法，并无不当。因王某已超过六十周岁，故殷某的行为属于《治安管理处罚法》第四十三条第二款第二项规定的情形，应当适用该规定对殷某作出"十日以上十五日以下拘留，并处五百元以上一千元以下罚款"的处罚。某市公安局适用《治安管理处罚法》第四十三条第一款对殷某作出行政拘留五日，并处罚款200元的处罚，属于适用法律错误。但考虑到撤销上述处罚决定，会使殷某承担更加不利的后果，某市公安局遵循"禁止不利变更"原则，遂确认处罚决定违法，符合法律规定。

【案号】北京市高级人民法院（2019）京行申1681号

刘某诉某区人民政府房屋征收补偿决定案

最高人民法院经审查认为：某区人民政府所作的《某区房屋征收决定》已经原审两级法院审查，确认其在拟订征收补偿方案和进行社会稳定风险评估的主体、对征求意见情况和根据公众意见修改情况的及时公布、征收补偿费用的专户管理等程序上存在一定的缺陷或瑕疵，但同时认为若撤销该房屋征收决定会给公共利益造成重大损害，遂依法确认该房屋征收决定违法，并责令某区人民政府采取相应的补救措施。因此，该房屋征收决定在仅被法院确认违法，而未被撤销的情况下，依然是作为有效的行政行为而存在，对行政机关、相对人、其他利害关系人以及其他国家机关仍具有约束力，可以作为后续房屋征收补偿决定的依据，本案被诉的房屋征收补偿决定并不因为该房屋征收决定曾被确认程序违法而当然违法。本案中，再审申请人刘某因与房屋征收部门在征收补偿方案确定的签约期限内未达成补偿协议，经房屋征收部门报请，某区人民政府依照有关房屋征收补偿的地方政府规章和规范性文件，按照已公告的征收补偿方案对刘某作出《房屋征收补偿决定书》，并无不当。

【案号】最高人民法院（2017）最高法行申8174号

2. 轻微违法 【《行政复议法》第六十五条第一款第二项】

参考案例

刘某诉某省人民政府不予受理行政复议案

最高人民法院经审查认为：属于行政复议范围的具体行政行为，应当是对特定公民、法人或者其他组织合法权益造成侵害或者产生不利影响的行为。如果具体行政行为对辖区内所有管理对象产生了同等的不利影响，没有人因区别于他人的特别权益而受到侵害，该具体行政行为实质上属于不可申请行政复议的行政行为。本案中，刘某认为某省教育厅未按《某省学校安全条例》规定，履行对辖区内学校安全事项的检查监督义务，侵犯了其合法权益。但是，某省教育厅不履行该项法定职责的行为，对辖区所有学校学生生命健康安全产生了同等的不利影响。刘某的儿子作为某大学学生，与其他学生受到的不利影响并无区别。其儿子在学校被害身亡，并非某省教育厅不履行对学校安全检查监督义务行为的直接法律后果，而是犯罪行为所致，属于不履责行为的反射利益。因此，刘某认为某省教育厅不履责行为侵犯其合法权益，缺乏事实根据。某省人民政府作出的行政复议不予受理行为认定某省教育厅不履责行为不属于行政复议范围，依法有据，本院应予支持。

【案号】最高人民法院（2015）行监字第78号

能源公司诉某县人民政府管道燃气特许经营行政许可案

最高人民法院经审查认为： 本案中，某县人民政府未经招投标程序，授予能源公司管道燃气特许经营权，违反了法定程序。但是，由于能源公司取得管道燃气特许经营权在先，某公司取得在后，上述违反法定程序行为并未对某公司的合法权益造成损害，二审判决确认某县人民政府授予能源公司管道燃气特许经营权行为违法，符合法律规定。同时，鉴于10号再审判决已经将产业示范园区内南昆铁路线以北的管道燃气特许经营权保留给某公司，为保持与生效的10号再审判决一致，避免关联判决之间发生冲突，二审判决同时撤销某县人民政府授予能源公司的管道燃气特许经营权，并无不当。

【案号】最高人民法院（2017）最高法行申6054号

胡某某诉某公安局行政处罚案

安徽省芜湖市鸠江区人民法院经审查认为：本案中，现有证据显示被告某公安分局在受理案件后并未将受案回执交报警人，同时存在超期办案的情况，属程序轻微违法，因调查事实清楚、处理结果适当，故对原告的权利不产生实际影响，应依法确认程序违法。

【案号】安徽省芜湖市鸠江区人民法院（2021）皖0207行初12号

3. 不具有可撤销内容 【《行政复议法》第六十五条第二款第一项】

● 参考案例

工贸公司诉某区人民政府拆迁补偿协议案

最高人民法院经审查认为：根据《行政诉讼法》第七十四条第二款第一项的规定，行政行为违法，但不具有可撤销内容的，不需要撤销或者判决履行的，人民法院判决确认违法。该规定针对的是事实行为等不具有可撤销内容而无法撤销的情况，案涉《补偿安置协议》不属于该情形，一审判决适用该项规定属适用法律不当，二审判决未予纠正，亦属适用法律不当。

【案号】最高人民法院（2019）最高法行申 13287 号

4. 改变原行为 【《行政复议法》第六十五条第二款第二项】

● 参考案例

刘某诉某区人民政府房屋征收补偿决定案

重庆市高级人民法院经审查认为： 当事人提起行政诉讼的行政争议须有司法保护之必要。对于撤销之诉的目的，在于解除行政行为的法律效力。行政行为的效力如果存在，当事人即有提起撤销诉讼的实在利益。当事人针对涉案的房屋征收补偿决定提出的诉讼类型为撤销之诉，即认为行政机关作出的房屋征收补偿决定违法而侵害其合法权益，故其提起撤销之诉当然具有诉之利益。撤销之诉中，行政机关自行撤销房屋征收补偿决定，导致该房屋补偿决定因撤销而失去效力，故该房屋补偿决定无法再以撤销之诉予以撤销，则此时应将撤销诉讼转换为确认之诉，即对已撤销的原房屋补偿决定确认违法。后续的确认之诉不在于满足原告的实体法请求权，而在于因情势变更对现存请求权提供特别的权利保护，是对撤销之诉的补充。本案中，7号《征补决定》直接剥夺了当事人陈某参与征收程序获得补偿的权利，严重影响了其基本权利，故该继续确认之诉仍有诉的利益存在。

根据行政诚信原则和法安定性的要求，行政主体作出行政行为后不得随意撤销、变更或撤回行政行为。当然，这一义务并不是绝对的：行政行为会在所根据的事实或者法律发生变化的特定条件下，存在变更、撤销或撤回的可能，有时甚至是必须的。这就是行政机关的自我纠错功能。行政机关不但可以在行政程序中进行纠错，也可以在诉讼阶段进行自我纠错。本案中，某区人民政府依据该生效裁定自行撤销7号《征补决定》，系主动纠错。7号《征补决定》虽然已不复存在，但因其存在错误认定事实所引发的行政争议仍然存在，陈某受到损害的权益却并未因7号《征补决定》法律效力消失而获得及时治愈。因此，本院有必要继续对7号《征补决定》的合法性作出法律评判，以通过确认之诉充分保障当事人的实体权益，防止行政机关再次侵害当事人的合法权益。

【案号】重庆市高级法院（2019）渝行终224号

钟某诉某县人民政府注销农村土地承包经营权证案

最高人民法院经审查认为：行政诉讼中，作为被告的行政机关，均有权自我纠正错误的被诉行政行为，至于纠错行为是否正确合法，人民法院应当予以审查认定。推而广之，行政程序中，行政机关发现作出的行政行为确有错误的，同样具有自我纠错的法定职权。至于自我纠错行为是否合法，则应当看行政机关自我纠错的理由是否合法、正当，并依法接受人民法院的司法审查。

本案中，某县人民政府发现给钟某颁发承包证行为错误后，经释明催告，要求钟某主动交回错误颁发的承包证，由某县人民政府予以更正，钟某拒不配合纠错，某县人民政府依法自我纠错，作出被诉33号注销公告，注销钟某持有的承包证，认定事实清楚、证据充分，适用法律、法规正确，符合法定程序。

【案号】最高人民法院（2018）最高法行申2218号

5. 履行无意义 【《行政复议法》第六十五条第二款第三项】

● 参考案例

吕某诉某市人民政府不履行政府信息公开法定职责案

最高人民法院经审查认为：本案中，尽管某市人民政府未在法定时间内对吕某的政府信息公开申请依法作出答复的行为违法，但是，吕某已经通过某网某市人民政府办公厅的答复，以及一、二审庭审，清楚明确地知道了某市人民政府对其政府信息公开申请答复的具体内容，判决某市人民政府作出答复，已经没有实际意义，二审判决确认某市人民政府未依法予以答复的行为违法，符合相关司法解释的规定。吕某主张，应当判决某市人民政府限期履行政府信息公开义务，本院不予支持。

【案号】最高人民法院（2015）行监字第1274号

朱某诉某派出所行政复议决定案

最高人民法院经审查认为：对于某派出所作出被诉处罚决定超过法定期限的问题，复议机关某区人民政府认为属于程序违法，决定撤销被诉处罚决定。在处罚决定事实清楚、法律适用正确的情况下，复议机关某区人民政府以办案超期为由，认定程序违法进而撤销被诉处罚决定存有不妥，因为撤销被诉处罚决定后再让某派出所重新作出处罚决定，只会在客观上更加延迟。二审法院将之认定为程序瑕疵不宜撤销，并建议某区人民政府通过其他方式或者途径督促某派出所改进工作的裁判尺度，更为合理。

【案号】最高人民法院（2017）最高法行申5104号

第六十六条 责令履行

> 被申请人不履行法定职责的，行政复议机关决定被申请人在一定期限内履行。

● 参考案例

王某等诉某市人民政府履行会议纪要职责案

最高人民法院经审查认为：本案中，会议纪要为解决王某等人与某住管办之间的房屋遮光纠纷而作出，涉及被遮光住户房屋回购、新建房屋规划审批等事项，内容明确具体。会议纪要作出后，王某等即停止上访和阻碍部队施工行为，会议纪要所涉单位业已按照会议纪要的内容开展了部分工作。故会议纪要已对王某等人的权利和义务产生了直接影响，具有可诉性。《行政诉讼法》规定，人民法院经过审理，查明被告不履行法定职责的，判决被告在一定期限内履行。此处所指"法定职责"的渊源甚广，既包括法律、法规、规章规定的行政机关职责，也包括上级和本级规范性文件，还包括行政机关基于行政机关的先行行为、行政允诺、行政协议而形成的职责。就本案而言，会议纪要是某市人民政府为解决王某等人与某住管办之间的房屋遮光纠纷作出的行政允诺，即某市人民政府等行政部门对王某等人作出的将来作出一定行为的具有法律约束力的承诺。允诺行为本身即行政机关对相对人作出的一项承诺。恪守诺言、兑现承诺是行政机关遵守诚信原则的应有之义。因此，按照会议纪要内容履行行政允诺依法属于某市人民政府及相关工作部门应当履行的法定职责。某市人民政府提出其不存在行政不作为，不应作为本案被告的答辩意见，没有事实和法律依据。

王某等人要求某市人民政府履行会议纪要规定的职责，具有事实和法律依据，某市人民政府应当履行回购被遮光房屋的承诺。从实现诚信原则要求和保护相对人正当信赖角度出发，即便因王某等被遮光房屋不符合回购政策等因素导致某市人民政府无法履行作出的回购承诺，其亦应当依照信赖利益保护原则，对王某等人的损失给予合理补偿。因此，二审法院判决责令某市人民政府履行对王某等人被遮光房屋回购的义务或对被遮光房屋的损失给予合理补偿，并无不当。

【案号】最高人民法院（2018）最高法行申1589号

达某诉某县人民政府不履行法定职责案

最高人民法院经审查认为： 再审申请人达某系认为再审被申请人某县人民政府未依法对其登记安置房而提起本案诉讼。在诉讼类型上，本案诉讼属于履行法定职责之诉，即请求判令行政机关作出特定行政行为的诉讼。该种诉讼之所以被提起，往往是因为公民、法人或其他组织认为其事实状态符合行政机关作出其所申请的行政行为的条件，但行政机关在此前的行政程序中明示拒绝、逾期未作处理或行政机关作出的行政行为未达到预期，主张其合法权益受到了侵犯。由此，公民、法人或其他组织请求行政机关履行法定职责的理由是否成立为该种诉讼审理和裁判的根本关注点，行政机关在形式上是否对申请作出了处理位居其次。由于该种诉讼之前的行政程序通常系因公民、法人或其他组织的申请而启动，行政机关对作出其所申请的行政行为所需具备的事实和法律条件的调查认定可能并不完善，相关事实和法律状况可能并不十分清晰明确，故若在诉讼中难以对公民、法人或其他组织请求行政机关履行法定职责的理由是否成立确定性地作出是或否的判断，宜由行政机关重启行政程序作进一步调查和裁量的，则可依照《最高人民法院关于适用〈中华人民共和国行政诉讼法〉的解释》第九十一条的规定，判决行政机关对该请求重新作出处理。

【案号】最高人民法院（2020）最高法行再266号

房地产开发公司诉某区人民政府不履行法定职责案

最高人民法院经审查认为：对本案而言，174号《会议纪要》议定的"四个允许"，是某区人民政府就涉案房地产后期开发的行政允诺，也即成为某区人民政府及其职责部门相应的法定职责。一、二审法院认为174号《会议纪要》所议定的"四个允许"职责，不属于某区人民政府的法定职责，系对法定职责的错误理解，依法应予纠正。

基于职权法定原则，依法属于工作部门的行政管理职权，市、县人民政府并不宜直接行使，也不因此即负有直接履行工作部门职责的义务；也即当事人因规划、土地出让等工作部门未依据相应的实体法规定及时履行其作为工作部门依法履行的职责，应当直接诉请该工作部门，而不能诉请市、县人民政府依法履职。但是，本案的特殊性在于174号《会议纪要》所确定的"四个允许"所涉及的规划调整、土地出让与管理等内容，虽然是某区人民政府规划与土地管理等工作部门的法定职责，但某区人民政府以174号《会议纪要》作出"四个允许"承诺的方式，已经将监督所属工作部门依法履职转化成为某区人民政府依法应当履行的承诺、义务与职责。在未依法定程序否定174号《会议纪要》等文件的效力之前，某区人民政府应秉持诚实守信的原则，确保政府纪要的贯彻落实。因此，监督并督促相关工作部门依法、正确、全面履行"四个允许"，也即成为某区人民政府依法必须履行的法定职责。房地产开发公司认为某区人民政府及其工作部门未全面履行174号《会议纪要》议定的"四个允许"职责的，既可以选择以174号《会议纪要》为依据直接起诉相应的工作部门，也可直接以某区人民政府为被告要求其与相关工作部门共同履行174号《会议纪要》所议定事项。某区人民政府认为其工作部门不履行相应职责的，可以依据《地方各级人民代表大会和地方各级人民政府组织法》的规定，改变或者撤销该工作部门不适当的命令、指示等。一审、二审法院均认为项目规划指标认定、土地管理等"四个允许"方面的约定，不属于人民政府职责而属于相应工作部门职责的认定，未充分考虑到相关职责系政府纪要所确定，构成认定事实不清、适用法律错误。

直到本院审查时，房地产开发公司在长达15年时间内，未能得以开展任何建设，涉案争议房地产仍处于2003年拍卖前的状态。房地产开发公司斥巨资竞得项目长期未得以推进，经济损失不可谓不大。原因虽然是多重的，但某区人民政府及其工作部门未依法、及时、全面履行相关纪要内容，不依法履职甚至互相推诿，显然是重要原因之一。

人民法院应当监督政府及相关工作部门兑现向行政相对人依法作出的政策承诺，不支持地方以政府换届、领导人员更替等理由违约毁约。政府违反承诺导致相对人经济损失的，要承担法律和经济责任。因此，某区人民政府应当在收到本判决书后，严格按照174号《会议纪要》的内容及时组织、督促和协助相关工作部门履行相应的法定职责。

【案号】最高人民法院（2018）最高法行再205号

第六十七条 确认无效

> 行政行为有实施主体不具有行政主体资格或者没有依据等重大且明显违法情形，申请人申请确认行政行为无效的，行政复议机关确认该行政行为无效。

● 参考案例

天然气公司诉某市城市管理局确认行政协议无效案

最高人民法院经审查认为：本案的争议焦点为被诉协议是否存在无效情形。行政协议作为一种特殊的行政行为，人民法院在审理行政协议效力认定的案件时，首先要根据行政诉讼法规定的无效情形进行审查，此外，还要遵从相关民事法律规范对于合同效力认定的规定。

根据《行政诉讼法》的规定可知，无效行政行为是指该行为存在"重大且明显"的违法情形。"重大"一般是指行政行为的实施将给公民、法人或者其他组织的合法权益带来重大影响;而"明显"一般是指行政行为的违法性已经明显到任何有理智的人都能够作出判断的程度。行政行为只有同时存在"重大且明显"违法的情形,该行为才能被认定为无效。在《最高人民法院关于适用〈中华人民共和国行政诉讼法〉的解释》中,对行政行为无效情形亦作了列举式规定。该解释第九十九条规定:"有下列情形之一的,属于行政诉讼法第七十五条规定的'重大且明显违法':(一)行政行为实施主体不具有行政主体资格;(二)减损权利或者增加义务的行政行为没有法律规范依据;(三)行政行为的内容客观上不可能实施;(四)其他重大且明显违法的情形。"

对行政协议效力的审查,一方面,要严格按照法律及司法解释的相关规定,另一方面,基于行政协议的订立是为了进行行政管理和提供公共服务的目的,从维护国家利益和社会公共利益的角度出发,对行政协议无效的认定要采取谨慎的态度,如果可以通过瑕疵补正的,应当尽可能减少无效行政协议的认定,以推动协议各方主体继续履行义务。

【案号】最高人民法院(2022)最高法行再509号

第六十八条 维持决定

行政行为认定事实清楚,证据确凿,适用依据正确,程序合法,内容适当的,行政复议机关决定维持该行政行为。

● **参考案例**

矿业公司诉某部门行政复议案

最高人民法院经审查认为：根据《全面推进依法行政实施纲要》的规定，行政机关行使自由裁量权的，应当在行政决定中说明理由。行政复议决定是复议机关居中行使准司法权进行的裁决，且行使着上级行政机关专业判断权，人民法院对行政复议决定判断与裁量及理由说明，应当给予充分尊重。与此相对应，行政复议决定和复议卷宗也应当依法说明理由，以此表明复议机关已经全面客观地查清了事实，综合衡量了与案情相关的全部因素，而非轻率或者武断地作出决定。因为只有借助书面决定和卷宗记载的理由说明，人民法院才能知晓决定考虑了哪些相关因素以及是否考虑了不相关因素，才能有效地审查和评价决定的合法性。不说明裁量过程和没有充分说明理由的决定，既不能说服行政相对人，也难以有效控制行政裁量权，还会给嗣后司法审查带来障碍。

就本案而言，颁发采矿许可证属于典型的许可类授益性行政行为，撤销采矿许可必须考虑被许可人的信赖利益保护，衡量撤销许可对国家、他人和权利人造成的利益损失大小问题。确需撤销的，还应当坚持比例原则，衡量全部撤销与部分撤销的关系问题。同时，被复议撤销的2011年《采矿许可证》有效期自2011年至2014年9月；

某部门 2014 年 7 月 14 日作出被诉复议决定时，该《采矿许可证》的有效期已经临近届满。在许可期限即将届满，双方均已经因整合需要停产且不存在安全生产问题的情况下，被诉复议决定也未能说明撤销的紧迫性和必要性，反而使矿业公司在可能的整合中处于明显不利地位，加大整合并购的难度。

坚持依法行政和有错必纠是法治的基本要求，但法治并不要求硬性地、概无例外地撤销已经存续的、存在瑕疵甚至是违法情形的行政行为，而是要求根据不同情况作出不同处理。复议机关应当审慎选择适用复议决定的种类，权衡撤销对法秩序的维护与撤销对权利人合法权益造成损害的程度以及采取补救措施的成本等诸相关因素；认为撤销存在不符合公共利益等情形时，可以决定不予撤销而选择确认违法等复议结果；确需撤销的，还需指明因撤销许可而给被许可人造成的损失如何给予以及给予何种程度的补偿或者赔偿问题。如此，方能构成一个合法的撤销决定。在对案涉采矿权重叠问题有多种处理方式以及可能存在多种复议结论的情况下，某部门选择作出撤销决定，更应充分说明理由。但是，从复议机关所提供的证据与全案卷宗情况来看，被诉复议决定并未体现相应的衡量因素，也未进行充分说理，仅简单以构成重叠即作出撤销决定，难以得到人民法院支持。人民法院认为复议机关所提供的证据材料不能满足司法审查需要，复议机关未完全履行说明理由义务的，可以要求复议机关重新调查处理，并提供可以进行审查的证据、依据以及相应的理由说明。

同时，被诉复议决定援引《行政复议法》作为法律依据时，未明确具体适用该项五种违法情形的具体类型，更未阐明具体理由，给当事人依法维权和人民法院合法性审查造成障碍，构成适用法律不当。

【案号】最高人民法院（2018）最高法行再6号

陶某诉某县人民政府颁发土地承包经营权证案

最高人民法院经审查认为： 人民法院对被诉行政行为合法性审查原则，是指人民法院应当对被诉行政行为的合法性进行全面、客观的审查，不受原告诉讼请求和理由的限制；对被告作出的行政行为审查的主要内容包括：主要证据不足，适用法律、法规错误，违反法定程序，超越职权，滥用职权，明显不当六个方面。无论原告是否对前述六个方面提出异议，人民法院都必须逐一进行合法性审查。本案中，一审、二审均未对颁证行为的主要事实即陶某是否享有合法的承包经营权进行审查。因此，一审、二审判决无论是驳回原告陶某等的诉讼请求，还是撤销陶某承包证，都存在认定事实不清，主要证据不足的问题，本院依法予以纠正。

【案号】最高人民法院（2020）最高法行再28号

第六十九条 驳回行政复议请求

行政复议机关受理申请人认为被申请人不履行法定职责的行政复议申请后，发现被申请人没有相应法定职责或者在受理前已经履行法定职责的，决定驳回申请人的行政复议请求。

● 参考案例

李某诉某省人民政府不履行法定职责案

最高人民法院经审查认为：再审申请人提起本案诉讼，诉讼请求为"责令被告依法对原告《致某省人民政府关于现居住公房包括自管公房职工参加房改请求报告》的请求事项予以处理"。因此，其所提诉讼在诉讼类型上应当属于履行职责之诉。履行职责之诉并不意味着：公民、法人或者其他组织随便向任何一个行政机关提出任何一项请求，该行政机关就有履行该项请求的义务；也不意味着只要行政机关"不作为"就可以提起"不作为之诉"。一般来讲，公民、法人或者其他组织提起履行职责之诉至少应当具备这样几个条件：第一，他向行政机关提出过申请，并且行政机关明确予以拒绝或者逾期不予答复。第二，他所申请的事项具有实体法上的请求权基础。这种请求权基础可以产生于或者基于某一法律、某一行政机关的保证以及某一行政合同。总之，要求行政机关依照其申请作出一个特定行政行为，必须具有法定的权利依据。第三，他是向一个有管辖权的行政机关提出。管辖权是行政机关活动的基础和范围，行政机关应当在执行法定任务的同时遵守管辖权的界限。这种管辖权既包括该行政机关是否主管申请人所申请的专业事务，也包括同一专业事务中不同地域、不同级别的行政机关之间对于管辖权的具体分工。向一个无管辖权的行政机关随意提出一个申请，即使该行政机关予以拒绝，也不会使申请人当然地获取了诉权。第四，他申请行政机关作出的行为应当是一个具体的、特定的行政行为。要求行政机关实施没有外部效力的内部调整或者不是针对他个人的一般性调整，必须基于法律的明确规定。第五，行政机关对于原告申请的拒绝，可能侵害的必须是属于原告自己的主观权利。在原告不具备主观权利的情况下，即使行政机关的不作为有可能侵害公共利益，个体也未必具有提起行政诉讼的权利。

从再审申请人请求报告的内容来看，其核心是请求某省人民政府对相关政策进行解释并要求尽快出台相关法规政策。这种请求在性质上属于要求行政机关进行一般性的规范创制。应当承认，公民、法人或者其他组织的合法权益，不仅会由于具体行政行为而遭受侵害，也会由于行政机关应当颁布而未颁布相应规范而受到影响，但《行政诉讼法》只是规定公民、法人或者其他组织在针对行政机关作出的行政行为起诉时才可以一并请求对该行政行为所依据的规范性文件进行审查，并没有规定可以直接提起要求行政机关依照其申请制定规范或解释规范的规范颁布之诉，从这个意义上讲，再审申请人提起的本案之诉，既不符合履行职责之诉的法定起诉条件，也不属于行政诉讼的受案范围。

【案号】最高人民法院（2016）最高法行申2864号

黄某诉某省自然资源厅不履行土地行政监督法定职责案

最高人民法院经审查认为：本案系黄某要求某省自然资源厅履行土地行政监督检查职责提起的诉讼。作为省级人民政府土地行政主管部门，某省自然资源厅土地行政监督检查职责涉及监督检查，既包括上级土地行政主管部门对下级政府及其所属的土地行政主管部门履行土地管理职责行为的监督检查行为，也包括土地行政主管部门对作为土地行政管理相对人的自然人、法人或者其他组织涉土地违法活动的行政管理行为。前者系上下级行政机关之间的内部层级监督行为，根据《最高人民法院关于适用〈中华人民共和国行政诉讼法〉的解释》的规定，不属于人民法院行政诉讼受案范围。本案中，黄某认为案涉集体土地存在违法行为，要求某省自然资源厅进行查处，实质是通过投诉举报的方式，要求某省自然资源厅启动对某市自然资源局违反土地管理职权行为的内部监督程序，不属于行政诉讼的受案范围，故对黄某的起诉应予驳回。

【案号】最高人民法院（2019）最高法行申12239号

第七十条 被申请人不提交书面答复等情形的处理

被申请人不按照本法第四十八条、第五十四条的规定提出书面答复、提交作出行政行为的证据、依据和其他有关材料的,视为该行政行为没有证据、依据,行政复议机关决定撤销、部分撤销该行政行为,确认该行政行为违法、无效或者决定被申请人在一定期限内履行,但是行政行为涉及第三人合法权益,第三人提供证据的除外。

● 参考案例

某村民组诉某市人民政府行政复议案

最高人民法院经审查认为: 按行政案件的一般证据规则举证责任由被告即行政机关承担,被告因不提供或无正当理由逾期提供证据而败诉,是被告违反证据规则的法律制裁,但当被诉行政行为涉及第三人合法权益时,为保护第三人在被告不举证情况下的合法权益,《行政诉讼法》第三十四条第二款增加了第三人的举证权利。因此,被告不举证或逾期举证,人民法院则不能简单地判决被告败诉,复议机关也不能简单地决定撤销原行政行为。本案中,某市人民政府未能在行政复议程序中提交证明颁发涉案林权证合法性的林权登记档案等证据材料,但涉案林权证的所有权权利人系某村民组,不考虑某村民组提交的证据,未对发证行为合法性进行全面审查的情况下,只因某市人民政府未能提供相关证据而认定发证行为无证据、依据并予以撤销，有违基本法理。

【案号】最高人民法院（2020）最高法行申154号

余某诉某市人民政府行政复议案

最高人民法院经审查认为：行政机关提供作出行政行为的证据和依据的意义，在于证明其行政行为的合法性。但同时需要指出，行政诉讼中的证明对象具有多样性，行政诉讼证据也并不仅仅限于证明行政行为合法性的证据。在行政行为涉及第三人合法权益的情况下，简单地适用被告单方举证规则，则有可能将不利后果转嫁于第三人，而第三人的合法权益则可能因行政机关怠于举证遭致不利影响。人民法院对于涉及国家利益、公共利益或者他人合法权益的事实，有权责令当事人提供或者补充有关证据；而对于当事人主动提供或补充的涉及国家利益、公共利益或者他人合法权益的事实的证据，人民法院根据证据"三性"原则予以审查认定，应在上述职权的合理范围之内。

本案中，再审申请人质疑的某公司是否依法提出过行政复议申请这一事实具有两重法律意义，既涉及对被诉行政行为的合法性评判，又涉及对某公司行政复议申请权行使的认定。申言之，一方面，某公司依法提出行政复议申请是某市人民政府作出行政复议决定应当掌握的基础事实之一，也是人民法院评价被诉行政复议决定是否合法的重要方面，如果被申请人不依法提供相关证据，则无法证明其复议行为的合法性，应承担不利的法律后果；另一方面，在被诉行政复议行为的合法性评价之外，某公司是否提出过行政复议申请又是一个客观事实，涉及对其复议申请权行使的认定，对其合法权益会产生直接影响，在程序安排和实体权益保护方面不宜将复议机关怠于举证的后果任由某公司来承担。对此，二审法院明确指出："法院可以对某市人民政府逾期举证的行为作出否定性评价，但必须依据客观事实认定某公司的复议申请是否确已超过期限。"故二审法院对某市人民政府在二审中提供的相关证据依法予以审查，在坚持对被诉行政复议行为否定性评价不动摇的同时，对涉及某公司合法权益的证据依法进行审查并认定相关事实，符合《行政诉讼法》之规定。

【案号】最高人民法院（2019）最高法行申8620号

第七十一条 行政协议案件处理

被申请人不依法订立、不依法履行、未按照约定履行或者违法变更、解除行政协议的，行政复议机关决定被申请人承担依法订立、继续履行、采取补救措施或者赔偿损失等责任。

被申请人变更、解除行政协议合法，但是未依法给予补偿或者补偿不合理的，行政复议机关决定被申请人依法给予合理补偿。

● **参考案例**

实业公司诉某省人民政府行政复议案

最高人民法院经审查认为： 本案中，某市人民政府发布案涉征收决定，对包括实业公司案涉土地在内的国有土地上房屋进行征收。某市征收处作为房屋征收部门组织实施房屋征收与补偿工作。某区指挥部就案涉房屋的补偿问题与被征收人进行协商并开展相关工作，应当视为房屋征收部门委托的房屋征收实施单位，其行为后果应当由房屋征收部门承担。某区指挥部与实业公司签订的《框架协议》，属于在征收实施过程中作出的承诺，对征收双方均具有拘束力，在签订补偿协议或者作出补偿决定时应当对其中合法有效的约定予以采纳。

在审理行政协议案件时，要促进法治政府和政务诚信建设，认真审查协议不能履行的原因和违约责任，切实维护行政相对人的合法权益。对政府没有合理理由违反承诺甚至违约毁约的，要坚决依法支持行政相对人的合理诉求，这就是信赖利益保护原则的价值所在。但是，行政机关作出的行政允诺、行政协议等行为必须建立在依法行政的前提下，即行政机关作出的允诺或达成的协议必须在其具有裁量权的处置范围内，且不违反法律的强制性规定，不会损害国家利益、社会公共利益。在国有土地上房屋征收过程中，征收补偿的款项均来源于公共财政，对征收补偿款不进行合理控制必然会对社会公共利益造成不利影响。行政机关在组织实施征收与补偿工作时，必须遵守《国有土地上房屋征收与补偿条例》等法律、法规的规定，符合征收决定及房屋征收补偿安置方案的要求，对被征收人给予公平补偿。行政机关违反法律、法规，超出征收决定的范围或者房屋征收补偿安置方案确定的补偿标准，作出的相关承诺、签订的补偿协议或者作出的补偿决定，人民法院应当作出否定的评价，不予支持。不能将信赖利益保护原则置于依法行政之前，无原则的以牺牲社会公共利益来强调政府对所作承诺的遵守。确因国家利益、公共利益或者其他法定事由改变政府承诺的，行政机关可以依法补偿财产损失。

本案中，虽然实业公司依照约定在2014年5月23日前将红线范围内的72.5平方米房屋及所占土地搬迁腾空交付施工建设，但双方未能按照约定在2014年5月31日前就实业公司整体征收补偿有关问题达成一致并签订正式的征收补偿协议，《框架协议》事实上也未得到实际履行。故实业公司关于其依据《框架协议》履行了整体腾空搬迁义务的主张，缺乏事实根据。实业公司如果认为因与某区指挥部签订《框架协议》对其造成损失，可另循法律途径解决。

【案号】最高人民法院（2019）最高法行再4号

第七十二条　行政复议期间赔偿请求的处理

申请人在申请行政复议时一并提出行政赔偿请求，行政复议机关对依照《中华人民共和国国家赔偿法》的有关规定应当不予赔偿的，在作出行政复议决定时，应当同时决定驳回行政赔偿请求；对符合《中华人民共和国国家赔偿法》的有关规定应当给予赔偿的，在决定撤销或者部分撤销、变更行政行为或者确认行政行为违法、无效时，应当同时决定被申请人依法给予赔偿；确认行政行为违法的，还可以同时责令被申请人采取补救措施。

申请人在申请行政复议时没有提出行政赔偿请求的，行政复议机关在依法决定撤销或者部分撤销、变更罚款，撤销或者部分撤销违法集资、没收财物、征收征用、摊派费用以及对财产的查封、扣押、冻结等行政行为时，应当同时责令被申请人返还财产，解除对财产的查封、扣押、冻结措施，或者赔偿相应的价款。

● 参考案例

郭某诉某市人民政府行政复议案

最高人民法院经审查认为： 本案中，郭某针对补偿决定提起行政诉讼，他的诉讼请求，除要求撤销补偿决定外，还包括要求对其房屋全部按照商用房给予577.35万元的征收补偿。从诉讼类型上说，提出这种金钱支付请求通常属于一般给付之诉。由于一般给付之诉涉及的往往是行政事实行为，而本案之前已有一个补偿决定，因此更进一步归类于作为一般给付之诉亚类的义务之诉，也就是我们通常所说的履行职责之诉。义务之诉与撤销之诉的旨趣有所不同。撤销之诉旨在撤销一个对原告不利的行政行为，一经撤销，该行政行为的法律效力就会随之消除，原告所寻求的权利救济也就不待执行即已实现。义务之诉却不像撤销之诉那样源于经典的干预行政，而是产生于给付行政。义务之诉的原告，总是希望通过他的请求获得授益，总是希望通过判决达到一种较之于初始状态更佳的境况。义务之诉中也可能有一个撤销行政决定的请求，但撤销行政决定本身既不是目的，也不是必须，原告的终极目的是请求法院判决行政机关履行他所期待的某项义务。正因如此，法院在义务之诉中并不只是对行政机关已经作出的决定进行合法性审查并一撤了之，而要进一步对行政机关的义务进行裁判。只要原告对所申请的行政行为有请求权，法院就应当直接宣布行政机关的义务。具体到针对补偿决定的诉讼，法院不能仅仅止于对违法的补偿决定的撤销，更要根据原告的请求，对于具体补偿问题作出裁判。本案一审法院对被诉补偿决定进行了合法性审查，以认定事实不清、适用法律错误为由予以撤销；对于原告要求判令被告补偿577.35万元的诉讼请求则不予支持，理由是"确定涉案房屋征收行政补偿金额并作出征收补偿决定系被告行政职权范围，原告可在被告作出征收补偿决定的过程中提出证据主张自己相应的权利"，很显然是不适当地采用了撤销之诉的审理方式，其结果是将本来是案件审理重点的补偿问题--推了之。

诚然，在义务之诉中也并非所有的案件都能直接宣布行政机关的义务，作出这种具体到位的判决，需要原告具有请求权，也需要裁判时机成熟，就是所有事实和法律上的前提皆已具备。在有些情况下，法院可以一方面通过责令行政机关补作所欠缺的事实调查；另一方面通过自己判定尚不清楚的法律问题等途径，促使裁判时机成熟。如此一来更能减少循环诉讼、实质解决纠纷。但在有些情况下，如果这种事实调查过于繁重，或者存在行政裁量或判断余地之情形，法院也可以作出一种答复判决，即法院不是直接宣布行政机关的义务，而是责令行政机关按照法院的法律观重新作出决定。显而易见的是，原审法院尽管表示了司法权对于行政权的必要尊重，但却忽视了作出一个必须作出的答复判决。

【案号】最高人民法院（2016）最高法行申 2621 号

发电公司诉某市人民政府行政赔偿案

最高人民法院经审查认为：存在违法侵权的行政行为，是当事人获得行政赔偿的前提条件。本案中，没有证据证明某市人民政府在签订特许经营协议前，对发电公司作出具体明确的承诺，并有违背承诺造成发电公司财产损失的行为，不存在行政赔偿的前提条件。发电公司作为企业法人主体，拟参与政府特许经营项目的投资经营活动，招投标前进行的项目可行性研究报告、市场调查等前期准备工作，属于市场主体的风险投入，请求行政赔偿，于法无据。一审、二审判决驳回其行政赔偿诉讼请求，判决结果并无不当。发电公司主张，基于对政府信赖为某市垃圾焚烧项目进行可行性研究报告、项目选址、环评、勘察设计等造成的损失，属于行政赔偿的范畴。但是，发电公司进行的前期工作，是为获得竞争优势进行的前期投入，属于市场主体的风险投资，并非基于政府信赖而产生的信赖利益损失。以此为由申请再审，缺乏事实法律依据。

本案中，发电公司获悉某市城市生活垃圾焚烧发电特许经营项目后，主动与某市人民政府相关部门联系招商引资活动。某市人民政府与发电公司进行会晤、商谈，并召开会议，形成政府会议纪要，仅是对双方开展政府特许经营项目合作的意向性表达，并不存在某市人民政府对发电公司做出任何具体承诺的事实根据，对发电公司的权利义务不产生实际影响，属于不可诉的行政行为。

【案号】 最高人民法院（2018）最高法行申 8174 号

侯某诉某区人民政府行政复议案

最高人民法院经审查认为： 本案中，某区人民政府受理侯某的行政复议申请后，向某镇人民政府发出答复通知。因某镇人民政府未提供其作出某府代拆字 2015 第 284 号《某镇人民政府代为拆除决定书》的证据、依据和其他有关材料，故某区人民政府认定某镇人民政府作出的代为拆除决定没有证据、依据，遂作出某复决字〔2015〕第39号行政复议决定，确认某镇人民政府某府代拆字2015第284号代为拆除决定违法。某镇人民政府收到某区人民政府发出的答复通知后，怠于参加行政复议程序，其应当承担相应的法律后果。但某区人民政府以某镇人民政府未提出书面答复、行政复议未进行实体审查为由，决定对侯某的赔偿请求不予支持缺乏法律依据。

法律规定均赋予公民、法人和其他组织在行政复议过程中提出赔偿请求的权利。复议申请人一并提出行政赔偿请求的，行政复议机关进行审查后，认为行政行为违法应当撤销、变更或者确认违法的，应当同时对复议申请人的赔偿请求进行审查，并作出是否赔偿以及赔偿数额的决定。虽然侯某仍可通过向某镇人民政府提出赔偿请求或者再行提起行政赔偿诉讼实现其求偿权，但是法律赋予了申请人在行政复议时一并提出行政赔偿请求的权利，且侯某向某区人民政府申请行政复议时，也一并提起了行政赔偿请求，故某区人民政府应当对其赔偿请求是否成立进行审查并作出决定。原审判决以复议决定不影响侯某的求偿权为由判决驳回其诉讼请求违反法律规定，应予纠正。

【案号】 最高人民法院（2016）最高法行申4449号

马某等诉某区人民政府行政赔偿案

最高人民法院经审查认为： 在本案中，某区人民政府针对马某等的赔偿申请，以马某等提供的材料中并未证明某区人民政府存在非法剥夺人身自由的违法行为、某区人民政府不是行政赔偿义务机关为由，作出《告知书》决定不予赔偿，马某等六人不服，诉请"确认某区人民政府规定时间未作出赔偿决定违法"遂成本案。

行政机关是否对赔偿请求进行的先行处理行为，不仅涉及程序上的救济权利，还将影响到实体赔偿权利能否得到实现，二审法院以行政机关是否对马某等赔偿申请进行处理，是行政机关对赔偿请求进行的先行处理行为，系行政赔偿处理过程中的程序性行政行为，并未以对马某等权利义务产生新的实际影响为由裁定驳回马某等的起诉，容易导致程序空转，既增加了当事人的讼累，又浪费了有限的行政资源和司法资源。

各级政府及其主管部门作为建设法治政府和推进依法行政的责任主体，为维护社会秩序亦应依法进行，不应以"维稳"为由不当侵犯当事人的合法权益，否则应依法承担相应的责任。此为坚持依法治国、依法执政、依法行政共同推进，坚持法治国家、法治政府、法治社会一体建设的必然要求。

【案号】最高人民法院（2018）最高法行再114号

第七十三条 行政复议调解处理

当事人经调解达成协议的，行政复议机关应当制作行政复议调解书，经各方当事人签字或者签章，并加盖行政复议机关印章，即具有法律效力。

调解未达成协议或者调解书生效前一方反悔的，行政复议机关应当依法审查或者及时作出行政复议决定。

参考案例

林某某诉某市住房保障和房产管理局房屋行政管理案[①]

某市退休工人林某某肢体重度残疾，行走存在严重障碍。2007年9月，其向某市住房保障和房产管理局（以下简称市房管局）提出廉租房实物配租申请，通过摇号取得了一套廉租房，并签订了租赁合同。2010年5月，市房管局接他人实名举报后调查认定其存在取得廉租房后连续六个月未实际居住等情形。林某某主张因其肢体二级残疾，该住房位置偏远、地处山坡、交通不便，故居住不久后即搬出。同年7月13日，市房管局收回该房，并于同年9月给其办理了廉租房租金补贴。2011年4月，林某某将市房管局诉至法院。

济南市中级人民法院二审认为，林某某存在连续六个月以上未实际居住情形，且在退房证明上签字履行了手续，市房管局依照有关规定取消其实物配租资格并收回廉租房

[①] 《最高人民法院行政审判十大典型案例（第一批）》，载最高人民法院，https：//www.court.gov.cn/zixun/xiangqing/47862.html，2023年9月6日访问。

的行为并无不当。同时，城市低收入家庭只能在租金补贴、实物配租等保障方式中享受一种，林某某已在当年9月取得租金补贴保障待遇，市房管局取消其实物配租资格结果正确，未作书面决定属程序瑕疵。遂判决驳回林某某的诉讼请求。

最高人民法院提审本案后，时任行政审判庭庭长贺小荣担任审判长于2016年4月赴当地开庭审理并主持调解，市房管局局长到庭参加诉讼。双方当事人本着互谅互让原则达成协议，林某某获得按新政策调配的公租房及救助金7万元。本案最终通过行政调解书方式结案。

本案的典型意义在于：本案系最高人民法院首次赴基层法院开庭审理残疾人权益案件，也是新行政诉讼法实施后首次依法以行政调解书方式结案。不仅充分照顾到残疾人权利行使方式与实现途径，也通过行政负责人积极出庭应诉配合调解等举措，凸显对依法行政的重视，是共同贯彻落实立法新精神的生动实践。

第七十四条 行政复议和解处理

当事人在行政复议决定作出前可以自愿达成和解，和解内容不得损害国家利益、社会公共利益和他人合法权益，不得违反法律、法规的强制性规定。

当事人达成和解后，由申请人向行政复议机构撤回行政复议申请。行政复议机构准予撤回行政复议申请、

> 行政复议机关决定终止行政复议的，申请人不得再以同一事实和理由提出行政复议申请。但是，申请人能够证明撤回行政复议申请违背其真实意愿的除外。

● **参考案例**

饲料公司诉某区人民政府行政赔偿案

最高人民法院经审查认为： 对于当事人提起行政赔偿诉讼后，申请撤诉或者人民法院按照撤诉处理后，原告再次起诉，人民法院应否受理，行政诉讼法及其司法解释没有明确规定。《行政诉讼法》规定，人民法院裁定准许原告撤诉后，原告以同一事实和理由重新起诉的，人民法院不予受理。该条规定适用的对象是当事人对行政行为不服而提起的行政诉讼，其目的系维护社会关系稳定、提高行政效率，避免当事人不当行使诉权导致行政行为的公定力、确定力等长期处于不安定状态，而对当事人诉权进行的必要限制。但行政赔偿诉讼与行政诉讼在审查对象、案件处理方式等方面存在不同，行政诉讼审理的对象是被诉行政行为的合法性。而行政赔偿诉讼审理的对象是违法行政行为是否对当事人的合法权益造成损失以及如何赔偿的问题。因此，行政赔偿诉讼在处理具体程序问题时，不能简单适用《行政诉讼法》及其司法解释的规定。行政赔偿诉讼与民事（赔偿）诉讼在审查内容、裁判方式等方面具有同质性，都涉及被告对原告的赔偿问题。具体到本案中，饲料公司属于被视为撤回行政赔偿诉讼后就同一事项再次提起行政赔偿诉讼之情形，《行政诉讼法》及其司法解释尚无明确规定，应参照《民事诉讼法》及其司法解释的相关规定。

关于饲料公司再次提起行政赔偿诉讼，是否属于法定的重复起诉情形。重复起诉制度系基于一事不再理原则而设计，其主要目的是避免重复处理浪费资源以及避免出现相互冲突的裁判。《行政诉讼法》虽将重复起诉作为驳回起诉的法定事由之一，但在本案发生时并未对重复起诉作出明确界定，同样应适用《民事诉讼法》及其司法解释的相关规定。当事人之间的纠纷已经或可能在前诉中得以实质处理，参照或等待前诉的处理结果即可。本案中，饲料公司提起的前诉并未对其行政赔偿请求进行实质处理。

【案号】最高人民法院（2016）最高法行赔申306号

旅游开发公司诉某市自然资源和规划局土地行政处罚案

江苏省高级人民法院经审查认为：旅游开发公司曾向江都区人民法院提起过行政诉讼，请求撤销案涉行政处罚决定书，在该案审理过程中，旅游开发公司以双方正在案外调解为由申请撤诉，江都区人民法院裁定准许其撤回起诉。现旅游开发公司再次起诉，请求确认案涉行政处罚决定书违法。虽然旅游开发公司本次诉讼与首次在江都区人民法院诉讼的事实和理由相同，但是，在首次诉讼中，旅游开发公司申请撤诉是因为诉讼双方在案外调解，但双方调解未达成结果，且江都区人民法院并未对被诉行政行为的合法性作实体审理，旅游开发公司再次提起诉讼，并未违反人民法院一事不再理的原则，符合起诉条件。

【案号】江苏省高级人民法院（2020）苏行再1号

段某诉某区人民政府确认行政行为违法案

最高人民法院经审查认为：撤回起诉后能否重新起诉，各国立法并不统一。有的国家和地区规定，"诉经撤回者，视同未起诉"。因此，在起诉期限届满之前，还可以重新提起诉讼。但在我国行政诉讼中，对于撤回起诉后重新起诉采用比较严格的标准。在行政诉讼中，对于撤回起诉后重新起诉，以不允许为原则，以允许为例外。例外的情形主要包括：第一，重新起诉时有新的事实和理由，且仍在法定期限内的；第二，原告因未按规定预交案件受理费而按自动撤诉处理后，在法定期限内再次起诉，并依法解决诉讼费预交问题的。

在本案中，根据原审法院查明的事实，再审申请人段某曾以相同的事实和理由提起过与本案诉讼请求相同的行政诉讼，在自愿申请撤回起诉并被人民法院裁定准许后，又以同一事实和理由重新起诉，人民法院应当依照《最高人民法院关于适用〈中华人民共和国行政诉讼法〉的解释》第六十条第一款的规定不予立案，或者依照同法第六十九条第一款第七项的规定裁定驳回起诉。

【案号】最高人民法院（2018）最高法行申9012号

某县电影公司诉某县国土资源局房屋登记案

河南省高级人民法院经审查认为： 关于某县电影公司是否属于重复起诉的问题。重复起诉的认定，是对起诉人前诉与后诉是否属于"同一"进行审查，即是否就同一事实、同一当事人、同一诉讼标的或后诉请求实质上否定前诉裁判结果再次提起诉讼。本案中，2017年11月某县电影公司提起行政诉讼，申请撤诉的事由是依据《最高人民法院关于审理房屋登记案件若干问题的规定》第八条规定应先行解决基础性民事争议；某县电影公司随即提起民事诉讼，因民事裁判认为某县电影公司可以权利人的身份重新申请办理登记，故裁定驳回起诉。某县电影公司向房产部门申请房屋登记未果，故提起本案诉讼。某县电影公司再次提起本案诉讼时，关联的民事判决就权属争议的基础性民事法律关系已作出相关的裁决，后诉启动时所依据的基础事实已经发生变化，与前诉依据的基础事实不属于"同一"的情形。同时，起诉人通过法定处理争议的途径寻求权利救济，其间积极且不间断地主张权利的，因救济途径不同而发生的撤诉行为，不应当视为放弃权利或滥用诉权的性质，不应当作为不利于权利救济的因素。故原审认定构成重复起诉不当，应予纠正。

【案号】河南省高级人民法院（2020）豫行再100号

第七十五条 行政复议决定书

行政复议机关作出行政复议决定，应当制作行政复议决定书，并加盖行政复议机关印章。

行政复议决定书一经送达，即发生法律效力。

● 参考案例

某加油站诉某市市场监督管理局不履行法定职责案

江苏省南通市中级人民法院经审查认为：行政复议与行政诉讼都是法定的解决行政争议的救济方式，其目的都是监督行政机关依法行政，保护公民、法人和其他组织的合法权益，生效的行政复议决定和行政裁判都具有法律羁束力和执行力。行政复议决定送达后，当事人应当在十五日内提起诉讼，如在该期限内未提起诉讼，复议决定书即发生法律效力，并对行政机关和公民、法人或者其他组织均具有法律拘束力，在此情形下，作为公民、法人或者其他的行政相对人不得再对原行政行为和复议决定提起诉讼，亦即丧失了诉权。

本案中，某加油站在认为某市市场监督管理局929号答复违法时，选择了向某市人民政府申请复议的救济方式。某市人民政府经复议，认定某市市场监督管理局作为县级工商行政管理部门具有对无证无照经营行为予以查处的法定职责，并作出了撤销某市市场监督管理局929号答复的复议决定。该复议决定支持了上诉人的复议请求。复议决定送达后,上诉人在法定期限内未提起诉讼,视为对复议决定未提出异议。此后,上诉人又提起本案一审诉讼,诉讼请求与行政复议申请的内容实际上是一致的,由于该请求在行政复议程序中已经得到支持,故如果人民法院再受理案涉行政诉讼,客观上会造成权益的重复救济,不仅会造成行政诉讼程序的"空转",浪费司法资源,也会使行政复议救济沦为形式,丧失其应有的功能和价值,进而损害行政权的公信力。因此,本案诉讼显然不符合行政诉讼的目的,依法不属于人民法院的受案范围。

【案号】江苏省南通市中级人民法院(2017)苏 06 行终 131 号

置业公司诉某市税务局行政复议决定案

湖北省武汉市中级人民法院经审查认为:《行政复议法》第二十八条有两款规定,其中第一款有四项条文,规定的情形与处理结果均不相同。某市税务局作出涉案复议决定应当针对该案情况援引对应条款。其仅援引第二十八条,属适用法律错误。原审法院因此撤销该复议决定并无不当。

【案号】湖北省武汉市中级人民法院(2021)鄂 01 行终 148 号

第七十六条 行政复议意见书

行政复议机关在办理行政复议案件过程中，发现被申请人或者其他下级行政机关的有关行政行为违法或者不当的，可以向其制发行政复议意见书。有关机关应当自收到行政复议意见书之日起六十日内，将纠正相关违法或者不当行政行为的情况报送行政复议机关。

● 参考案例

袁某诉某县人民政府物价行政征收案[①]

袁某的住房属某县中心城区规划范围。某县人民政府委托某县自来水公司，根据袁某户从2010年2月1日至2015年11月的自来水使用情况，征收了袁某户的污水处理费共计1273.2元。袁某诉至法院。

江西省高级人民法院二审认为：某省发展和改革委员会某发改收费字〔2010〕135号《关于统一调整全省城市污水处理费征收标准的通知》及某市物价局某市价费字〔2010〕15号《关于核定某县城市污水处理费征收标准的批复》确定的征收范围均明确是"在城市污水集中处理规划区范围内向城市排污管网和污水集中处理设施排放达标污水的所有用水单位和个人"。但《实施方案》所确定的

[①] 《行政诉讼附带审查规范性文件典型案例》，载最高人民法院网站，https://www.court.gov.cn/zixun/xiangqing/125871.html，2023年8月25日访问。

污水处理费征收范围却扩大至"某县中心城区规划区范围内所有使用城市供水的企业、单位和个人",违反法律、法规、规章及上级行政机关规范性文件规定,不能作为某县人民政府征收袁某污水处理费的合法性依据。在袁某未向城市排污管网和污水集中处理设施排放污水的情况下,某县人民政府向其征收污水处理费没有事实和法律依据,应予返还。此后,江西省高级人民法院向某县人民政府发送司法建议,建议其对涉案规范性文件的相关条款予以修改。

《最高人民法院关于适用〈中华人民共和国行政诉讼法〉的解释》第一百四十九条规定,规范性文件不合法的,人民法院可以向规范性文件的制定机关提出司法建议。司法建议作为法律赋予人民法院的一项重要职责,是充分发挥审判职能的重要方式。人民法院在规范性文件附带审查后向有关机关发出司法建议,可以促进执法质量、扩展审判效果。

刘某诉某省人民政府行政复议案

最高人民法院经审查认为:司法建议是人民法院在案件审理过程中发现问题而向有关单位或个人提出的建议,并非收到建议的行政机关必须履行的法定义务,因此,刘某等以某市政府未履行司法建议的义务为由,申请行政复议,不符合行政复议法关于复议受理范围的规定。

【案号】最高人民法院(2020)最高法行申 12658 号

第七十七条 被申请人履行义务

被申请人应当履行行政复议决定书、调解书、意见书。

被申请人不履行或者无正当理由拖延履行行政复议决定书、调解书、意见书的,行政复议机关或者有关上级行政机关应当责令其限期履行,并可以约谈被申请人的有关负责人或者予以通报批评。

参考案例

傅某诉某区劳动和社会保障局工伤确认案

重庆市第一中级人民法院经审查认为:被上诉人某区劳动和社会保障局于2009年6月8日作出的某劳社伤险认决字157号工伤认定决定,某市人力资源和社会保障局行政复议后,于2009年7月20日作出某人社复决字第186号行政复议决定书,维持某劳社伤险认决字157号工伤认定决定。作为下级行政机关的某区劳动和社会保障局擅自撤销经过上级行政机关某市人力资源和社会保障局复议维持的某劳社伤险认决字157号工伤认定决定,应属于超越职权的行为。某市人力资源和社会保障局于2009年7月20日作出的某人社复决字第186号行政复议决定书仍然有效。被上诉人不顾这一事实,对上诉人又作出一个新的工伤认定决定即某劳社伤险认决字397号工伤认定决定,属于滥用职权。

【案号】重庆市第一中级人民法院(2010)渝一中法行终字第2号

刘某诉某县人民政府行政补偿案

最高人民法院经审查认为： 刘某于2016年向某市人民政府申请行政复议，请求确认某县人民政府行政不作为违法，责令某县人民政府履行职责。某市人民政府作出某政复决〔2017〕3号《行政复议决定书》，责令某县人民政府收到决定之日起三十日内对刘某的补偿申请予以答复说明，并在调查核实完善手续的基础上对刘某予以补偿。据此，针对某县人民政府的不履行法定职责行为，行政机关已经作出复议决定并予以纠正。行政复议决定一经送达，即发生法律效力。被申请人不履行或无正当理由拖延履行行政复议决定的，行政复议机关或有关上级行政机关应当责令其履行复议决定。如果行政机关或上一级行政机关对被申请人没有采取责令限期履行措施的，申请人也可申请人民法院强制执行。

另需说明的是，行政复议决定具有法律效力，行政机关应积极履行复议决定内容。本案某市人民政府已经作出某政复决〔2017〕3号《行政复议决定书》，责令某县人民政府在调查核实完善手续的基础上对刘某予以补偿，某县人民政府如果无法与刘某达成补偿协议，应当及时以调查核实结果为依据作出书面补偿决定并送达给刘某。以无法达成协议为由拖延履行行政复议决定，损害行政相对人的利益，也不利于行政争议的及时化解。

【案号】最高人民法院（2019）最高法行申5937号

第七十八条 行政复议决定书、调解书的强制执行

申请人、第三人逾期不起诉又不履行行政复议决定书、调解书的，或者不履行最终裁决的行政复议决定的，按照下列规定分别处理：

（一）维持行政行为的行政复议决定书，由作出行政行为的行政机关依法强制执行，或者申请人民法院强制执行；

（二）变更行政行为的行政复议决定书，由行政复议机关依法强制执行，或者申请人民法院强制执行；

（三）行政复议调解书，由行政复议机关依法强制执行，或者申请人民法院强制执行。

● 参考案例

黄某诉某区人民政府行政复议案

最高人民法院经审查认为："无救济则无权利。"法律不但赋予公民、法人或者其他组织诸项权利，同时也赋予公民、法人或者其他组织在此类法定权利受到侵害或发生争议时拥有平等而充分地获得公力救济的权利；其中一项重要公力救济权利即诉权，也即请求司法机关进行裁判，解决争议并保护法律赋予的权利。当然，"法律不保护躺在权利上睡觉的人"，公民、法人或者其他组织行使诉权，必须在法定期限内进行。尤其是为了及时解决纠纷，避免行政管理秩序长期处于不稳定状态，各国行政诉讼制度都引

导并鼓励公民、法人或者其他组织尽快提起行政诉讼,并设立了较短的起诉期限制度。司法实践中,对确有正当理由超过法定期限提起的诉讼,又作了特殊规定,并在是否因正当理由超过起诉期限的判断方面,作出了有利于公民、法人或者其他组织的解释,以切实保障诉权。因此,判断行政相对人的起诉是否超过起诉期限以及超过起诉期限是否具备正当理由,应当充分考虑行政相对人是否已经积极行使诉权,是否存在行政相对人因正当理由而耽误起诉期限的情形。本案中,某区人民政府于2015年7月15日作出被诉复议决定,并告知"如不服本决定,可自收到本决定书之日起15日内,依法向人民法院提起行政诉讼",但由于被诉复议决定并未明确指向应当提起诉讼的具体人民法院,黄某在2015年7月16日收到被诉复议决定后,于7月30日通过邮寄方式向东城区人民法院提起行政诉讼,是积极行使诉权的表现,且没有超过《行政复议法》规定的15日起诉期限;即使存在错误选择管辖法院的情形,也不能因此承担相应的不利后果。因行政案件跨区划管辖及级别管辖的调整原因,本案无管辖权的东城区人民法院在收到黄某邮寄的起诉状后,作出《立案审查暨补正告知书》,告知黄某应依法另行向有管辖权的北京市第四中级人民法院起诉,并不违反法律规定。黄某于9月1日收到《立案审查暨补正告知书》后,于9月5日即向一审法院邮寄本案的起诉书,亦没有怠于行使诉权;且即使认定为超过法定起诉期限，也应认为属于有正当理由。在现行法律规范未对正当理由作明确规定的情况下，人民法院对超过起诉期限但有正当理由的判断，应当按照有利于起诉人的原则进行。

【案号】最高人民法院（2016）最高法行申 4521 号

某村民小组诉某市人民政府土地确权案

最高人民法院经审查认为：本案中，某市人民政府于 1997 年 2 月作出 2 号复议决定，决定书中明确告知诉权和起诉期限。2 号复议决定送达后，某村民小组未在法定 15 日内提起行政诉讼，其于 2016 年 1 月 27 日起诉，显然已经远远超过法定 15 日的起诉期限。《行政诉讼法》规定，只有因不可抗力或者其他不属于其自身的原因耽误起诉期限的，被耽误的时间才不计算在起诉期限内。所谓"不属于其自身原因耽误起诉期限"，是指在有效起诉期限内，基于地震、洪水等客观原因无法起诉而耽误的期间，或者基于对有关国家机关答应处理涉案争议的信赖，等待其处理结果而耽误的期间。因放弃法定起诉救济权利申诉上访、或者所谓"没有经济能力维权"、村民组长长期在外经商等原因耽误法定起诉期限的，均不属于依法应当扣除起诉期限的情形。

【案号】最高人民法院（2017）最高法行申 7741 号

某煤厂与某县市场监督管理局非诉执行案

山东省德州市中级人民法院经审查认为：本案中，原审法院（2018）鲁1423行初7号行政判决结果为驳回某煤厂的诉讼请求，并没有判决确定一方当事人应当履行的义务，某县市场监督管理局申请执行的内容为"庆工商处字〔2017〕56号行政处罚决定"确定的某煤厂应履行的义务。

本案中，虽某煤厂提起行政诉讼，但案件审理完毕后，某县市场监督管理局申请执行的内容是其行政行为，按照上述规定其申请人民法院执行的期限为该行政行为生效之日起三个月内。原审法院据此认定申请人提出的强制执行申请超过法定期限正确，本院予以确认。

【案号】山东省德州市中级人民法院（2019）鲁14行审复1号

某大药房与某县市场监督管理局非诉执行案

河南省驻马店市中级人民法院经审查认为：某县市场监督管理局下达〔2019〕第271号行政处罚决定书后，药品公司某大药房不服，向某县人民政府申请复议，某县人民政府作出某政复意字〔2020〕02号行政复议意见书已认定某市监罚决字〔2019〕271号行政处罚决定书事实不清，主要证据不足，适用法律错误，要求某县市场监督管理局自行纠正，依据新的事实重新作出处理。依据以上情形，某县市场监督管理局是否重新作出处理决定不清，如其接到复议意见书后依据新的事实重新作出了处理，应依照新的处理意见作出认定并执行；如未自行纠正，作出新的处理，应终止某县市场监督管理局〔2019〕第271号行政处罚决定书的执行。

【案号】河南省驻马店市中级人民法院（2021）豫 17 执复 19 号

第七十九条 行政复议决定书公开和文书抄告

> 行政复议机关根据被申请行政复议的行政行为的公开情况，按照国家有关规定将行政复议决定书向社会公开。
>
> 县级以上地方各级人民政府办理以本级人民政府工作部门为被申请人的行政复议案件，应当将发生法律效力的行政复议决定书、意见书同时抄告被申请人的上一级主管部门。

● 参考案例

岳某诉某市国土资源局不履行行政复议职责案

湖北省高级人民法院经审查认为：本案中，岳某选择向上一级主管部门也就是某市国土资源局申请行政复议。某市国土资源局在收到该行政复议申请后，根据某政办发〔2017〕55 号《市人民政府办公室关于黄冈市行政复议委员会改革的意见》有关精神将岳某提交的行政复议申请及有关材料移交黄梅县人民政府办理，并且书面通知了其本人。某市国土资源局并非不予受理该行政复议申请，而是将该行政复议移送黄梅县人民政府审查，并且黄梅县人民政府现已对该行政复议作出了行政复议决定。因此，岳某认为某市国土资源局逾期没有作出行政复议决定违法、不履行行政复议职责的主张不能成立。某政办发〔2017〕55号文件没有剥夺行政复议申请人的行政复议权，或造成该权利的灭失，行政复议申请人对行政复议机关作出的行政复议决定不服仍有权向人民法院提起诉讼，因此不影响行政复议申请人实体权利的行使。黄梅县人民政府已对涉诉行政复议作出行政复议决定，岳某所享有的行政复议权利得到了保护，岳某若对该行政复议决定不服也可依法另寻救济。

【案号】湖北省高级人民法院（2019）鄂行申113号

第六章　法律责任

第八十条　行政复议机关不依法履职的法律责任

行政复议机关不依照本法规定履行行政复议职责，对负有责任的领导人员和直接责任人员依法给予警告、记过、记大过的处分；经有权监督的机关督促仍不改正或者造成严重后果的，依法给予降级、撤职、开除的处分。

◐ 参考案例

张某等诉某市人民政府不履行行政复议法定职责案

最高人民法院经审查认为：本案的起因是，再审申请人张某等向再审被申请人某市人民政府申请行政复议，后者未作任何答复或处理。行政复议是依申请的行政行为。一方面，没有申请人的申请，行政复议就不会发生；另一方面，不是任何申请都必然产生受理与审查的法律效果。行政复议机关应当对行政复议申请是否符合法律规定进行审查，并对不符合法律规定的申请作出不予受理的决定。

《行政诉讼法》第二十六条第三款规定，起诉复议机关不作为的，复议机关是被告。这里所说的"复议机关不作为"，既包括受理之后逾期不作复议决定，也包括对复议申请不予受理；既包括书面决定不予受理的积极不作为，也包括对是否受理怠为处分的消极不作为。但是，超出《行政复议法》规定的"五日内"的审查期限，甚至超出《行政复议法》规定的"六十日内"的行政复议期限，行政复议机关仍对是否受理行政复议申请怠为处分，固然构成"复议机关不作为"，却非必然代表行政复议机关已经自动受理复议申请。

对申请人的行政复议申请在法定期限内审查并作出是否受理的决定，也是《行政复议法》赋予行政复议机关的职责。行政复议机关在法定期限内不受理复议申请，无论是以书面形式作出不予受理决定，还是消极不作为，行政复议申请人都有权向人民法院提起诉讼。针对行政复议机关拒绝受理行政复议申请或者无正当理由逾期不予答复，原告可以仅请求人民法院判决行政复议机关受理其申请，也可以请求人民法院在判决行政复议机关受理其申请的同时一并判决行政复议机关作出复议决定。具体到本案中，在行政复议机关尚未就是否符合行政复议申请条件作出审查判断的情况下，原审法院只是判决行政复议机关在法定期限内对再审申请人的复议申请作出是否受理的书面决定，既对行政复议机关的消极不作为进行了监督，也考虑了司法权与行政权必要的界限，符合《行政诉讼法》和《最高人民法院关于适用〈中华人民共和国行政诉讼法〉的解释》的规定。

【案号】最高人民法院（2018）最高法行申9429号

第八十一条 行政复议机关工作人员的法律责任

行政复议机关工作人员在行政复议活动中，徇私舞弊或者有其他渎职、失职行为的，依法给予警告、记过、记大过的处分；情节严重的，依法给予降级、撤职、开除的处分；构成犯罪的，依法追究刑事责任。

【关联规定】

中华人民共和国公职人员政务处分法（2020年6月20日）

第三十九条 有下列行为之一，造成不良后果或者影响的，予以警告、记过或者记大过；情节较重的，予以降级或者撤职；情节严重的，予以开除：

（一）滥用职权，危害国家利益、社会公共利益或者侵害公民、法人、其他组织合法权益的；

（二）不履行或者不正确履行职责，玩忽职守，贻误工作的；

（三）工作中有形式主义、官僚主义行为的；

（四）工作中有弄虚作假，误导、欺骗行为的；

（五）泄露国家秘密、工作秘密，或者泄露因履行职责掌握的商业秘密、个人隐私的。

第八十二条 被申请人不书面答复等行为的法律责任

被申请人违反本法规定,不提出书面答复或者不提交作出行政行为的证据、依据和其他有关材料,或者阻挠、变相阻挠公民、法人或者其他组织依法申请行政复议的,对负有责任的领导人员和直接责任人员依法给予警告、记过、记大过的处分;进行报复陷害的,依法给予降级、撤职、开除的处分;构成犯罪的,依法追究刑事责任。

● 参考案例

余某诉某市人民政府土地行政登记案

最高人民法院经审查认为:人民法院要正确解决行政争议,必须运用证据证明案件的事实。根据《行政诉讼法》第三十四条的规定,被告对作出的行政行为负有举证责任,被告不提供或者无正当理由逾期提供证据,视为没有相应证据。但是在审理案件过程中,人民法院不应只是被动地接受当事人提供的证据,在当事人提供的证据尚不足以证明案件事实的情况下,人民法院有权要求当事人提供或者补充证据。因此,《行政诉讼法》第三十九条、第四十条作出了人民法院有权要求当事人提供或者补充证据、依职权调取证据的规定。本案中,某市人民政府在一审、二审中未提交作出案涉土地登记行为时的地籍档案资料,一审、二审法院并未依职权要求该政府提供相关证据,或者就该政府无法提供相关证据的原因进行核实，简单地以证据不足作出撤销判决，不利于保护第三人的合法权益，更无益于行政争议的实质性化解，本院一并予以指正。

还应当指出的是，人民法院的公正裁判必须以事实为根据，以法律为准绳，必须以当事人和其他诉讼参与人向法庭提供真实证据，向法庭如实陈述为基础。诉讼参与人必须遵循诚信诉讼义务，保证所提交证据和发表意见的客观真实性，否则将被依法追究诉讼失信的法律责任。根据《行政诉讼法》第五十九条第一款、第二款的规定，作为诉讼参与人的单位伪造、隐藏、毁灭证据或者提供虚假证明材料，妨碍人民法院审理案件的，可以根据情节轻重，对其主要负责人或者直接责任人员予以罚款、拘留。土地登记资料包括土地登记结果和原始登记资料，是保证土地交易安全、保护土地权利人合法权益的重要资料。本案中，因某市国土资源局未依照相关规定，妥善保管并及时归档案涉土地的登记资料，致使某市人民政府在一审、二审程序中无法提交相关证据材料。某市人民政府对此问题未予纠正并消极应对诉讼，本院本应依照前述规定对某市人民政府的相关负责人及直接责任人员予以处罚。但鉴于某市人民政府已采取措施调取相关证据并向本院申请再审，余某的合法权益已经得到保护，故本院仅对其逾期举证行为予以指正。某市人民政府及某市国土资源局应对此次逾期举证问题进行调查核实，对存在故意或者重大过失的责任人员依法依规作出相应处理，并对相关土地登记资料的保管及归档问题开展专项核查，杜绝此类情况再度出现。

【案号】最高人民法院（2018）最高法行再204号

第八十三条 被申请人不履行有关文书的法律责任

被申请人不履行或者无正当理由拖延履行行政复议决定书、调解书、意见书的，对负有责任的领导人员和直接责任人员依法给予警告、记过、记大过的处分；经责令履行仍拒不履行的，依法给予降级、撤职、开除的处分。

参考案例

陈某诉某区人民政府政府信息公开案

最高人民法院经审查认为：本案的争议焦点为陈某在行政复议机关某市人民政府作出行政复议决定后，被申请机关某区人民政府并未实质履行行政复议决定，再次就同一请求提起行政诉讼是否符合行政诉讼受理条件。本案是否符合行政诉讼受理条件主要取决于以下方面。

（1）从法律规定来看，当事人就同一个行政行为寻求救济，只能在行政复议与行政诉讼之间择一而行之，而不得同时提出。对于行政诉讼和行政复议的选择以当事人自由选择作为原则，法律规定的应当复议前置或者复议终局的情形除外，公民、法人或者其他组织对行政机关作出的行政行为不服的，可以选择向相应行政机关申请行政复议，或者直接向人民法院起诉。这种自由选择的立法模式充分尊重了行政相对人的意愿，但也应遵循"行政复议与行政诉讼，当事人应择一而行之"之原则。这一原则包括如下三个方面的内容：一是不得对同一行政行为同时提起行政复议与行政诉讼；二是不得对已经进入行政诉讼程序的行政行为提起行政复议，亦不得对已经进入行政复议程序的行政行为提起行政诉讼；三是不得对已经有行政诉讼结论的行政行为提起行政复议，亦不得对已经有行政复议结论的行政行为提起行政诉讼。本案中，某市人民政府已经作出责令某区人民政府进行答复的行政复议决定，某区人民政府却未就信息有无、是否属公开的范围等实质性内容进行答复，陈某再次就同一请求提起行政诉讼，不仅违反《行政诉讼法》第四十四条的规定及立法精神，亦不符合人民法院行政诉讼受理条件。

（2）有关法律对于行政机关不履行行政复议决定的救济路径进行了明确规定。"履行"是指采取措施，实施复议决定的内容。被申请人履行复议机关的复议决定，是该机关的法定职责，且行政机关是上级领导下级，即使被申请人对复议决定有不同意见，亦应按行政复议决定的内容办理，然后再以合适的方式（如报告、请示等）向上级表示不同意见，不可以采取置之不理或者故意违背的态度。为了保证行政复议决定的履行，被申请人应当履行行政复议决定。被申请人不履行或者无正当理由拖延履行行政复议决定的，行政复议机关或者有关上级行政机关应当责令其限期履行。"不履行"是指明确表示不能执行复议决定或者不予理睬复议决定的内容，仍然按照自己的原来意愿去办理，或者仍然坚持原行政行为；"无正当理由拖延履行"则是指被申请人坚持自己的意见不立即采取措施执行行政复议决定。对无正当理由延缓履行复议决定或者不履行的，行政复议机关或者有关机关可以依照该规定，责令被申请人履行复议决定；如果复议机关或上一级行政机关对被申请人没有采取责令限期履行措施的，申请人也可以依照《行政诉讼法》和最高人民法院有关执行的司法解释向人民法院申请强制执行。故对于某区人民政府不履行某市人民政府行政复议决定的行为，某市人民政府或者有关上级行政机关应当责令其限期履行，陈某无须就同一请求另行提起本案行政诉讼，否则容易引起行政诉讼与行政复议在实践中的衔接混乱。

【案号】最高人民法院（2017）最高法行申 6861 号

靳某诉某县人民政府不履行法定职责案

河南省高级人民法院经审查认为：《行政复议法》规定，被申请人应当履行行政复议决定。被申请人不履行或者无正当理由拖延履行行政复议决定的，行政复议机关或者有关上级行政机关应当责令其限期履行。行政复议机关或者有关上级行政机关这里的"责令"行为目的是督促被申请人履行行政复议决定,责令的核心内容限于行政复议决定的结果,并不减损或增加申请人的权利或义务,其职权来源实质上是基于行政机关内部的层级监督关系,并非法律、法规或规章规定的以公民、法人和其他组织为行政相对人的社会事务或公共事务行政管理职权,即通常所讲的外部事务行政管理职权。行政复议机关或者有关上级行政机关"责令"被申请人履行行政复议决定的行为不属于行政诉讼受案范围。《行政复议法》并未赋予申请人对行政复议机关或者有关上级行政机关"责令"被申请人限期履行行政复议决定的行为可以提起行政诉讼或申请行政复议的权利,否则,势必造成以"原行政行为"为起因而衍生出众多外围性行政争议,既偏离了解决原行政争议的初衷,也会导致滥用权利救济风险。行政复议兼具行政救济和行政纠错的功能,为了保障被申请人自觉履行行政复议决定,《行政复议法》以强制性规范作出规定,即被申请人"应当"履行行政复议决定;被申请人不履行或者无正当理由拖延履行行政复议决定的,行政复议机关或者有关上级行政机关"应当"责令其限期履行。同时,《行政复议法》对被申请人不履行或无正当理由拖延履行行政复议决定相关行政人员所要承担的行政责任作出明确规定,共同构成了督促被申请人履行行政复议决定职责的行政强制力。另外,行政复议决定具有准司法裁决的性质,一经送达,即具有法律效力。根据《行政复议法》,申请人亦可依照

《行政诉讼法》和最高人民法院有关执行的司法解释申请人民法院强制执行行政复议决定,以相对便捷、经济的方式实现权利救济的目的。

【案号】河南省高级人民法院(2019)豫行终3903号

李某诉某省人民政府不履行行政复议法定职责案

最高人民法院经审查认为:对于原初的争议,也就是再审申请人要求某区人民政府对某社区居民选举委员会侵犯其被选举权进行查处的问题,某市人民政府的复议决定已经给予了救济,问题出在——某区人民政府没有履行复议决定,本案其实也正是因为行政复议决定的履行问题而引起。行政复议决定是行政复议机关根据申请人的要求,对具体行政行为进行审查后所得出的结论,一经生效,申请人、被申请人都应当履行。对于被申请人不履行或者无正当理由拖延履行行政复议决定的应当如何救济,法律只规定了行政系统内部的监督渠道。结合《行政复议法》的规定来看,这一监督程序的实现,是通过"行政复议机关负责法制工作的机构发现",进而"向有关行政机关提出建议",最终由"有关行政机关"作出处理的。固然,行政复议申请人的举报和反映可以成为行政复议机关负责法制工作的机构"发现"不履行复议决定线索的渠道,但法律并没有赋予行政复议申请人要求启动这一内部监督程序的权利,更没有赋予行政复议申请人针对行政复议机关负责法制工作的机构的答复行为向更高一级的行政机关再次申请行政复议的权利。

【案号】最高人民法院（2018）最高法行申 3316 号

第八十四条 拒绝、阻挠调查取证等行为的法律责任

拒绝、阻挠行政复议人员调查取证，故意扰乱行政复议工作秩序的，依法给予处分、治安管理处罚；构成犯罪的，依法追究刑事责任。

● 参考案例

史某等诉某省人民政府行政复议案

最高人民法院经审查认为：人民法院在审查行政行为合法性时，排除被告在行政行为作出后自行收集的证据和复议机关在复议程序中收集和补充的证据作为认定行政行为合法性的根据，但并未排除不涉及行政行为合法性事项的证据采信。本案中，某省人民政府在复议程序中收集的证据主要用来证明复议申请人的申请资格问题，与原行政行为的合法性无直接关系。因此，该收集和补充证据行为不违反上述司法解释关于"复议机关在复议过程中收集和补充的证据，不能作为人民法院维持原具体行政行为的根据"之规定，收集的证据可以作为认定复议申请人申请复议资格的合法证据。

【案号】最高人民法院（2016）最高法行申 3516 号

第八十五条 违法事实材料移送

> 行政机关及其工作人员违反本法规定的,行政复议机关可以向监察机关或者公职人员任免机关、单位移送有关人员违法的事实材料,接受移送的监察机关或者公职人员任免机关、单位应当依法处理。

● **参考案例**

某村民组诉某县人民政府土地登记案

最高人民法院经审查认为: 关于再审申请人提出的对办假证的工作人员的渎职行为依法追责、对利用职权把土地转送他人的工作人员依法判刑的主张是否属于人民法院的审查范围。根据《行政诉讼法》第六十六条第一款的规定,人民法院在审理行政案件中,认为行政机关的主管人员、直接责任人员违法违纪的,应当将有关材料移送监察机关、该行政机关或者其上一级行政机关;认为有犯罪行为的,应当将有关材料移送公安、检察机关。可见,人民法院虽有义务将有关材料移送有权机关处理,但无权对涉嫌违法违纪或者犯罪的问题直接自己处理。该条所规定的移送并非诉讼程序范畴,且是否启动移送程序属于人民法院依职权判断决定的事项,法律既没有赋予当事人申请移送的权利,也没有赋予当事人通过诉讼程序质疑人民法院所作处理的权利。因此,某村民组的该主张不能成立。

【案号】 最高人民法院(2017)最高法行申710号

【关联规定】

中华人民共和国公职人员政务处分法（2020年6月20日）

第二条 本法适用于监察机关对违法的公职人员给予政务处分的活动。

本法第二章、第三章适用于公职人员任免机关、单位对违法的公职人员给予处分。处分的程序、申诉等适用其他法律、行政法规、国务院部门规章和国家有关规定。

本法所称公职人员，是指《中华人民共和国监察法》第十五条规定的人员。

第三条 监察机关应当按照管理权限，加强对公职人员的监督，依法给予违法的公职人员政务处分。

公职人员任免机关、单位应当按照管理权限，加强对公职人员的教育、管理、监督，依法给予违法的公职人员处分。

监察机关发现公职人员任免机关、单位应当给予处分而未给予，或者给予的处分违法、不当的，应当及时提出监察建议。

第八十六条 职务违法犯罪线索移送

行政复议机关在办理行政复议案件过程中，发现公职人员涉嫌贪污贿赂、失职渎职等职务违法或者职务犯罪的问题线索，应当依照有关规定移送监察机关，由监察机关依法调查处置。

● **参考案例**

张某诉某区人民政府土地行政强制案

最高人民法院经审查认为：依照《行政诉讼法》第一条的规定，行政诉讼除具有保护公民、法人和其他组织合法权益的功能外，还具有监督行政机关依法行使职权的功能。但是，人民法院对行政机关依法行使职权的监督，主要通过公正、及时审理行政案件，解决行政争议来完成。本案原审法院在合法性审查的基础上确认被诉强制拆除行为违法，就是这种监督功能的体现。《行政诉讼法》第六十六条第一款还规定，人民法院在审理行政案件中，认为行政机关的主管人员、直接责任人员违法违纪的，应当将有关材料移送监察机关、该行政机关或者其上一级行政机关；认为有犯罪行为的，应当将有关材料移送公安、检察机关。作出这一规定的主要考虑是：第一，人民法院在对被诉行政行为进行审查中，比较容易发现行政机关的主管人员、直接责任人员违法违纪或者犯罪的线索。第二，人民法院无权对涉嫌违法违纪或者犯罪的问题自己直接处理，但有义务将有关材料移送有权机关处理。但是，该条所规定的移送并非诉讼程序范畴。是否启动移送程序属于人民法院依职权判断决定的事项，法律既没有赋予当事人申请移送的权利，也没有赋予当事人通过诉讼程序质疑人民法院所作处理的权利。另外，行政行为是否违法与行政机关的主管人员、直接责任人员是否违法违纪或者是否有犯罪行为属于两个不同层面的问题，即使被诉行政行为被确认违法，也并不必然意味着行政机关的主管人员、直接责任人员违法违纪或者有犯罪行为。因此，再审申请人称一审法院未将本案有关材料移送刑事侦查机关处理构成审判程序违法，缺乏法律依据。

【案号】最高人民法院（2016）最高法行申3081号

第七章 附 则

第八十七条 受理申请不收费

行政复议机关受理行政复议申请，不得向申请人收取任何费用。

● 解读

本条是关于行政复议不收费原则的规定。

《行政复议法》确定了行政复议不得收取任何费用的法律规则，确定受理行政复议申请、作出行政复议决定是行政机关的法定职责，行政机关在受理并且办理行政复议的时候，不得以行政经费不足为由，向申请人收取任何费用。

在1999年《行政复议法》出台之前，地方的一些行政机关按照地方的有关规定或者习惯做法，在受理行政复议申请时，是要向申请人收取一定的费用的。不少地方也建议在《行政复议法》中明确规定行政复议收费原则，即行政机关在受理行政复议申请时，可以向申请人收取一定的费用。这些地方认为，由于地方行政经费的不足，如果不向申请人收取一定的费用，很难保障行政复议活动的正常进行。但是，行政机关应该依法行使自己的职能，其实现自己的法定职能的过程，就是实现保护人民群众合法权益的过程，在工作中，由于行政机关不当或者不合法地行使行政职权，而使行政相对人的合法权益遭到侵犯，行政相对人向有关的行政机关申请行政复议，要求行政机关依法行政，保护自己的合法权益，这是行政相对人的当然权利。而行政机关由于不依法行政而导致行政复议，而必须重新审查自己的行为是否合法、适当，纠正行政机关内部所犯的错误。从政治上讲，行政机关的根本宗旨就是为人民服务，为人民服务还有收费的道理吗？

所以经慎重研究后认为，行政复议作为行政机关内部纠正自己错误的活动，向申请人收取费用，是不合理的。办理行政复议，有错必纠，本来就是行政机关应尽的一项责任，当然不应该再向行政相对人收取费用，所需的经费理应在本机关正常的行政经费中列支，靠政府财政来保障。行政机关行政经费应该由政府财政全额拨付。[1]

第八十八条 期间计算和文书送达

行政复议期间的计算和行政复议文书的送达，本法没有规定的，依照《中华人民共和国民事诉讼法》关于

---

[1] 《中华人民共和国行政复议法释义》，载中国人大网，http：//www.npc.gov.cn/npc/c2225/flsyywd_list.shtml，2023 年 8 月 6 日访问。

期间、送达的规定执行。

本法关于行政复议期间有关"三日"、"五日"、"七日"、"十日"的规定是指工作日，不含法定休假日。

参考案例

糜某诉浙江省某市住房和城乡建设局信息公开检察监督案

2017年1月11日，糜某向某市住房和城乡建设局申请查询一房地产原始登记凭证。2017年2月9日，市住建局作出《政府信息依申请公开告知书》。2月16日，糜某向市人民政府申请行政复议。市人民政府于4月16日作出维持原行政行为的行政复议决定书，并按照糜某预留的送达地址交由物流公司专递送达。同年4月18日，物流公司投递员因电话联系糜某未果，遂将该邮件交由糜某预留送达地址所在小区普通快递代收点某副食品商店代收，并短信告知糜某。因糜某未查看短信中的通知信息，其于同年5月10日才实际收到该邮件。

2017年5月12日，糜某向某区人民法院提起行政诉讼，请求撤销市住建局作出的《政府信息依申请公开告知书》和市人民政府作出的《行政复议决定书》。一审法院认为，糜某于2017年4月18日收到行政复议决定，5月12日才提起行政诉讼，已超过法定的十五日起诉期限，裁定不予立案。糜某提出上诉,二审法院以糜某未提供有效证据证明其因不可抗力或者其他不属于自身原因耽误起诉期限为由,裁定驳回上诉。糜某申请再审,亦被驳回。

2018年5月,糜某向检察机关申请监督。

市人民检察院经审查认为,法院一、二审行政裁定认定事实错误。第一,在无证据证明某副食品商店系糜某的指定代收人的情况下,认定糜某于2017年4月18日收到涉案行政复议决定书证据不足。物流公司将复议决定书送达至副食品商店,并由该商店签收,不能视为有效送达。糜某5月10日实际收到行政复议决定书,其于5月12日向区人民法院起诉,并未超过起诉期限。市人民检察院提请浙江省人民检察院抗诉,2018年12月4日,浙江省人民检察院依法向浙江省高级法院提出抗诉。

浙江省高级法院采纳检察机关抗诉意见,于2019年9月5日依法作出再审行政裁定,撤销原一、二审不予受理裁定,指令区人民法院立案受理。同年10月15日,区人民法院受理该案,经依法审理于2020年4月3日作出一审判决。

送达法律文书属于重要的法律行为,执法司法机关应当确保法律文书有效送达。送达具有权利保障与程序推进的双重作用。送达日期是当事人行使权利、履行义务的重要时间节点。送达不规范导致当事人未收到或者未及时收到法律文书,不仅影响当事人及时行使权利、履行义务,还可能引发新的矛盾纠纷乃至关联性案件。2018年11月11日，最高人民检察院就检察机关履行法律监督职责中发现的人民法院民事公告送达存在送达方式、送达内容、送达程序等不规范问题，依法向最高人民法院制发"二号检察建议书"，建议降低当事人诉讼负担，提升公告效率；充分运用大数据等现代科技手段，强化人民法院依职权调查当事人送达地址的工作力度，实现公告送达的电子推送以提高送达率等，促进普遍性问题的改进解决。

（最高人民检察院指导性案例第149号）

广某诉某部门行政复议案

北京市高级人民法院经审查认为：本案中，因广某预留的联系地址位于某市，某部门向其送达被诉复议决定符合直接送达有困难的情形，故某部门采用邮寄送达方式并无不当。对于直接送达有困难的，选择委托送达或邮寄送达，系复议机关裁量范畴，广某以某部门对于行政处罚决定采取委托送达方式为由，认为被诉复议决定不应采用邮寄送达方式，没有法律依据。此外，采取邮寄送达并不以事先征得受送达人同意及寄出后通知提醒受送达人签收为法定要件，故广某主张某部门采取邮寄送达方式事先未征求其意见，事后亦未提醒通知的诉讼理由不能成立。依据《民事诉讼法》的相关规定，受送达人在送达回证上的签收日期为送达日期。邮寄送达的，回执上注明的收件日期即送达日期。广某主张其未实际居住在通信地址，不知晓邮件内容等诉讼理由，均难以构成《行政诉讼法》第四十八条规定的情形。故广某提起本案诉讼不符合法定起诉条件，依法应予驳回。

【案号】北京市高级人民法院（2018）京行终1977号

王某诉某部门行政复议案

北京市高级人民法院经审查认为：《民事诉讼法》对邮寄送达的规定与《行政复议法》的规定并不冲突，行政复议法对同时存在邮件签收单和送达回执的情况时，以何为准来认定送达时间进行了规定，以保证适用的准确性。从民事诉讼法关于送达的通篇规定来看，送达回证适用于手手相传方式的送达，因为此时无其他可以证明已送达的证据。对于邮寄送达，本节并无对送达回证的相关强制要求。故，本案被诉复议决定的签收日期应当以2018年3月12日邮件签收记录明确记载的签收日开始计算。王某认为应当以其在送达回证上签署的日期作为起算时点，不符合法律规定。

【案号】北京市高级人民法院（2019）京行终686号

范某诉某省人民政府不履行行政复议法定职责案

最高人民法院经审查认为：申请人书面申请行政复议的，应当在行政复议申请书中载明申请人的基本情况，一般包括住址和联系电话等通讯方式，以便被申请人与其联系沟通以及邮寄复议文书。若申请人提供的通讯方式不准确，导致复议文书未能被申请人实际接收的，根据公平原则，由此产生的不利后果应由申请人承担。在《行政复议法》及其相关法律规定未对此种情形作出具体规定的情形下，可以借鉴《最高人民法院关于以法院专递方式邮寄送达民事诉讼文书的若干规定》第十一条第一款的规定，即"因受送达人自己提供或者确认的送达地址不准确、拒不提供送达地址、送达地址变更未及时告知人民法院、受送达人本人或者受送达人指定的代收人拒绝签收，导致诉讼文书未能被受送达人实际接收的，文书退回之日视为送达之日。"本案中，原审法院根据邮寄单据和网上查询邮政特快专递详单等证据认定河北省政府根据范某提交的行政复议申请书中所留地址、电话向其邮寄《补正行政复议申请通知书》，邮政机构连续三次投递因收件人名址有误未能妥投并将邮寄退回，证据充分，范某的再审理由不能成立。

【案号】最高人民法院（2019）最高法行申4395号

第八十九条 外国人等法律适用

外国人、无国籍人、外国组织在中华人民共和国境内申请行政复议，适用本法。

参考案例

藤某诉某市自然资源和规划局行政处罚案

福建省高级人民法院经审查认为：藤某曾就案涉相关

争议提起过行政复议,在原某市城乡规划局于2012年12月25日作出的某规法〔2012〕72号行政复议决定中,已清楚载明了藤某在日本的居住地址,某市自然资源和规划局对此是知晓的。故某市自然资源和规划局于2013年7月5日作出被诉行政处罚决定之时,亦应明知被处罚人藤某系日本国籍且在境外居住,并非下落不明。某市自然资源和规划局在未尝试其他送达方式的情况下,径行通过公告送达方式送达行政处罚决定,存在明显错误。因此,被诉行政处罚决定应自藤某知晓后方才对其发生效力,其于2018年12月21日向人民法院提起本案诉讼并未超过法定起诉期限。

某市自然资源和规划局于2013年7月5日作出的某规〔2013〕罚字第001号行政处罚决定,事实不清、主要证据不足、程序不当,依法应予撤销。但考虑到案涉违法建设行为确实存在,必须在查清事实之后依法作出处理,故判决责令某市自然资源和规划局重新作出行政行为。

【案号】福建省高级人民法院(2020)闽行终199号

第九十条 施行日期

本法自2024年1月1日起施行。

解读

经与有关部门研究,建议将修订后的行政复议法的施行时间确定为 2024 年 1 月 1 日。①

参考案例

王某等诉某市人民政府信访案

最高人民法院经审查认为：为强化人民法院对行政行为的监督，有效发挥行政机关职能作用，更好地保护公民、法人和其他组织的合法权益，法律对行政诉讼案件受理范围进行了限定。只有当行政争议在法律规定的受案范围之内，行政相对人才可以提起行政诉讼。《行政诉讼法》自 1990 年 10 月 1 日起施行，对于在此之前发生的行政行为，除非当时的法律明确纳入行政诉讼受案范围的，否则当事人不能在 1990 年 10 月 1 日后根据《行政诉讼法》的规定提起行政诉讼。王某等提起本案诉讼，主张其自 1970 年年初开始从事农村电影放映工作，并以此为据要求某市人民政府为其办理社会养老保险。此类关于解决历史遗留问题的诉求，并非行使《社会保险法》等法律、行政法规所赋予的要求支付社会保险待遇的权利，不属于《行政诉讼法》所规定的可以提起行政诉讼的事项。

【案号】最高人民法院（2017）最高法行申 4776 号

---

① 《全国人民代表大会宪法和法律委员会关于〈中华人民共和国行政复议法（修订草案三次审议稿）〉修改意见的报告》，载中国人大网，http://www.npc.gov.cn/npc/c2/c30834/202309/t20230901_431418.html，2023 年 9 月 13 日访问。

某山林场诉某市人民政府林业登记案

最高人民法院经审查认为：《立法法》规定，法律、行政法规、地方性法规、自治条例和单行条例、规章不溯及既往，但为了更好地保护公民、法人和其他组织的权利和利益而作的特别规定除外。本案中，某县人民政府1988年颁发山界林权证的行政行为，发生在1990年《行政复议条例》实施之前。当时的法律、法规并没有规定当事人不服颁发林权证行政行为可以申请行政复议，对某县人民政府于1988年作出的颁证行为申请行政复议，不属于行政复议的受案范围，某市人民政府依照《行政复议法》的规定受理复议申请，违反法不溯及既往的规定，属于适用法律错误。

依法履行行政复议职责是行政复议机关的法定义务，通过行政复议途径监督下级行政机关依法行政，保护公民、法人和其他组织的合法权益，解决行政争议，就必须符合行政复议法关于受理条件的规定，不符合法定的受理条件，违法受理复议申请，是对其他当事人合法权益的损害，也不符合依法行政的基本原则。上级行政机关在受理行政复议申请中，发现申请人的复议申请存在不属于行政复议范围，或者超过申请行政复议期限等不符合法定受理条件情形，但是又认为被申请复议的行政行为确有错误的，可以通过层级监督职权依法予以纠正，而不是通过行政复议程序予以纠正。

【案号】 最高人民法院（2019）最高法行申10323号

图书在版编目（CIP）数据

行政复议法查学用指引 / 王学堂编著 . —北京：中国法制出版社，2023.10

ISBN 978-7-5216-3829-5

Ⅰ.①行… Ⅱ.①王… Ⅲ.①行政复议法-基本知识-中国 Ⅳ.①D925.3

中国国家版本馆 CIP 数据核字（2023）第 156543 号

策划编辑：陈 兴	责任编辑：白天园	封面设计：杨泽江

行政复议法查学用指引
XINGZHENG FUYIFA CHAXUEYONG ZHIYIN

编著/王学堂
经销/新华书店
印刷/三河市紫恒印装有限公司
开本/880 毫米×1230 毫米　32 开　　　　印张 / 12.25　字数 / 222 千
版次/2023 年 10 月第 1 版　　　　　　　2023 年 10 月第 1 次印刷

中国法制出版社出版
书号 ISBN 978-7-5216-3829-5　　　　　　　　　　　定价：59.00 元

北京市西城区西便门西里甲 16 号西便门办公区
邮政编码：100053　　　　　　　　　　传真：010-63141600
网址：http：//www.zgfzs.com　　　　　编辑部电话：010-63141792
市场营销部电话：010-63141612　　　　印务部电话：010-63141606

（如有印装质量问题，请与本社印务部联系。）